U0826413

碧岩录

中国佛学经典宝藏

28

任泽锋 释译

星云大师总监修

人民东方出版传媒
東方出版社

《中国佛学经典宝藏》
大陆简体字版编审委员会

总序

星云

自读首楞严，从此不尝人间糟糠味；

认识华严经，方知已是佛法富贵人。

诚然，佛教三藏十二部经有如暗夜之灯炬、苦海之宝筏，为人生带来光明与幸福，古德这首诗偈可说一语道尽行者阅藏慕道、顶戴感恩的心情！可惜佛教经典因为卷帙浩瀚、古文艰涩，常使忙碌的现代人有义理远隔、望而生畏之憾，因此多少年来，我一直想编纂一套白话佛典，以使法雨均沾，普利十方。

一九九一年，这个心愿总算有了眉目。是年，佛光山在中国大陆广州市召开“白话佛经编纂会议”，将该套丛书定名为《中国佛教经典宝藏》①。后来几经集思广

---

① 编者注：《中国佛教经典宝藏》丛书，大陆出版时改为《中国佛学经典宝藏》丛书。

益，大家决定其所呈现的风格应该具备下列四项要点：

一、启发思想：全套《中国佛教经典宝藏》共计百余册，依大乘、小乘、禅、净、密等性质编号排序，所选经典均具三点特色：

1. 历史意义的深远性
2. 中国文化的影响性
3. 人间佛教的理念性

二、通顺易懂：每册书均设有原典、注释、译文等单元，其中文句铺排力求流畅通顺，遣词用字力求深入浅出，期使读者能一目了然，契入妙谛。

三、文简意赅：以专章解析每部经的全貌，并且搜罗重要的章句，介绍该经的精神所在，俾使读者对每部经义都能透彻了解，并且免于以偏概全之谬误。

四、雅俗共赏：《中国佛教经典宝藏》虽是白话佛典，但亦兼具通俗文艺与学术价值，以达到雅俗共赏、三根普被的效果，所以每册书均以题解、源流、解说等章节，阐述经文的时代背景、影响价值及在佛教历史和思想演变上的地位角色。

兹值佛光山开山三十周年，诸方贤圣齐来庆祝，历经五载、集二百余人心血结晶的百余册《中国佛教经典宝藏》也于此时隆重推出，可谓意义非凡，论其成就，则有四点可与大家共同分享：

一、佛教史上的开创之举：民国以来的白话佛经翻译虽然很多，但都是法师或居士个人的开示讲稿或零星的研究心得，由于缺乏整体性的计划，读者也不易窥探佛法之堂奥。有鉴于此，《中国佛教经典宝藏》丛书突破窠臼，将古来经律论中之重要著作，做有系统的整理，为佛典翻译史写下新页！

二、杰出学者的集体创作：《中国佛教经典宝藏》丛书结合中国大陆北京、南京各地名校的百位教授、学者通力撰稿，其中博士学位者占百分之八十，其他均拥有硕士学位，在当今出版界各种读物中难得一见。

三、两岸佛学的交流互动：《中国佛教经典宝藏》撰述大部分由大陆饱学能文之教授负责，并搜录台湾教界大德和居士们的论著，借此衔接两岸佛学，使有互动的因缘。编审部分则由台湾和大陆学有专精之学者从事，不仅对中国大陆研究佛学风气具有带动启发之作用，对于台海两岸佛学交流更是帮助良多。

四、白话佛典的精华集萃：《中国佛教经典宝藏》将佛典里具有思想性、启发性、教育性、人间性的章节做重点式的集萃整理，有别于坊间一般“照本翻译”的白话佛典，使读者能充分享受“深入经藏，智慧如海”的法喜。

今《中国佛教经典宝藏》付梓在即，吾欣然为之作序，并借此感谢慈惠、依空等人百忙之中，指导编修；吉广舆等人奔走两岸，穿针引线；以及王志远、赖永海等大陆教授的辛勤撰述；刘国香、陈慧剑等台湾学者的周详审核；满济、永应等“宝藏小组”人员的汇编印行。由于他们的同心协力，使得这项伟大的事业得以不负众望，功竟圆成！

《中国佛教经典宝藏》虽说是大家精心擘划、全力以赴的巨作，但经义深邈，实难尽备；法海浩瀚，亦恐有遗珠之憾；加以时代之动乱，文化之激荡，学者教授于契合佛心，或有差距之处。凡此失漏必然甚多，星云谨以愚诚，祈求诸方大德不吝指正，是所至祷。

一九九六年五月十六日于佛光山

原版序

敲门处处有人应

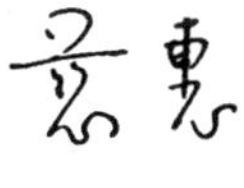

《中国佛教经典宝藏》是佛光山继《佛光大藏经》之后，推展人间佛教的百册丛书，以将传统《大藏经》精华化、白话化、现代化为宗旨，力求佛经宝藏再现今世，以通俗亲切的面貌，温渥现代人的心灵。

佛光山开山三十年以来，家师星云上人致力推展人间佛教，不遗余力，各种文化、教育事业蓬勃创办，全世界弘法度化之道场应机兴建，蔚为中国现代佛教之新气象。这一套白话精华大藏经，亦是大师弘教传法的深心悲愿之一。从开始构想、擘划到广州会议落实，无不出自大师高瞻远瞩之眼光，从逐年组稿到编辑出版，幸赖大师无限关注支持，乃有这一套现代白话之大藏经问世。

这是一套多层次、多角度、全方位反映传统佛教文化的丛书，取其精华，舍其艰涩，希望既能将《大藏经》

深睿的奥义妙法再现今世，也能为现代人提供学佛求法的方便舟筏。我们祈望《中国佛教经典宝藏》具有四种功用：

一、是传统佛典的精华书

中国佛教典籍汗牛充栋，一套《大藏经》就有九千余卷，穷年皓首都研读不完，无从赈济现代人的枯槁心灵。《宝藏》希望是一滴浓缩的法水，既不失《大藏经》的法味，又能有稍浸即润的方便，所以选择了取精用弘的摘引方式，以舍弃庞杂的枝节。由于执笔学者各有不同的取舍角度，其间难免有所缺失，谨请十方仁者鉴谅。

二、是深入浅出的工具书

现代人离古愈远，愈缺乏解读古籍的能力，往往视《大藏经》为艰涩难懂之天书，明知其中有汪洋浩瀚之生命智慧，亦只能望洋兴叹，欲渡无舟。《宝藏》希望是一艘现代化的舟筏，以通俗浅显的白话文字，提供读者遨游佛法义海的工具。应邀执笔的学者虽然多具佛学素养，但大陆对白话写作之领会角度不同，表达方式与台湾有相当差距，造成编写过程中对深厚佛学素养与流畅白话语言不易兼顾的困扰，两全为难。

三、是学佛入门的指引书

佛教经典有八万四千法门，门门可以深入，门门是无限宽广的证悟途径，可惜缺乏大众化的入门导览，不易寻觅捷径。《宝藏》希望是一支指引方向的路标，协助十方大众深入经藏，从先贤的智慧中汲取养分，成就无上的人生福泽。

四、是解深入密的参考书

佛陀遗教不仅是亚洲人民的精神归依，也是世界众生的心灵宝藏。可惜经文古奥，缺乏现代化传播，一旦庞大经藏沦为学术研究之训诂工具，佛教如何能扎根于民间？如何普济僧俗两众？我们希望《宝藏》是百粒芥子，稍稍显现一些须弥山的法相，使读者由浅入深，略窥三昧法要。各书对经藏之解读诠释角度或有不足，我们开拓白话经藏的心意却是虔诚的，若能引领读者进一步深研三藏教理，则是我们的衷心微愿。

大陆版序一

《中国佛教经典宝藏》是一套对主要佛教经典进行精选、注译、经义阐释、源流梳理、学术价值分析，并把它们翻译成现代白话文的大型佛学丛书，成书于二十世纪九十年代，由台湾佛光文化事业有限公司出版，星云大师担任总监修，由大陆的杜继文、方立天以及台湾的星云大师、圣严法师等两岸百余位知名学者、法师共同编撰完成。十几年来，这套丛书在两岸的学术界和佛教界产生了巨大的影响，对研究、弘扬作为中国传统文化重要组成部分的佛教文化，推动两岸的文化学术交流发挥了十分重要的作用。

《中国佛学经典宝藏》则是《中国佛教经典宝藏》的简体字修订版。之所以要出版这套丛书，主要基于以下的考虑：

首先，佛教有三藏十二部经、八万四千法门，典籍浩瀚，博大精深，即便是专业研究者，穷其一生之精力，恐也难阅尽所有经典，因此之故，有“精选”之举。

其次，佛教源于印度，汉传佛教的经论多译自梵语；加之，代有译人，版本众多，或随音，或意译，同一经文，往往表述各异。究竟哪一种版本更契合读者根机？哪一个注疏对读者理解经论大意更有助益？编撰者除了标明所依据版本外，对各部经论之版本和注疏源流也进行了系统的梳理。

再次，佛典名相繁复，义理艰深，即便识得其文其字，文字背后的义理，诚非一望便知。为此，注译者特地对诸多冷僻文字和艰涩名相，进行了力所能及的注解和阐析，并把所选经文全部翻译成现代汉语。希望这些注译，能成为修习者得月之手指、渡河之舟楫。

最后，研习经论，旨在借教悟宗、识义得意。为了将其思想义理和现当代价值揭示出来，编撰者对各部经论的篇章品目、思想脉络、义理蕴涵、学术价值等所做的发掘和剖析，真可谓殚精竭虑、苦心孤诣！当然，佛理幽深，欲入其堂奥、得其真义，诚非易事！我们不敢奢求对于各部经论的解读都能鞭辟入里，字字珠玑，但希望能对读者的理解经义有所启迪！

习近平主席最近指出：“佛教产生于古代印度，但传入中国后，经过长期演化，佛教同中国儒家文化和道家文化融合发展，最终形成了具有中国特色的佛教文化，给中国人的宗教信仰、哲学观念、文学艺术、礼仪习俗等留下了深刻影响。”如何去研究、传承和弘扬优秀佛教文化，是摆在我们面前的一个重要课题，人民东方出版传媒有限公司拟对繁体字版的《中国佛教经典宝藏》进行修订，并出版简体字版的《中国佛学经典宝藏》，随喜赞叹，寥寄数语，以叙因缘，是为序。

二〇一六年春于南京大学

大陆版序二

依空

身材高大、肤色白皙、擅长军事的亚利安人，在公元前四千五百多年从中亚攻入西北印度，把当地土著征服之后，为了彻底统治这里的人民，建立了牢不可破的种姓制度，创造了无数的神祇，主要有创造神梵天、破坏神湿婆、保护神毗婆奴。人们的祸福由梵天决定，为了取悦梵天大神，需要透过婆罗门来沟通，因为他们是从梵天的口舌之中生出，懂得梵天的语言——繁复深奥的梵文，婆罗门阶级是宗教祭祀师，负责教育，更掌控了神与人之间往来的话语权。四种姓中最重要的是刹帝利，举凡国家的政治、经济、军事、文化等等都由他们实际操作，属贵族阶级，由梵天的胸部生出。吠舍则是士农工商的平民百姓，由梵天的膝盖以上生出。首陀罗则是被踩在梵天脚下的土著。前三者可以轮回，纵然几世轮转都无法脱离原来种姓，称为再生族；首陀罗则连轮回的因缘都没有，为不生族，生生世世为首陀罗，子孙也倒霉跟着宿命，无法改变身份。相对于此，贱民比首陀罗更为卑微、低贱，连四种姓都无法跻身其中，只能从事挑粪、焚化尸体等最卑贱、龌龊的工作。

出身于高贵种姓释迦族的悉达多太子，为了打破种姓制度的桎梏，舍弃既有的优越族姓，主张一切众生皆平等，成正等觉，创立了佛教僧团。为了贯彻佛教的平等思想，佛陀不仅先度首陀罗身份的优婆离出家，后度释迦族的七王子，先入山门为师兄，树立僧团伦理制度。佛陀更严禁弟子们用贵族的语言——梵文宣讲佛法，而以人民容易理解的地方口语来演说法义，这就是巴利文经典的滥觞。佛陀认为真理不应该是属于少数贵族、知识分子的专利或装饰，而应该更贴近普罗大众，属于平民百姓共有共知。原来佛陀早就在推动佛法的普遍化、大众化、白话化的伟大工作。

佛教从西汉哀帝末年传入中国，历经东汉、魏晋南北朝、隋唐的漫长艰巨的译经过程，加上历代各宗派祖师的著作，积累了庞博浩瀚的汉传佛教典籍。这些经论义理深奥隐晦，加以书写的语言文字为千年以前的古汉文，增加现代人阅读的困难，只能望着汗牛充栋的三藏十二部扼腕慨叹，裹足不前。

如何让大众轻松深入佛法大海，直探佛陀本怀？佛光山开山宗长星云大师乃发起编纂《中国佛教经典宝藏》。一九九一年，先在大陆广州召开“白话佛经编纂会议”，订定一百本的经论种类、编写体例、字数等事项，礼聘中国社科院的王志远教授、南京大学的赖永海教授分别为中国大陆北方与南方的总联络人，邀请大陆各大学的佛教学者撰文，后来增加台湾部分的三十二本，是为一百三十二册的《中国佛教经典宝藏精选白话版》，于一九九七年，作为佛光山开山三十周年的献礼，隆重出版。

六七年间我个人参与最初的筹划，多次奔波往来于大陆与台湾，小心谨慎带回作者原稿，印刷出版、营销推广。看到它成为佛教徒家中的传家宝藏，有心了解佛学的莘莘学子的入门指南书，为星云大师监修此部宝藏的愿心深感赞叹，既上契佛陀“佛法不舍一众”的慈悲本怀，更下启人间佛教“普世益人”的平等精神。尤其可喜者，欣闻现大陆出版方东方出版社潘少平总裁、彭明哲副总编亲自担纲筹划，组织资深编辑精校精勘；更有旅美企业家鲁彼德先生事业有成之际，秉“十方来，十方去，共成十方事”之襟怀，促成简体字版《中国佛学经典宝藏》的刊行。今付梓在即，是为序，以表随喜祝贺之忱！

二〇一六年元月

目　录

题解

关于《碧岩录》

《碧岩录》，全称《佛果圆悟禅师碧岩录》，亦称《碧岩集》，宋禅师圆悟克勤编，共十卷。宋禅僧雪窦重显曾从禅宗语录中选出百条公案（称《颂古百则》），作颂以教示学禅者。宋徽宗政和（公元一一一一——一一一八年）初，克勤应张商英居士之请，于澧州（今湖南澧县东）夹山灵泉院宣讲，唱说此《颂古百则》，门人记之，以灵泉院方丈室匾额之"碧岩"二字为书名，故称《碧岩录》。

"《碧岩集》行于世者数版，卷套多多。"[①]克勤禅师在世时，《碧岩录》即已问世。宋代禅僧关友无党在《碧岩录·后序》曾有言："雪窦《颂古百则》，丛林学道诠要也。其间取譬经论或儒家文史，以发明此事，非具眼宗匠时为后学击扬剖析，则无以知之。圆悟老师在成都时，予与诸人请益其说。师后住夹山道林，复为学徒扣之，凡三提宗纲。语虽不同，其旨一也。门人掇而录之，既二十年矣，师未尝过而问焉。流传四方，或致踳驳，诸方且因其言以其道不能寻绎之，而妄有改作，则此书遂废矣。”由此可见，《碧岩录》问世后，逐渐已有不同的版本刊出。其后，深得克勤印可的宗杲虽“惧学人泥于言句，辜负从上诸祖”，将《碧岩录》十卷“并付烈焰”，但《碧岩录》并未从此绝迹。元代延祐年间，“嵎中张明远偶获写本后册，又得雪堂刊本及蜀本，校订讹舛，刊成此书，流通万古”[②]。

本书所选原文，依据台湾新文丰出版公司影印《大正原版大藏经》。《大正藏》所录《碧岩录》以延宝五年刊大谷大学藏本为底本，同时参考了覆元版宫内省图书寮藏本、瑞龙寺版宫内省图书寮藏本、安政六年刊大谷大学藏本。各版本间出入较小，只在个别字词上用法不同，基本上不影响全书的思想内容和体例结构。

《碧岩录》是一部注释性的禅宗著作。在禅宗发展史上，它标志着一个新的阶段，即由讲“公案”、逗“机锋”的灯录、语录阶段，发展到“注释”公案、机锋的阶段。《碧岩录》在录出每一则公案之前，先加垂示，即纲要提示。列出“本则”后，加以“下语”，即着语评论，介绍公案提出者的略历，并对其中的警言、警句、真意加以“评唱”，进行整体地解说、鉴赏、提示，这样反复地着注、评唱，公案的性质、要义就十分明了，加之克勤的“评唱”文字较好，《碧岩录》刊出后，便深受禅僧和士大夫们的喜爱，对禅宗影响很大。自宋代以来，就有人把此书列为“禅门第一书”，极力推崇，认为这本评唱集“剖决玄微，抉剔幽邃，显列祖之机用，开后学之心源”③，是禅僧参禅悟道的必读之书。

《碧岩录》的学术价值除自身的思想内容外，更重要的是它代表着宋代禅宗发展的一个方向，即由初期禅宗不立文字式的参悟，逐渐向大立文字的文字禅演变。六祖初建南禅宗顿教的风规时，打破了“循文解义，释字疏经”的传统方式，只以平常语句、直截了当的提示方法引导僧徒。无论问对说法，常常引用俗语村言，妙语如珠，不可把捉，使庄严肃穆、神圣不可侵犯的佛经奥义，变为轻松诙谐、随缘显露的教授法。经盛唐到五代之间，五家南禅兴盛以来，“直指人心，见性成佛”的原始方法，变为应机施教，在目前平实的一机一境上指物传心的教授法。禅师们的机锋、转语不是早已宿构在胸，而是临机对答，话头从天真中流出。

但到了宋代，“参公案”“参话头”渐成一代风尚，把古人悟道的史迹、师徒们参学的问答作为参禅的借镜。由于一般公案都比较简略，含义颇费揣摩，作为教学往往发生困难，所以后人便以“颂古”“评唱”的方式开方便法门，禅宗的注释之学也由此而起。《碧岩录》中，尽管克勤一再告诫后人要“参活句”，不要“参死句”，以免失却祖师真意，但“评唱”“击节”等文字形式的出现，确实也使活泼、自由的禅逐渐固定化，变得生硬、僵化。某些禅僧也意识到了这一点，对于“评唱”这类著作深表不满。克勤的《碧岩录》一经问世，就遭到了他的大弟子宗杲的坚决反对。宗杲“因……虑其后不明根本，专尚语言以图口捷，由是火之，以救斯弊也”④。但“野火烧不尽，春风吹又生”，《碧岩录》在宗杲焚烧之后又重新刊出，与诸灯录、语录一起流行于世，且诸方作家著文，为克勤的“评唱”作辩。元代三教老人在《碧岩录序》中言：

“或问：《碧岩集》之成毁孰是乎？曰：皆是也。鼻祖来东，单传心印，不立文字固也。而血脉归空诸论，果谁为之哉？古谓不在文字、不离文字者，真知言。已使人人于卷帘闻板、竖指触脚之际了却大事，文字何有哉？拈花微笑以来，门竿倒却之后，才涉言句，非文字无以传，是又不可废者也。尝谓祖教之书谓之公案者，倡于唐而盛于宋，其来尚矣。二字乃世间法中吏牍语，其用有三：面壁功成，行脚事了，定盘之星难明，野狐之趣易堕，具眼为之勘辨，一呵一喝要见实诣，如老吏据狱谳罪，底里悉见，情款不遗，一也；其次则岭南初来，西江未吸，亡羊之岐易泣，指海之针必南，悲心为之接引。一棒一痕要令证悟，如廷尉执法平反，出入于死，二也；又其次则犯稼忧深，系驴事重，学奕之志须专，染丝之色易悲。大善知识为之付嘱，俾之心死蒲团，一动一参，如官府颁示条令，令人读律知法，恶念才生，旋即寝灭，三也。具方册，作案底，陈机境，为格令，与世间所谓金科玉条，清明对越诸书，初何以异？祖师所以立为公案留示丛林者，意或取此。奈何末法以来，求妙心于疮纸，付正法于口谈，点尽鬼神，犹不离簿，傍人门户，任唤作郎。剑去矣而舟犹刻，兔逸矣而株不移，满肚葛藤，能问千转，其于生死大事初无干涉。钟鸣漏尽，将焉用之？……知此则二老之心皆是矣。圆悟顾子念孙之心多，故重拈雪窦颂；大慧救焚拯溺之心多，故立毁《碧岩集》。释氏说一大藏经，末后乃谓不曾说一字，岂欺我哉？圆悟之心，释氏说经之心也；大慧之心，释氏讳说之心也。”⑤

三教老人对克勤、宗杲师徒二人成毁《碧岩录》这段讼案的评价可以说是比较中肯的。其实，禅宗早期思想本身即隐含着日后的矛盾。“不立文字”的门风固然是禅宗区别于其他宗派的一大特色，但离开文字，禅宗作为一个宗教派别又难以发展、传播下去，保持其思想体系的一致性。反过来说，文字禅的泛滥，又从根本上有违于禅宗“教外别传”的宗旨，这就形成了宋代禅宗发展中的一个弊病。故三教老人又言：“然是书之行，所关甚重，若见水即海，认指作月，不特大慧忧之，而圆悟又将为之去粘解缚矣。”⑥

三教老人的担忧，也许正是圆悟“评唱”着语时的担忧，但无论如何，《碧岩录》开启的“绕路说禅”的风气，标志着入宋以后的禅，对此初期禅宗确实发生了性质上的变化。《碧岩录》作为宋代文字禅的典型著作，对后世禅宗的发展产生了深刻的影响。为了能从整体上再现《碧岩录》的思想面貌，现举一例，以资参考：

第十五则　倒一说

垂示云：杀人刀活人剑，乃上古之风规，是今时之枢要。且道：如今哪个是杀人刀活人剑？试举看。

举僧问云门：“不是目前机，亦非目前事时，如何？”踍跳作什么？倒退三千里。门云：“倒一说！”平出。款出囚人口，也不得放过，荒草里横身。

既不是眼下就有机用，也并非马上就要处理的事，这种时候应该干什么？如果对象、对方在眼前，你可以见机行事。现在对方已不见，这时该如何应对呢？云门的回答是：修炼自己，做好准备，自己对自己说法，这就是“倒一说”。克勤对此则公案评唱道：

“这僧不妨是个作家，解恁么问，头边谓之请益，此是呈解问，亦谓之藏锋问。若不是云门，也不奈他何。云门有这般手脚，他既将问来，不得已而应之，何故？作家宗师如明镜临台，胡来胡现，汉来汉现。……这僧问得好，不是目前机，亦非目前事时如何？云门何不答他别语言，却只向他道‘倒一说’？云门一时打破他底，到这里道‘倒一说’，也是好肉上剜疮，何故？言迹之兴，白云万里，异途之所由生也。”

克勤对原公案评唱之后，紧接便是雪窦的颂。颂云：

“倒一说，放不下，七花八裂，须弥南畔，卷尽五千四十八。分一节，在尔边，在我边。半河南，半河北，把手共行。同死同生为君诀。泥里洗土块，着甚来由，放尔不得。八万四千非凤毛，羽毛相似，太杀减人威光。漆桶如麻如粟。三十三人入虎穴，唯我能知，一将难求，野狐精一队。别！别！有什么别处？少卖弄，一任踌跳。扰扰匆匆水里月。青天白日，迷头认影，着忙作什么？”

雪窦的“颂”很令人费解，且内含许多典故，下面是克勤对“颂”所做的评唱：“雪窦亦不妨是作家，于一句下便道‘分一节’，分明放过一着，与他把手共行。他从来有放行手段，敢与尔入泥入水、同死同生。所以雪窦恁么颂，其实无他，只要与尔解粘去缚、抽钉拔楔。如今却因言句转生情解。……云门是这般人，善能同死同生，宗师为人须至如此，据曲木床上坐，舍得教尔打破，容尔捋虎须，也须是到这般田地始得。”⑦

克勤对“公案”及“颂”的评唱颇为冗长，节选中有所删除，但从此例中，便可见《碧岩录》的结构及特点，它是与宋代盛行的灯录、语录语言风格不同的一种注释性禅宗著作。“评唱”中既有注释，又有评论，但也不同于义学各宗的著述，有自己的风格特色。宋以后的禅宗评唱集，结构、体例多模仿《碧岩录》而成，可见其影响之深。

《碧岩录》自问世以来便褒贬不一。客观地说，它不愧为一部杰出的禅门经典，书中收录的公案大多为禅门大师参禅悟道的精辟言行，令人阅后回味无穷，发人深省。克勤的“评唱”文字也较好，“剔抉渊源，剖析底理”，确有“垂慈救弊，解人深惑”的作用。此书被称作探试禅旨深浅的一部奇书，其缘由恐怕也是由此而来。当然，由于此书文字较为枝蔓，语言多有重复，在宋代就有人批评它“拖泥带水”，但总观全书，毕竟是瑕不掩瑜，《碧岩录》以其自身的学术价值被收入《大藏经》，流传千古。

本书所节选原文，主要以原百则公案为基础，同时选录了克勤增补的与同则公案相类似的禅宗公案，以及“评唱”中能反映禅门诸家思想面貌的语录与评语，对雪窦“颂古”中较为精彩的颂偈也适当收录，基本上反映了《碧岩录》的思想面貌及风格特点。未选录的部分，大多为对原百则公案的渊源介绍及进一步的文字注释。

重显与克勤

《碧岩录》是圆悟克勤禅师在雪窦重显《颂古百则》的基础上评唱而成的一部禅宗式注释书，故有必要对雪窦与克勤两位禅师的生平作一介绍。

雪窦（公元九七九—一〇五二年），遂宁人，又名重显，家境富裕，以儒业传世。雪窦幼年即接受严格的封建教育，但志存出世，后终离俗入道，依普安院仁铣上人出家。初习经律，圆具之后得法于智门祚禅师，插身于禅林。据《五灯会元》载：他“受具之后，横经讲席，究理穷玄，诘问锋驰，机辩无敌”。他初至智门祚禅师门下，即问：“不起一念，云何有过？”智门召他近前，便以拂子扑面打来，雪窦刚想开口，智门又打，他于是豁然大悟，便出住翠峰，后迁明州雪窦寺。

雪窦颇工于诗颂，其机锋承云门宗风，孤危险峻，简洁明快，于片言只句中超脱言外。一次有僧问：“什么是佛法精神？”雪窦答曰：“祥云呈五色。”僧人不解其意地说：“我不明白。”雪窦提示道：“头顶上漫无边际。”还有一僧提问：“所谓的‘维摩一默’，究竟是什么意思？”雪窦回答道：“寒山访拾得。”僧又追问：“这么不是人不二法门了吗？”雪窦轻嘘一声，颂道：“维摩大士去何从，千古令人望莫穷，不二法门休更问，夜来明月上孤峰。”

一日，雪窦入山散步，他自感不久将谢世仙化，尽览山川景色，回头对侍者说：“什么时候能再来此地一游呢？”侍者哀求他留下临终遗言，他淡淡地说了一句，“老衲平生唯嫌自己说话太多”。第二天，他将自己的手杖、禅衣、钵盂等物分散给众僧徒，并说：“七月七日再见面吧！”第三天，他沐浴更衣，面北背南，端坐而逝，僧徒在寺之西边建塔葬之。

雪窦一生除“颂古”外，还有《拈古百则》为克勤“击节”而成《击节录》，传世的还有一本诗集《瀑泉集》。

克勤（公元一〇六三——一一三五年），字无著，俗姓骆，彭州崇宁（今属四川）人。幼时聪颖过人，能日记千言。一次游览妙寂寺，见佛经如获至宝，阅后又似曾相识，怅然叹道：“我大概前世本是沙门中人。”于是便出家，先在成都等地学经问法，不久大病一场，几濒死亡，于是有所省悟，知“诸佛涅槃正路不在文句中”。遂离川东下，一路拜访名师，风尘仆仆地来到五祖法演门下。他用尽平日机用，也未得到法演的印可，便愤然而去，五祖送别他道：“等你日后大病一场时，便会想到我。”克勤到金山后，染伤寒病，困于此地，追忆法演送别话，十分惭愧，病愈后即归太平，五祖十分高兴地接待了他，并把他安置在僧徒宿舍。一日，漕使陈某到太平拜访法演，法演为他诵“小艳诗”：“频呼小玉元无事，只要檀郎认得声！”克勤言下有悟，呈偈一首，“金鸭香销锦绣帏，笙歌丛里醉扶归，少年一段风流事，只许佳人独自知”，深得法演赞许，从此与法演分座说法。

宋徽宗崇宁初，克勤回乡探望家亲，承成都帅翰林郭知章之请，住持昭觉寺。后谢职去荆州，见丞相张商英，共议《华严》要义，被张誉为“僧中管仲”。张商英以师礼恳请住持夹山灵泉院（《碧岩录》即此时所著）。政和末，克勤奉旨移住金陵蒋山。建炎初年，又迁金山，适逢高宗驾幸维扬之地，召克勤面见皇帝，高宗赐“圆悟禅师”。后又返蜀，仍住昭觉。绍兴五年（公元一一三五年）八月五日，克勤给众僧徒留下书偈遗言后，投笔而逝。众僧在昭觉寺的旁边筑塔埋葬了他，并传言有五色舍利无数。

克勤是宋代临济宗的主要支派杨岐方会的重要传人之一。由于《碧岩录》的问世，使他成了影响超乎同辈的一代名僧。从克勤的思想风格中，可典型地看出后期禅宗“绕路说禅”的特点。《五灯会元》卷二：“（克勤）示众云：‘一言截断，千圣消声。一剑当头，横尸万里。所以道，有时句到意不到，有时意到句不到。句能划意，意能划句。意句交驰，衲僧巴鼻若能恁么转去，青天也须吃棒。且道：凭个什么？可怜无限弄潮人，毕竟还落潮中死。'" 禅宗直指本心的参悟实践，逐渐在宋初演变而为言意之辨式的文字禅。这一点克勤自己在《碧岩录》评唱中也表露无遗："大凡颂古，只是绕路说禅，拈古大纲，据款结案而已。"⑧结果是"路"越绕越"远"，"禅"越说越"失去其本来面目"。文字禅的发展，可以说是后期禅宗的一个弊病。

在思想本质上，克勤是一位真如缘起论者。他认为"世谛、佛法……平等一如，湛然真纯"⑨。现实中的现象世界与佛法中的彼岸世界从根本上说是没有区别的。"大千同一真如性"，宇宙间的一切都是由"湛然真纯"的"真如"派生的。"一尘举大地收，一花开世界起"，同此，"干屎橛"也是"佛性"，"花栏药"亦为"真如"，呵佛骂祖亦无不可，棒喝机锋妙合大用。

克勤为临济宗弟子，语言风格承临济宗风，同时又受云门宗的影响。在接引学人方面，机用峻烈，单刀直入，语言简略。如有僧问："古人道：'榔栗横担不顾人，直入千峰万峰去。'未审那里是他住处？"克勤答道："腾蛇缠足，露布绕身。"僧又说："朝看云片片，暮听水潺潺。"克勤道："却须截断始得。"还有僧问："如何是夺人不夺境？"克勤答："山僧有眼不曾见。""如何是夺境不夺人？""阇黎问得自然亲。""如何是人境俱夺？""收。""如何是人境俱不夺？”“放。”如果说前则公案有临济家风的话，后则公案颇似云门宗风。

注释：

①②《大正藏》第四十八册，二二五页。

③④同上书，二二四页。

⑤⑥同上书，一三九页。

⑦同上书，一五五——一五六页。

⑧同上书，一四一页。

⑨《续藏经》第一辑第二编第二十三套，第五册，四九〇页。

经典

卷一

一

原典

举梁武帝问达磨大师说这不唧嚠汉。："如何是圣谛①第一义？"是甚系驴橛。磨云："廓然无圣。"将谓多少奇特，箭过新罗，可杀明白。帝曰："对朕者谁？"满面惭惶，强惺惺。果然摸索不着。磨云："不识。"咄！再来不直半文钱。帝不契②，可惜许，却较些子。达磨遂渡江至魏。这野狐精，不免一场懡㦬，从西过东，从东过西。帝后举问志公③，贫儿思旧债，傍人有眼。志公云："陛下还识此人否？"和志公赶出国始得，好与三十棒，达磨来也。帝云："不识。"却是武帝承当得达磨公案。志公云："此是观音大士，传佛心印④。"胡乱指注，臂膊不向外曲。帝悔，遂遣使去请，果然把不住，向道不唧嚠。志公云："莫道陛下发使去取，东家人死，西家人助哀，也好一时赶出国。阖国人去，他亦不回。志公也好与三十棒，不知脚跟下放大光明。"

评唱

武帝尝披袈裟，自讲《放光般若经》，感得天花乱坠、地变黄金。辨道奉佛，诰诏天下，起寺度僧，依教修行。人谓之“佛心天子”。达磨初见武帝，帝问：“朕起寺度僧，有何功德？”磨云：“无功德。”

时后魏光统律师菩提流支三藏，与师论议。师斥相指心。而褊局[⑤]之量，自不堪任，竟起害心，数加毒药。至第六度，化缘[⑥]已毕，传法得人，遂不复救，端居而逝，葬于熊耳山定林寺。后魏宋云奉使，于葱岭遇师手携只履而往。武帝追忆，自撰碑文云：“嗟夫！见之不见，逢之不逢，遇之不遇，今之古之，怨之恨之。”

注释

①**圣谛**：圣人所见之真理。谛，真实无谬的道理。

②**不契**：不投合。

③**志公**：南北朝时梁人，法名宝志，也作保志。天监十三年（公元五一四年）圆寂，塔葬于灵谷寺。

④**心印**：佛心之印。禅的本意即不立文字、不依语言，直以心为印。印，印可、印定之义。

⑤**褊局**：原文注“褊”同偏，气量狭小之意。

⑥**化缘**：教化之因缘，亦有募化之意。

译文

南北朝时期梁国的天子武帝（公元四六四—五四九年）曾问达磨大师道：“什么是圣谛第一义？”达磨回答说：“廓然无涯，超凡越圣。”武帝接着又问：“与我对话的人是谁？”达磨答道：“我不知道。”达磨大师见梁王不识禅机妙理，于是就渡江北上，到达后魏国。事后，武帝便以与达磨的对话询问宝志和尚。宝志听说事件的始末后，问梁武帝：“陛下知道他是何人吗？”“我不知道。”武帝回答道。宝志于是说：“他就是您信仰至极的观音菩萨，特地来东土传播佛心之印的。”武帝听说后十分后悔，便想马上派使臣去把达磨迎回来。宝志说：“晚啦！莫说派使臣，就是让全国人都去，他也不会回来。”

评唱

武帝曾身披袈裟，亲自讲解《放光般若经》，感得天花乱坠，仿佛大地遍现黄金。他辨道奉佛，明诏天下，修建寺院，供养僧众，依佛教义修行。他是一位如此热心的佛教信徒，以至人们称他为“佛心天子”。达磨初次见到武帝时，武帝开口便问始祖：“孤家建立众多寺庙，供养了许多僧众，肯定有功德吧？”不料达磨大师却说：“无功德。”

达磨大师在后魏时，修持戒律的菩提流支三藏，多次与始祖辩论。大师破斥名相，直指人心。律师学识浅薄，器量狭隘，自觉不是大师的对手，于是便起害人之心，数次以毒药加害大师。到第六次，始祖来东土教化众生的因缘已尽，佛法后继有人，于是便不再医治，正坐而逝，安葬于熊耳山定林寺。传言后魏的使臣宋云，在葱岭遇见大师手里拿着只鞋往西去了。梁武帝追忆与大师枉见面一场，亲自撰写碑文说：“啊！见到了真正的大师却没能认识他，遇见了得道的圣人却没有礼拜他，心中的遗憾，永世难消。”

二

原典

举赵州示众云这老汉作什么？莫打这葛藤。：“至道[1]无难，非难非易。唯嫌拣择。眼前是什么？三祖犹在。才有语言，是拣择，是明白？两头三面，少卖弄。鱼行水浊，鸟飞落毛。老僧不在明白里。贼身已露，这老汉向什么处去？是汝还护惜[2]也无？败也，也有一个半个。”时有僧问：“既不在明白里，护惜个什么？”也好与一拶，舌拄上腭。州云：“我亦不知。”拶杀这老汉，倒退三千。僧云：“和尚既不知，为什么却道不在明白里？”看走向什么处去？逐教上树去。州云：“问事即得，礼拜了退。”赖有这一着，这老贼。

评唱

至道无难，言端语端。一有多种，二无两般。虽无许多事，天际日上时月便下，槛前[3]山深时水便寒。到这里，言也端，语也端，头头是道，物物全真，岂不是心境俱忘、打成一片[4]处？

僧问香严[5]："如何是道？"严云："枯木里龙吟。"僧云："如何是道中人？"严云："髑髅里眼睛。"僧后问石霜[6]："如何是枯木里龙吟？"霜云："犹带喜在。""如何是髑髅里眼睛？"霜云："犹带识在。"僧又问曹山[7]："如何是枯木里龙吟？"山云："血脉不断。""如何是髑髅里眼睛？"山云："干不尽。""什么人得闻？"山云："尽大地未有一个不闻。"僧云："未审龙吟是何章句[8]？"山云："不知是何章句，闻者皆丧。"复有颂云："枯木龙吟真见道，髑髅无识眼初明。喜识尽时消息尽，当人那辨浊中清。"

注释

①**至道：**至极的道理，指佛法。

②**护惜：**保护、护持之意。

③**槛前：**门前。槛，栅栏、栏杆之意。

④**心境俱忘、打成一片：**物我俱忘，浑然一体。指僧人悟道的至极境界。

⑤**香严：**唐代禅师，法名智闲。师从沩山，因住香严寺而名。有偈颂二百余首。

⑥**石霜：**唐比丘，法名庆诸，因住石霜山而又名。师从道吾和尚。光启四年（公元八八八年）圆寂，享年八十二岁。

⑦**曹山：**五代时比丘，法名本寂，因住地而又名。师从洞山良价禅师。天复元年（公元九〇一年）圆寂，终年六十二岁。

⑧**章句：**章节与句子。

译文

赵州和尚教诲众弟子道："禅的真理不难究得，唯忌生出分别心。因有分别心，才有语言，语言文字就是一种拣择。不予拣择，反而心下自明。至于我，既不在拣择之中，也不在明白之境。请诸位善自护持你们的无是非、无分别的心。"这时有一位僧人问："老师既已不在明白之中，还要我们护惜它干什么？"赵州说："我也不知道。"僧人又问："老师自己都不清楚，为什么却对我们说不在明白里呢？"赵州回答道："因为有人问起，所以不能不说。好了，说法已毕，诸位请退。"

评唱

禅的真理不难究得，便在言语的落脚处。一有多种形式，二却无两般模样。天宇中日升月坠，屋门前山深水寒。参到这般地步，言也有尽，语也有尽，头头是道，物物全真，难道不是己物俱忘、浑然一体吗？

一僧问香严和尚：“什么是道？”香严回答说：“枯木遇风作龙吟。”僧又问：“什么是得道之人？”香严答道：“髑髅洞中有眼睛。”之后，这僧因不解其意，又去问石霜和尚：“什么是‘枯木遇风作龙吟’？”石霜回答道：“还带有情感的偏见。”“什么又是‘髑髅洞里的眼睛’？”石霜和尚说：“还有认识的偏见。”这僧又拿这一话头问曹山和尚：“什么是‘枯木遇风作龙吟’？”曹山回答说：“血脉未断。”“什么是‘髑髅洞里的眼睛’？”曹山答道：“风干不尽。”僧人紧紧追问：“是什么人听说的？”曹山说：“普天之下没有一个人不知道。”僧又问：“不知道‘枯木遇风作龙吟’出自何典何章？”曹山回答说：“不知是何典章，听说的人皆已死去了。”对这一话头，后人曾有一颂说：“枯木龙吟真见道，髑髅无识眼初明。喜识尽时消息尽，当人哪辨浊中清。”

三

原典

举马大师不安，这汉漏逗不少，带累别人去也。院主问：“和尚近日尊候如何？”四百四病一时发，三日后不送亡僧是好手，仁义道中。大师云：“日面佛、月面佛。”①可杀新鲜，养子之缘。

评唱

学者劳形，如猿捉影。只这日面佛、月面佛，极是难见。雪窦到此，亦是难颂。却为他见得透，用尽平生工夫指注他。诸人要见雪窦么？看取下文：

“日面佛、月面佛，开口见胆，如两面镜相照，于中无影像。五帝三皇是何物？太高生，莫谩他好，可贵可贱。二十年来曾苦辛，自是尔落草，不干山僧事。哑子吃苦瓜。为君几下苍龙窟②。何消恁么？莫错用心好，也莫道无奇特。屈，愁杀人，愁人莫向愁人说。堪述，向阿谁说，说与愁人愁杀人。明眼衲僧莫轻忽。更须子细，咄！倒退三千。”

注释

①**日面佛、月面佛：**《三千佛名经》中出现的佛名。经中说日面佛的寿命为一千八百岁，月面佛则只能活一昼夜。马祖在这则公案中如此答，意指长寿也好，命短也好，只要懂得生命之道，生安然，死也安然。

②**为君几下苍龙窟：**中国古代的神话中说，龙嘴里有一颗明珠，是无上的至宝。故禅师把参禅求道比喻成为得宝珠，奋不顾身地闯入苍龙卧居的洞窟的行为。下苍龙窟，意指拜师入室，独自参禅。

译文

马祖大师身患重病，卧床不起了。一直很担心的院主前来探视，问候道："老师近日身心如何？"马祖回答道："日面佛、月面佛。"

评唱

对此公案，后来学者多劳形苦神，用心参寻，却如猿猴捉影，不知落处。只这"日面佛、月面佛"一句，极难见其真意。雪窦对此公案，也是难下评论。但他毕竟看得透彻些，用尽平生工夫，评论注解，提示后人。且看雪窦颂说：

"日面佛、月面佛，五帝三皇是何物？二十余年来苦心参究，真如人入苍龙窟里探取宝珠相似。其中甘苦，确实值得对人述说，希望慧眼禅僧切莫轻忽这则公案。"

四

原典

举德山①到沩山②，担板汉，野狐精。挟复子③于法堂上，不妨令人疑着，纳败缺。从东过西，从西过东，可杀有禅作什么？顾视云："无！无！"便出。好与三十棒，可杀气冲天，真师子儿，善师子吼。雪窦着语云："勘破了也④。"错，果然，点！德山至门首，却云："也不得草草。"放去收来，头上太高生，末后太低生，知过必改，能有几人？便具威仪，再入相见。依前作这去就，已是第二重败缺，崄。

沩山坐次，冷眼看这老汉，捋虎须，也须是这般人始得。德山提起坐具[5]云："和尚！"改头换面，无风起浪。沩山拟取拂子，须是那汉始得，运筹帷幄之中。不妨坐断天下人舌头。德山便喝，拂袖而出。野狐精见解，这一喝，也有权，也有实，也有照，也有用，一等是拿云攫雾者，就中奇特。雪窦着语云："勘破了也。"错，果然，点。德山背却法堂，着草鞋便行。风光可爱，公案未圆，赢得项上笠，失却脚下鞋，已是丧身失命了也。沩山至晚问首座："适来新到在什么处？"东边落节，西边拔本，眼观东南，意在西北。首座云："当时背却法堂，着草鞋出去也。"灵龟曳尾，好与三十棒。这般汉脑后合吃多少？沩山云："此子已后，向孤峰顶上，盘结草庵，呵佛骂祖去在。"贼过后张弓，天下衲僧跳不出。雪窦着语云："雪上加霜。"错，果然，点。

评唱

德山本是讲僧，在西蜀讲《金刚经》。因教中道[6]金刚喻定，后得智中，千劫学佛威仪，万劫学佛细行，然后成佛。他南方魔子便说"即心是佛"，遂发愤担疏钞行脚，直往南方，破这魔子辈。看他恁么发愤，也是个猛利底汉。

初到澧州，路上见一婆子卖油糍，遂放下疏钞，且买点心吃。婆云："所载者是什么？"德山云："《金刚经》疏钞。"婆云："我有一问，尔若答得，布施油糍作点心。若答不得，别处买去！"德山云："但问。"婆云："《金刚经》云：'过去心不可得，现在心不可得，未来心不可得。'上座欲点那个心？"山无语，婆遂指令去参龙潭[7]。

才跨门便问："久向龙潭，及乎到来，潭又不见，龙又不现？"龙潭和尚于屏风后引身云："子亲到龙潭。"师乃设礼而退。至夜间入室，侍立更深。潭云："何不下去？"山遂珍重[⑧]，揭帘而出，见外面黑，却回云："门外黑。"潭遂点纸烛度与山，山方接，潭便吹灭。山豁然大悟，便礼拜。潭云："子见个什么便礼拜？"山云："某甲自今后，更不疑着天下老和尚舌头。"

至来日，潭上堂云："可中有个汉，牙如剑树，口似血盆，一棒打不回头。他时异日，向孤峰顶上，立吾道去在。"山遂取疏钞，于法堂前，将火炬举起云："穷诸玄辩，若一毫置于太虚；竭世枢机，似一滴投于巨壑。"遂烧之。

注释

①**德山：**唐简州人，法名宣鉴。初研律藏，后归禅门。因住澧州德山而名。他平日接引人喜用禅棒，故有"德山棒"的说法。咸通六年（公元八六五年）圆寂，寿八十四。

②**沩山：**唐福州人，法名灵祐。曾参百丈禅师，后在长沙大沩山建同庆寺。他是唐代禅宗五家之一沩仰宗宗师。大中七年（公元八五三年）圆寂，终年八十三岁。

有《语录》一卷。

③**复子**：包裹、行李。

④**勘破了也**：勘定事之是非。意指禅僧参禅看得透彻。

⑤**坐具**：梵文 Nisidana 的意译。亦称“随坐衣”“坐卧具”；音译“尼师坛”“尼师但那”。佛教僧尼用具名，据《百丈清规》卷五载，布制，长四尺八寸，宽三尺六寸。为僧尼坐时用具，有护身、护衣、护床席卧具的作用。也常作为礼拜时的用具。

⑥**中道**：即脱离“两边”（两个极端）的不偏不倚道路或观点、方法。佛教大小乘对“中道”解释不尽相同，但皆认为它是佛教最高的真理。法相以唯识为中道；三论以八不为中道；天台以实相为中道；华严以法界为中道。《中论》有偈说：“因缘所生法，我说即是空。亦名为假名，亦是中道义。”

⑦**龙潭**：唐比丘，法名崇信。住澧州龙潭禅院，故世称龙潭和尚。

⑧**珍重**：道别语，亦可作动词用，为“道别、告辞”义。

译文

德山和尚到沩山禅院参学。他拿着行李，一身风尘仆仆出现在法堂上，从东走到西，从西走到东，双眼环顾四周，说了一句："没有人是我的对手，没有人！"便转身走出了法堂。雪窦评点道："透！"德山走到禅院门口，转念一想：自己不可过于无礼！于是重整僧家威仪，返回去与沩山住持相见。

德山来到沩山跟前，提起袈裟下的坐具，认真礼拜，恭敬地叫了一声："老师！"沩山才要举起拂子，德山却当即大喝一声，拂袖而出。雪窦的评点是："透！"德山离开法堂，穿着草鞋大步出了山门。沩山住持晚上问首座："今天来的和尚现在在哪里？"首座回答："那僧当时便离去了！"沩山仰天叹道："这个僧人今后将在孤峰顶上结草庵，干出呵佛骂祖的事！"雪窦又点评道："雪上加霜。"

评唱

德山和尚本是一名讲僧，在四川讲授《金刚经》。他说：经教家都认为：修行者修到金刚喻定（注：指等觉菩萨）后，证得"后得智"，再历经千劫学习佛的威仪，万劫学习佛的行为细节，然后才能成佛。当时南方的僧人宣扬"即心是佛"，于是发誓担着佛经去南方云游，欲与那里的僧人一辩高低。看他如此发愤，确也是个硬汉子。

刚到澧州地界，德山在路上看见一位老婆婆卖油饼，便放下担子，想买些点心吃。老婆婆问道："你挑的是什么？"德山回答说："是《金刚经》卷本。"老婆婆又说："我有一个问题，你若能回答，就送你油饼作点心。你若回答不上，去别处买吧！"德山说："那你就问吧！"于是老婆婆便问："《金刚经》中说：'过去的心不可得，现在的心不可得，未来的心也不可得。'这位僧人您究竟想点哪个心？"德山无言以对，老婆婆于是指点他去参拜龙潭和尚。

才跨进龙潭和尚寺院的大门，德山便问："我早就向往龙潭，可是到了这里，怎么潭也不见，龙也不见？"龙潭和尚这时从屏风后走出来，对德山说："你已经到了龙潭了。"说完便礼拜而退。到晚上，德山又入法堂，侍立到深夜。龙潭对他说："下去吧！"德山于是恭身请安，揭开门帘往外走，见外面黑漆漆的，便返回来说："门外天很黑。"龙潭于是点着一把火烛递给德山，德山正想接过来，龙潭却又把它吹灭了。德山豁然大悟，忙施礼拜。龙潭问："你看到什么了便施礼设拜？"德山回答说："从今以后，我对天下老僧人的话再也不感到疑惑了。"

第二天，龙潭在法堂上说："这里有位僧人，牙如利剑，口似血盆，一棒打去也不回头。他时异日，在孤峰顶上宣扬我的说教的，便是他。”德山取来佛典卷本，放在法堂前，手拿火炬说：“研习尽诸般玄谈妙辩，正似一丝毛发置于无垠的太空中；穷竭尽万世深奥道理，也如一滴水投于万丈深谷之中。”说完，德山便把佛典卷本烧掉了。

五

原典

举雪峰示众云一盲引众盲，不为分外。：“尽大地撮来如粟米粒大。”是什么手段？山僧从来不弄鬼眼睛。抛向面前，只恐抛不下，有什么伎俩？漆桶[1]不会，倚势欺人，自领出去。莫谩大众好。打鼓普请：“看。”瞎，打鼓为三军。

评唱

古人接物利生，有奇特处，只是不妨辛勤。三上投子，九到洞山，置漆桶木杓，到处作饭头，也只为透脱此事。及至洞山[2]作饭头，一日，洞山问雪峰[3]：“作什么？”峰云：“淘米。”山云：“淘沙去米，淘米去沙？”峰云：“沙米一齐去。”山云：“大众吃个什么？”峰便覆盆。山云：“子缘在德山。”指令见之。

才到便问：“从上宗乘中事，学人还有分也无？”德山打一棒云："道什么？"因此有省。后在鳌山阻雪，谓岩头[4]云："我当时在德山棒下，如桶底脱相似。"岩头喝云："尔不见道，从门入者，不是家珍，须是自己胸中流出，盖天盖地，方有少分相应。"雪峰忽然大悟，礼拜云："师兄！今日始是鳌山成道。"

注释

①**漆桶：**禅师对未开悟僧人的詈辞，大抵斥其眼前或心中漆黑一团，有如漆桶。"漆桶脱"一语，则喻指明白、领悟。

②**洞山：**唐诸暨（今浙江）人，法名良价。师从沩山和尚，因在洪州洞山传法而又名。咸通十年（公元八六九年）圆寂，世寿六十三。

③**雪峰：**唐南安（福建）人，法名义存。师从德山和尚，后在福州象骨山创雪峰禅院。开平二年（公元九〇八年）寂，享年八十九岁。

④**岩头：**唐泉州人，法名全豁。师从德山和尚。先住鄂州（湖北武昌）岩头院，后至洞庭卧龙山传法。光启三年（公元八八七年）为贼人所杀，年六十。

译文

雪峰和尚垂示众僧徒说：“整个山河大地，拿起来也只有粟米粒一样大。”说完，就把米粒向前抛去，僧徒不明所以，再打鼓普请说：“看。”

评唱

古人接物利生，自有开悟处，只是要经历一番艰辛。雪峰和尚三参投子，九拜洞山，拿着漆桶木杓，到处去做饭头，也只是为参透禅机妙理。雪峰在洞山禅院做饭头时，有一日，洞山和尚去厨房看他，他正在拣米中的细砂。洞山问：“你在干什么？”“我在选米。”洞山又问：“你是在选砂除米呢，还是选米除砂呢？”雪峰回答：“米和砂都除去。”“那么大家吃什么呢？”雪峰听洞山这么一说，便把手里米盆中的东西全倒在地上。洞山见此情景，对他说：“你与德山有缘分！”于是指示他去跟从德山和尚修行。

才到德山禅院，雪峰开口便问：“跟随得道大师却学习些普通的道理，学人还有开悟的缘吗？”德山听罢，打了雪峰一棒，反问道：“你说什么？”雪峰当下有悟。后来，雪峰与师兄岩头结伴云游四方，行至湘南鳌山时，大雪纷飞，阻碍了行路。逗留日间，雪峰对岩头说起悟道的感受：“我当时在德山老师的棒下豁然开悟，真如水桶脱底相似。”岩头听后，正謦说道：“你还没有认识禅的妙理啊！你难道不懂得，从别人处得来的，不是家珍，要一一从自己胸襟流出，盖天盖地地出，才算是有所悟啊！”雪峰听罢，忽然大悟，对岩头深深一拜，说：“师兄，我今日才算鳌山成道啊！”

六

原典

举云门[①]垂语云：“十五日已前不问汝，半河南，半河北，这里不收旧历日。十五日已后道将一句来。不免从朝至暮，切忌道着，来日是十六，日月如流。”自代云：“日日是好日。”收，鰕跳不出斗，谁家无明月清风？还知么？海神知贵不知价！

评唱

云门初参睦州[②]，州旋机电转，直是难凑泊[③]。寻常接人，才跨门，便搊住云：“道！道！”拟议不来，便推出云：“秦时𫟼轹钻[④]。”云门凡去见，至第三回，才敲门，州云：“谁？”门云：“文偃。”才开门，便跳入。州搊住云：“道！道！”门拟议[⑤]，便被推出门。一足在门阃内，被州急合门，拶折云门脚。门忍痛作声，忽然大悟。后来语脉接人，一摸脱出睦州。后于陈操尚书宅住三年，睦州指往雪峰处去。至彼，出众便问：“如何是佛？”峰云：

“莫寐语。”云门便礼拜，一住三年。雪峰一日问：“子见处如何？”门云：“某甲见处，与从上诸圣不移易一丝毫许。”

灵树[⑥]二十年不请首座。常云：“我首座生也。”又云：“我首座牧牛[⑦]也。”复云：“我首座行脚也。”忽一日令撞钟，三门前接首座。众皆讶之。云门果至，便请入首座寮解包。灵树人号曰“知圣禅师”，过去、未来事皆预知。

一日，广主刘王将兴兵，躬入院，请师决臧否。灵树已先知，怡然坐化。广主怒曰：“和尚何时得疾？”侍者对曰：“师不曾有疾，适封一合子，令俟王来呈之。”广主开合，得一帖子，云：“人天眼目，堂中首座。”广主悟旨，遂寝兵，请云门出世。

云门寻常爱说三字禅，“顾”“鉴”“咦”，又说一字禅。僧问：“杀父杀母，佛前忏悔，杀佛杀祖，向什么处忏悔？”门云：“露！”又问：“如何是正法眼藏[⑧]？”门云：“普。”直是不容拟议。到平铺处，又却骂人，若下一句语：“如铁橛子[⑨]相似。”后出四哲，乃洞山初、智门宽、德山密、香林[⑩]远，皆为大宗师。香林十八年为侍者，凡接他，只叫：“远侍者。”远云：“喏。”门云：“是什么？”如此十八年，一日方悟。门云：“我今后更不叫汝。”云门寻常接人，多用睦州手段。只是难为凑泊，有抽钉拔楔底钳锤。雪窦道：“我爱韶阳新定机，一生与人抽钉拔楔。

垂个问头示众云：‘十五日已前不问汝，十五日已后道将一句来。’坐断千差，不通凡圣。”

注释

①**云门**：（五代）姑苏嘉兴人，法名文偃。师从雪峰和尚，是禅宗云门宗宗祖。乾祐二年（公元九四九年）圆寂，年八十六。

②**睦州**：唐比丘，为南陈朝帝裔。师从黄檗大师，因在睦州（浙江建德）开元寺传法，故又名睦州。寂年不详。

③**难凑泊**：难以接近之意。

④**䡓轹钻**：秦时用于车舆上的一种工具。

⑤**拟议**：意为思虑、迟疑。

⑥**灵树**：又名如敏，赐号知圣大师。从黄檗和尚得法，住韶州灵树院。生年不详。

⑦**牧牛**：指禅僧悟道后的修行。宋代廓庵禅师曾著《十牛图》，绘制了禅宗的十牛图，并以诗偈加以评唱，形象地展现了由修行以致顿悟的体悟过程。其中颂“牧牛”时偈为：“鞭索时时不离身，恐伊纵步入埃尘。相将牧得纯和也，羁锁无拘自逐人。”

⑧**正法眼藏**：又称“清净法眼”，禅家以之为教外别

传之佛法心印。《释氏稽古略》卷一："世尊曰：'吾有正法眼藏、涅槃妙心……付嘱摩诃迦叶。'"

⑨**铁橛子：**比喻古人之公案无容易下嘴之处。《无尽灯论》卷上曰："夫铁橛子者，非所以无滋味。无汝下嘴处，是谓之铁橛子。只向难下嘴处，奋发大勇猛心，竖咬横咬，咬咬不止，则忽然一咬咬破。咬破将来，始知此中有无尽法味，是谓铁橛子。"

⑩**香林：**绵州人，又名澄远。从云门和尚得法。初住四川导江县迎祥寺，后住青城山香林院。宋雍熙四年（公元九八七年）圆寂，寿八十。

译文

云门问众僧徒："我不问你们十五月圆之前，我只问你们十五日之后如何。"随后他又自答道："日日是好日！"

评唱

云门一开始在睦州和尚处参学。睦州机锋利锐，难以接近。平日他引导修行者时，总是当对方刚一走近禅室门口，就当胸抓住，厉声喝令："快说！快说！"当对方疑惑不止，表达不出来时，睦州随即把他推到门外，大骂一声"秦朝废物"。云门曾两次去参禅，至第三次，他才叩门环，里面的睦州便问："是谁？""云门文偃。"

睦州和尚一打开门，云门就立即跳进门里。睦州一把抓住云门胸口，喝道："快说！快说！"云门正要讲时，睦州就把他推出门外，并猛地把门关紧。云门的一只脚还没拿出来，当即就被折断了。云门不禁大喊疼痛，叫喊之时，忽然大悟。之后，云门示教僧徒，与睦州一模脱出一般。他在陈操尚书家里住了三年后，按睦州的指示，前往雪峰处参学。刚到那里，便从众僧徒中走出，问道："什么是佛？"雪峰听罢，大喝一声："不要痴人说梦！"云门当下便施礼拜，在此一住三年。一日，雪峰问云门："你究竟达到了什么境界？"云门回答道："我所达到的境界，与以前的诸佛至圣无一丝一毫之差。"

灵树院的如敏禅师二十年间都空着院内首座的位置。有一日，他说道："我们院的首座已经出生了。"接着又说："他现在正在牧牛。"又有一日，他说："我们的首座行脚去了。"如敏和尚讲得那么逼真，好像他看到了那位不知姓名居所的首座似的。终于有一天，他忽然命令钟僧敲钟，招集众僧徒，说是让他们到三门外去迎接首座。大家都十分惊讶，迷惑不解。但不一会，果然从远处来了一位高僧，他就是云门文偃。如敏和尚马上把他请进首座房间，帮他解下行旅包。灵树院僧徒见如敏和尚如此神奇，便给他起了一个雅号，称他为"知圣禅师"，意指对过去、未来事皆能预知。

一日，据有岭南之地的广州节度使刘隐（公元八七四—九一一年）将起兵，亲自去灵树禅院，请如敏和尚卜吉凶。如敏预先已知刘隐将至，安详地坐化了。刘王见如敏已逝，十分生气，便问道："老禅师是什么时候得病的？"在场的一位侍僧回答说："老师不曾有病，刚才封好一个盒子，等大王来后呈给您。"刘隐打开盒子，取出一张帖子，上面写着八个字："人天眼目，堂中首座。"刘隐看懂意思后，遂罢兵息战，请云门文偃出山。

云门和尚平常爱说三字禅，"顾""鉴""咦"，有时又说一字禅。一僧曾问云门："如果杀父杀母之人要在佛前忏悔，那么，杀佛杀祖之人又去哪里忏悔呢？"云门只回答一字："露！"僧又问："什么是正法眼藏？"云门便对："普！"云门的回答真是不让人有所考虑。但到平铺处，他却又常骂人一句："像个铁橛子似的！"云门门下出了四位大师，即洞山、智门、德山、香林，四个和尚皆是赫赫有名的大禅师。其中香林澄远在云门门下做了十八年侍僧，平日云门示教他，只叫一声："远侍者！"当香林应喏之时，云门随即又问："是什么？"如此这样十八年，终于有一天，香林忽然开悟。云门于是说："从今以后，我不用再叫你啦！"云门就是这样，平日引教僧徒，多用睦州和尚的手法。虽让人难以接近，他却有抽钉拔楔的手段，引人开悟。雪窦禅师说："我喜欢韶阳云门和尚的禅机，他一生给人抽钉拔楔。拿个话头问僧徒：‘我不问你们十五月圆之前如何，只问十五日以后如何。’只此一句，已是打破一切差别，超凡越圣。”

七

原典

举僧问法眼[①]（道什么？檐枷过状。）：“慧超咨和尚，如何是佛？”（道什么？眼睛突出。）法眼云：“汝是慧超。”（依模脱出，铁馂馅，就身打劫！）

评唱

则监院在法眼会中，也不曾参请入室。一日，法眼问云：“则监院何不来入室？”则云：“和尚岂不知，某甲于青林[②]处有个入头。”法眼云：“汝试为我举看。”则云：“某甲问：‘如何是佛？’林云：‘丙丁童子来求火。’”法眼云：“好语，恐尔错会，可更说看！”则云：“丙丁属火，以火求火，如某甲是佛，更去觅佛。”法眼云：“监院果然错会了也。”则不愤便起，单渡江去。法眼云：“此人若回，可救，若不回，救不得也。”则到中路自忖云：“他是五百人善知识[③]，岂可赚我耶？”遂回再参。法眼云：“尔但问我，我为尔答。”则便问：“如何是佛？”法眼云：“丙丁童子来求火。”则于言下大悟。

《中国佛学经典宝藏》目录

编号	书名	编号	书名	编号	书名
1	中阿含经	45	维摩诘经	89	法句经
2	长阿含经	46	药师经	90	本生经的起源及其开展
3	增一阿含经	47	佛堂讲话	91	人间巧喻
4	杂阿含经	48	信愿念佛	92	大乘本生心地观经
5	金刚经	49	精进佛七开示录	93	南海寄归内法传
6	般若心经	50	往生有分	94	入唐求法巡礼记
7	大智度论	51	法华经	95	大唐西域记
8	大乘玄论	52	金光明经	96	比丘尼传
9	十二门论	53	天台四教仪	97	弘明集
10	中论	54	金刚錍	98	出三藏记集
11	百论	55	教观纲宗	99	牟子理惑论
12	肇论	56	摩诃止观	100	佛国记
13	辩中边论	57	法华思想	101	宋高僧传
14	空的哲理	58	华严经	102	唐高僧传
15	金刚经讲话	59	圆觉经	103	梁高僧传
16	人天眼目	60	华严五教章	104	异部宗轮论
17	大慧普觉禅师语录	61	华严金师子章	105	广弘明集
18	六祖坛经	62	华严原人论	106	辅教编
19	天童正觉禅师语录	63	华严学	107	释迦牟尼佛传
20	正法眼藏	64	华严经讲话	108	中国佛教名山胜地寺志
21	永嘉证道歌 · 信心铭	65	解深密经	109	敕修百丈清规
22	祖堂集	66	楞伽经	110	洛阳伽蓝记
23	神会语录	67	胜鬘经	111	佛教新出碑志集萃
24	指月录	68	十地经论	112	佛教文学对中国小说的影响
25	从容录	69	大乘起信论	113	佛遗教三经
26	禅宗无门关	70	成唯识论	114	大般涅槃经
27	景德传灯录	71	唯识四论	115	地藏本愿经外二部
28	碧岩录	72	佛性论	116	安般守意经
29	缁门警训	73	瑜伽师地论	117	那先比丘经
30	禅林宝训	74	摄大乘论	118	大毗婆沙论
31	禅林象器笺	75	唯识史观及其哲学	119	大乘大义章
32	禅门师资承袭图	76	唯识三颂讲记	120	因明入正理论
33	禅源诸诠集都序	77	大日经	121	宗镜录
34	临济录	78	楞严经	122	法苑珠林
35	来果禅师语录	79	金刚顶经	123	经律异相
36	中国佛学特质在禅	80	大佛顶首楞严经	124	解脱道论
37	星云禅话	81	成实论	125	杂阿毗昙心论
38	禅话与净话	82	俱舍要义	126	弘一大师文集选要
39	释禅波罗蜜次第法门	83	佛说梵网经	127	《沧海文集》选集
40	般舟三昧经	84	四分律	128	《劝发菩提心文》讲话
41	净土三经	85	戒律学纲要	129	佛经概说
42	佛说弥勒上生下生经	86	优婆塞戒经	130	佛教的女性观
43	安乐集	87	六度集经	131	涅槃思想研究
44	万善同归集	88	百喻经	132	佛学与科学论文集

法眼出世，有五百众，是时佛法大兴。时韶国师[4]久依疏山，自谓得旨。乃集疏山平生文字顶相[5]，领众行脚。至法眼会下，他亦不去入室，只令参徒随众入室。一日，法眼升座，有僧问："如何是曹源一滴水？"法眼云："是曹源一滴水？"其僧惘然而退。韶在众闻之，忽然大悟。后出世，承嗣法眼，有颂呈云："通玄峰顶，不是人间。心外无法，满目青山。"法眼印云："只这一颂，可继吾宗。子后有王侯敬重，吾不如汝。"

注释

①**法眼：**余杭人，又名文益。从罗汉琛得法，出世后住金陵报恩院。南唐后主为其建清凉伽蓝，学人事之如圣。五代显德五年（公元九五八年）圆寂，谥"大法眼"，为法眼宗之开山宗祖。

②**青林：**又名师虔，参学洞山和尚得悟。因住随州青林，世故称青林和尚。后继道全在洞山讲法，又有"后洞山"之称。

③**善知识：**指善于教化别人，使人萌发善心、进入佛道的高僧。《法华文句》卷四曰："闻名为知，见形为识。是人益我菩提之道，名善知识。"

④**韶国师：**公元八九一——九七二年。名德韶，龙泉

（今属浙江）人。初参曹山法眼，后至天台（今浙江）弘法。钱俶闻其名，礼请至杭州，尊为国师。晚年归天台，圆寂于国清寺。

⑤**顶相**：如来佛顶上有肉髻，一切人天不能见，故名无见顶相。禅僧把祖师的半身肖像称“顶相”。

译文

有一僧求见法眼和尚，对法眼说：“贫僧慧超有一事想问大师，佛究竟是什么东西？”法眼在僧人提问时，随即反问：“你难道不是慧超吗？”

评唱

法眼禅师住持清凉寺时，监院玄则从未去禅室问过禅，令法眼十分奇怪。于是法眼便问他：“院主，你怎么不参禅呢？”玄则说：“老师有所不知，我已经在青林老师那里开悟了。”“怎么悟的？说来让我听听。”玄则便得意地说：“我问青林老师‘什么是佛’，老师对我说‘丙丁童子来求火’，我从中便解悟了。”法眼听后说道：“语虽精辟，恐怕你误解了他的意思，你再说说看！”于是玄则就解释说：“丙丁本即是火，以火求火，就像我自己，本身就是佛，却去问佛干什么。”“院尊，你现在还未开悟啊！果然误解了。”玄则闻言，非常气愤，离开清凉寺渡江而去。法眼见玄则愤然离去，叹惜道：“这人若回来，还可救，若不回来，永远也不会开悟。”玄则在途中思及道：“老师毕竟是治下有五百余众的禅师，决非等闲之辈，他如此说我，难道会骗我吗？”于是，玄则又返回清凉寺，向法眼参学。法眼见玄则返回，高兴地说：“你随便提问，我回答你的问题。”玄则开口便问：“什么是佛？”“丙丁童子来求火。”玄则听罢法眼的答话，当下即大悟。

法眼禅师出世后，声名大震，治下有五百余名僧徒，一时佛法大兴。当时的德韶国师多年跟随疏山和尚参学，自谓得其传法。疏山坐化后，他遍集疏山生平文字，承其衣钵，率领众僧徒云游四方。及至法眼门下，他也从不去参问，只让僧徒随众去法堂参学。有一日，法眼禅师在法堂上讲法，一僧问：“什么是‘曹源一滴水’？”“难道不是‘曹源一滴水’吗？”法眼反问道。这僧迷惑不解，引身而退。当时德韶在僧群中听到这一问答，却忽然大悟。后来，他出世传法，承嗣法眼衣钵，曾有一颂呈法眼：“通玄峰顶，不是人间。心外无法，满目青山。”法眼和尚看后印可了他，并对他说：“只这一颂，即可继我衣钵。以后将有王侯重用你，我不如你啊！”

八

原典

垂示云：会则途中受用，如龙得水，似虎靠山。不会则世谛流布，羝羊触藩、守株待兔。有时一句如踞地狮子；有时一句如金刚王宝剑；有时一句坐断天下人舌头；有时一句随波逐浪。若也途中受用，遇知音、别机宜，识休咎相共证明；若也世谛流布，具一只眼，可以坐断十方、壁立千仞。所以道，大用现前，不存轨则，有时将一茎草作丈六金身用，有时将丈六金身作一茎草用。且道凭个什么道理？还委悉么？试举看：

举翠岩[①]夏末示众云："一夏以来，为兄弟说话，开口焉知恁么？看翠岩眉毛在么？只赢得眼睛也落地，和鼻孔也失了。入地狱如箭射。"保福[②]云："作贼人心虚。"灼然是贼识贼。长庆云："生也。"舌头落地，将错就错，果然。云门云："关。"走在什么处去？天下衲僧跳不出，败也。

注释

①**翠岩：**唐时僧人，又名从欣。生年不详。其法嗣长庆为青原七世。

②**保福：**唐、五代时人，祖籍福州，又名从展。师

从雪峰禅师。生年不详，天成三年（公元九二八年）圆寂于保福院。

译文

垂示说：禅的真义，理解了则一生受用，如龙得水，似虎靠山。如若不理解，虽然佛法遍布，却似羝羊触藩、守株待兔，枉然一生。禅师们的问答中，有时一句话如踞地狮子般威严；有时一句话如金刚王宝剑般锐利；有时一句话能截断天下是非差别；有时一句话如波浪相逐，意味深远。无论是自身受用，还是与知音好友互参机宜、共证妙理；或者是广传佛法，普度众生，独具一双慧眼，都可坐断十方、壁立千仞。所以说，大机大用在眼前，没有固定的规则，有时把一根茅草能说成是丈六金身，有时却又把丈六金身看作一根茅草。且说这是什么道理？若想知其底细，请看：

公案

有一天，正好是夏安居的终日，翠岩和尚对众僧说："整个夏天，我都在给兄弟们说法，我很担心说得过多会受佛惩罚，落个眉毛脱去的下场。请诸位帮我看一下我还有眉毛吗？"保福和尚说："做贼人才心虚。"长庆道："不仅没掉，反而长密了。"最后到云门，只说了一个字："关！"只此一字，令人回味无穷。

九

原典

举僧问赵州①："如何是赵州？"河北、河南，总说不着，烂泥里有刺。不在河南，正在河北。州云："东门、西门、南门、北门。"开也，相骂饶尔接嘴，相唾饶尔泼水，见成公案，还见么？便打。

评唱

赵州临机，一似金刚王宝剑，拟议即截却尔头，往往更当面换却尔眼睛。这僧也敢捋虎须，致个问头，大似无事生事。争奈句中有机，他既呈机来，赵州也不辜负他问头，所以亦呈机答。不是他特地如此，盖为透底人自然合辙，一似安排来相似。不见有一外道，手握雀儿，来问世尊云："且道某甲手中雀儿，是死耶，是活耶？"世尊遂骑门阃②云："尔道我出耶，入耶？"一本云：世尊竖起拳头云：开也？合也？外道无语，遂礼拜。

注释

①**赵州**：唐曹州（今山东菏泽）人，又名从谂。生年不详。师从南泉禅师得法，后云游四方，住赵州观音院，世因称赵州禅师。乾宁四年（公元八九七年）圆寂，

有传言他活了一百二十岁。

②**门阃：**即门槛。

译文

有一位僧人问赵州和尚：“赵州是什么？”赵州既指地名，又指人名，因此这一问题用意极深。赵州不愧为一代名禅师，他既不言人又不言地，爽朗地答道：“东门、西门、南门、北门。”四门大开，任尔出入。

评唱

赵州临机之答，真如金刚王宝剑般锐利，稍不留意就把人的话头截断，让人耳目一新。这位僧人也有拨虎须的勇气，拿个话头来问，真是无事生事。争奈问话中暗藏机锋，这僧既问，赵州也不枉负他一番心血，亦含机而答。不是他故意如此回答，实为参透的人能应对自然，好像预先想好了一样。正如有一位外道僧人，手里拿着一只麻雀，来问世尊：“请你说我手里的麻雀是死的，还是活的？”世尊听后，双脚跨在门槛上，反问道：“你说说我是出还是进？”外道僧人无言以对，向世尊深深一拜。

十

原典

举睦州问僧："近离甚处？"探竿影草。僧便喝。作家禅客，且莫诈明头。也解恁么去。州云："老僧被汝一喝。"陷虎之机。猱人作么？僧又喝。看取头角，似则似，是则未是，只恐龙头蛇尾。州云："三喝四喝后作么生？"逆水之波，未曾有一人出得头。入哪里去？僧无语。果然摸索不着。州便打云若使睦州尽令而行，尽大地草木，悉斩为三段。："这掠虚[1]头汉！"放过一着，落在第二。

评唱

临济[2]道："我闻汝等总学我喝。我且问尔，东堂有僧出，西堂有僧出，两个齐下喝，那个是宾？那个是主？尔若分宾主不得，已后不得学老僧。"

注释

①**掠虚：**意为虚妄、妄言。同义有"落虚"。

②**临济：**唐曹州南华（今山东东明）人，又名义玄。生年不详。为黄檗禅师的法嗣。后在真定（今河北正定）建临济院，开堂说法。因禅风机警、灵活，其教遂成一宗。公元八六七年卒，谥为"慧明大师"。弟子记其法语，编为《临济录》。

译文

睦州禅师曾问一位僧人："最近是从哪里来的？"这僧闻言大喝一声。睦州于是戏言道："哎呀！想不到老僧倒吃了你一喝。"僧人自觉得意，又喝了一声。见这僧如此气势，睦州即厉声问道："三喝四喝之后你干什么？"僧人无言以对，也不喝叫了。睦州却举手便打，骂道："你这浅薄之徒，何必口出妄言！"

评唱

临济曾教诲众僧徒说："我听说你们总是模仿我，与人问答中以喝作对。我且问你们，东堂有一位僧人出来，西堂也有一位僧人出来，两僧一齐大喝，究竟哪位是宾？哪位是主？你们若分不出宾主次序，以后不要装腔作势地学老衲，动不动就向人下喝。"

卷二

一一

原典

举黄檗[①]示众云打水碍盆，一口吞尽。天下衲僧跳不出。：“汝等诸人，尽是噇酒糟汉，恁么行脚，道着，踏破草鞋，掀天摇地。何处有今日？用今日作什么？不妨惊群动众。还知大唐国里无禅师么？老僧不会，一口吞尽，也是云居罗汉。”时有僧出云：“只如诸方匡徒领众，又作么生？”也好与一拶，临机不得不恁么。檗云：“不道无禅，只是无师。”直得分疏不下，瓦解冰消，龙头蛇尾汉。

评唱

黄檗身长七尺，额有圆珠，天性会禅。师昔游天台，路逢一僧，与之谈笑，如故相识。熟视之，目光射人，颇有异相，乃偕行。属溪水暴涨，乃植杖捐笠而止。其僧率师同渡，师曰："请渡。"彼即褰衣[2]，蹑波如履平地，回顾云："渡来！渡来！"师咄云："这自了汉[3]！吾早知捏怪，当斫汝胫。"其僧叹曰："真大乘法器。"言讫不见。

初到百丈[4]，丈问云："巍巍堂堂，从什么处来？"檗云："巍巍堂堂，从岭中来。"丈云："来为何事？"檗云："不为别事。"百丈深器之。次日，辞百丈，丈云："什么处去？"檗云："江西礼拜马大师[5]去。"丈云："马大师已迁化去也。"儞道黄檗恁么问，是知来问，是不知来问？却云："某甲特地去礼拜，福缘浅薄，不及一见。未审平日有何言句，愿闻举示。"丈遂举再参马祖因缘："祖见我来，便竖起拂子，我问云：'即此用，离此用？'祖遂挂拂子于禅床角。良久，祖却问我：'汝已后鼓两片皮[6]，如何为人？'我取拂子竖起。祖云：'即此用，离此用？'我将拂子挂禅床角，祖振威一喝，我当时直得三日耳聋。"黄檗不觉悚然吐舌。

黄檗一日又问百丈："从上宗乘，如何指示？"百丈良久，檗云："不可教后人断绝去。"百丈云："将谓汝是个人。"遂乃起入方丈。

檗与裴相国[7]为方外友。裴镇宛陵，请师至郡，以所解一编示师。师接置于座，略不披阅，良久乃云："会么？"裴云："不会。"檗云："若便恁么会得，犹较些子[8]；

若也形于纸墨，何处更有吾宗！”

檗住后，机锋峭峻。临济在会下，睦州为首座[9]，问云："上座在此多时，何不去问话？"济云："教某甲问什么话即得？"座云："何不去问如何是佛法的的大意？"济便去问，三度被打出。济辞座曰："蒙首座令三番去问，被打出。恐因缘不在这里，暂且下山。"座云："子若去，须辞和尚去方可。"首座预去白檗云："问话上座，甚不可得。和尚何不穿凿教成一株树去，与后人为阴凉？"檗云："吾已知。"济来辞，檗云："汝不得向别处去，直向高安滩头见大愚去。"济到大愚，遂举前话："不知某甲过在什么处？"愚云："檗与么老婆心切[10]，为儞彻困，更说什么有过无过？"济忽然大悟云："黄檗佛法无多子。"大愚搊住云："儞适来又道有过，而今却道佛法无多子？"济于大愚肋下筑三拳，愚托开云："汝师黄檗，非干我事。"

大中天子者，《续咸通传》中载：唐宪宗有二子，一曰穆宗，一曰宣宗，宣宗乃大中也。年十三，少而敏黠，常爱跏趺坐。穆宗在位时，因早朝罢，大中乃戏登龙床，作揖群臣势。大臣见而谓之心风，乃奏穆宗。穆宗见而抚叹曰："我弟乃吾宗英胄也。"穆宗于长庆四年晏驾[11]。有三子，曰敬宗、文宗、武宗。敬宗继父位，二年内臣谋易之。文宗继位一十四年，武宗即位，常唤大中作"痴奴"。一日，武宗恨大中昔日戏登父位，遂打杀致后苑中，以不洁[12]灌而复苏，遂潜遁在香严闲和尚会下。后剃度为沙弥[13]，未受具戒。后与志闲游方到庐山。因志闲题瀑布诗云："穿云透石不辞劳，地远方知出处高。"闲吟此两句，伫思久之，欲钓他语脉看如何。大中续云："溪涧岂能留得住，终归大海作波涛。"闲方知不是寻常人，乃默而识之。后到盐官会中，请大中作书记[14]。黄檗在彼作首座。檗一日礼佛次，大中见而问曰："不着佛求，不着法求，不着众求，礼拜当何所求？"檗云："不着佛求，不着法求，不着众求，常礼如是。"大中云："用礼何为？"檗便掌。大中云："太粗生。"檗云："这里什么所在，说粗说细？"檗又掌。大中后继国位，赐黄檗为"粗行沙门"。裴相国在朝，后奏赐"断际禅师"。

注释

①**黄檗：**唐闽（今福建）人，法名希运。幼年出家高安（今属江西）黄檗山。后师事百丈山怀海禅师，得其法。曾住洪州（今属江西南昌）大安寺，聚众数千。裴休镇宛陵时建寺，迎其说法。以其酷爱黄檗山之名，取寺名为黄檗寺。生卒年不详，卒谥"断际禅师"。著有《语录》《黄檗心要》等。

②**褰衣：**提起袈裟衣。褰，揭起、撩起。

③**自了汉：**是信奉大乘教的僧人斥骂信奉只顾自救的小乘修行者的一种叫法。

④**百丈：**公元七二〇—八一四年。福州长乐人，法名怀海。出家后师事马祖道一，后居新吴（江西奉新）百丈山，使马祖一派大振，形成“洪洞宗”。他鉴于六祖惠能推倒一切戒规的提法，创建禅院，使禅宗、律宗僧徒在生活规则上有所区别。立《禅门规式》，世称《百丈清规》。

⑤**马大师：**公元七〇九—七八八年。汉州什邡（今属四川）人。据《宋高僧传》卷十、《景德传灯录》卷六载，本姓马，名道一，曾于江西弘扬禅学，又称“江西马祖”。师从南岳怀让禅师。后在江西传法，住钟陵（江西南昌附近）开元寺，僧徒众多。其派被称为“洪州宗”。卒后唐宪宗敕谥“大寂禅师”。

⑥**两片皮：**指嘴巴。《五灯会元》卷五，马颊本空禅师：“师曰：‘你识得口也未？’曰：‘如何是口？’师曰：‘两片皮也不识？’”

⑦**裴相国：**即裴休，唐代居士。字公美，济源人。为淮泗州牧时，迎黄檗于宛陵，共商禅道，笔记其言，成《宛陵集》，大行于世。武宣之际，佛教新遭大难，休以重臣，出而翼护。佛法不数年间得复旧观，裴休功不可没。

⑧**较些子**：好一些，马马虎虎，讲得过去。《王梵志诗校辑》卷六《他人骑大马》：“他人骑大马，我独跨驴子。回顾担柴汉，心下较些子。”即言心中好一些。

⑨**首座**：佛教称谓，为僧职的一种，是禅寺西序六头首领之一，有“前堂首座”和“后堂首座”，分统全寺僧众。唐时政府僧官亦有“首座”之称。僧人说法时，居上座者亦称“首座”。

⑩**老婆心切**：禅宗用语，意即像老婆婆溺爱孙子那样，用心极诚极切，有一颗慈悲心肠。

⑪**晏驾**：古人讳言帝王死亡。

⑫**不洁**：粪便，义同“不净”。

⑬**沙弥**：佛教称谓，指已出家而未受具足戒的僧男，亦称“小和尚”，一般年龄在七至二十岁之间。

⑭**书记**：佛教僧职，禅宗寺院西序六头首之一，执掌文书。《百丈清规》卷四：“职掌文翰，凡山门榜疏、书问祈祷词语悉属之。”

译文

黄檗禅师训斥众僧徒说：“你们这些人，尽是酒囊饭袋，只顾跟着别人的话头乱转，而不能发明本心。就这样去行脚，走到哪里能开悟呢？以老衲看来，大唐国内还没有一位真正的禅师。”这时有一位僧人出来问道：“老师既这么说，那么，那些领徒率众的诸方师家，究竟算什么呢？”黄檗婉转地说：“我说的不是无禅，只是无师罢了！”

评唱

黄檗禅师身长七尺，面额上有一圆痣，是一位天生就会禅的禅匠。有一次，他去云游天台山，路上遇见一位僧人，两人谈得十分投机，像是一见如故。这僧长得相貌奇异，目光夺人。黄檗与他结伴同行，走到一条河边，正遇洪水暴涨，不能涉渡。黄檗拄杖摘笠，呆立在岸边。这僧却要拉着他一起过河。黄檗对他说：“你先过去吧！”这位僧人便提起僧衣，如履平地的涉水而过，并回头叫道：“过来呀！过来呀！”黄檗气愤地骂道：“这个自了汉！要是我早知你是个怪异之物的话，一定折断你的腿！”那僧听罢，哈哈大笑道：“这才是真正的大乘法器、佛门传人啊！”说完话便销声匿迹，看不到了。

黄檗初到百丈怀海的禅院，百丈问他：“你这个气宇轩昂的高个子，刚从哪里来？”“我从岭中来。”百丈又问：“来有什么事吗？”黄檗回答道：“不为别事。”百丈对他十分赏识。不料第二天，黄檗去向百丈辞行，百丈问他：“你要去什么地方？”“我要去江西参拜马祖道一禅师。”百丈告诉他：“马大师已坐化，你不必去了。”黄檗这么问，也不知他是明知故问，还是不知来问。听了百丈的话，他缓缓说道：“我想特地去礼拜马祖禅师，可惜福缘浅薄，没来得及亲自一见。不知平日马大师有何言教，想听老师您说说。”百丈于是把第二次参学马祖时的一段因缘告诉黄檗，说：“马祖师看见我来，便把拂子拿到手中竖起，我问：‘这是教化众生，还是不教化众生呢？’马祖于是把拂子挂回到禅床角。过了一会儿，他却反问我：‘你今后将如何与人为善、方便众生？’我没回答，而是取下拂子竖起。马祖便又问：‘这是教化众生，还是不教化众生？’我把拂子放回原处，猛听马大师声音宏亮地大喝一声。我当时挨了马祖一喝，弄得三天时间耳朵听不见声音。”黄檗听了百丈的话，不觉悚然吐舌。

又有一日，黄檗问百丈和尚道：“学习上乘佛法，应受什么教诲？”见百丈没有马上回答，黄檗又说：“也不应该让佛法断绝、后人无传啊！”百丈缓缓说道：“我还以为你是个人才。”说完便起身走进方丈室。

黄檗与相国裴休为方外之友。裴相国镇守宛陵时，曾请他到治所，拿出自己写的一册经论给他看。黄檗接过来却放在座边，一页也没看，过了一会儿才问：“相国理解其中的真义吗？”“不理解。”黄檗于是又说：“若能懂得其中的真义，还讲得过去；若不理解，却形于纸墨，佛法还能流传多远呢！”

黄檗出任寺院住持后，机锋更加峻峭、锐利。当时临济在门下参学，睦州为禅院首座，有一天他问临济："上座来这里已很久了，为什么不去法堂参问？""你教我问什么话才是呢？"睦州于是对临济说："你去问什么是佛法的真义。"临济去参问，却被黄檗三次打出门外。他便向睦州辞行，说："按你的提示，我三次去参问，却都被檗禅师打出。我在这里可能没什么缘分，想下山去。""你若想离去，也应向檗禅师辞行。"睦州预先去告知黄檗，说："那位三次去问你却被禅师打出的僧人，甚是难得的人才，老师何不接引他开悟，让他为善后人、普度众生呢？""你下去吧！我知道了。"不一会儿，临济来辞行，黄檗便对他说："你要离去的话，不得去别处，直接去高安滩头去见大愚禅师。"临济见到大愚禅师后，便把自己去问黄檗却被三次打出的事讲给他听，并问："请禅师明示，我错在哪里呢？"大愚笑着说："檗禅师一片慈悲心，为你彻困解惑，你却说什么有过无过的话，真是个呆头呆脑的家伙！"临济闻言，忽然大悟，并大声说道："檗禅师的禅机也如此而已！"大愚和尚起身一把抓住他的胸口，问道："你刚才还说自己有过，现在为什么却说檗禅师的禅机一般？"临济没有回答，而是举手打了大愚三拳，大愚和尚推开临济的手，哈哈大笑道："你的老师是黄檗，与我有何相干！你要打去打黄檗，打我干什么！”

大中天子即唐代宣宗李忱（公元八四七—八五九年），他是一位虔诚的佛教徒。据《续咸通传》载：唐宪宗有两个儿子，一个是穆宗李恒，另一个便是宣宗李忱。大中年幼时即聪敏过人，常爱跏趺坐。穆宗在位时，有一天早朝刚罢，大中便登上龙床玩耍，并学着群臣的样子作揖。大臣们看见了，颇感奇异，认为是佛法盛传的征兆，并告诉了穆宗。穆宗摸着大中的头说道：“我弟弟以后一定是佛门英才。”穆宗在长庆四年驾崩，生有三子，即敬宗李湛、文宗李昂、武宗李炎。敬宗继位不到二年被谋臣易位，文宗在位十四年后武宗即位，武宗对大中幼时戏登父位怀恨在心，常叫大中“痴奴”。有一天把大中拖到后花园，让下人大打出手，并给他灌粪便。大中苏醒后，便逃到香严和尚的禅院里。后来剃发为沙弥，但未受戒。之后便与志闲和尚结伴云游到庐山。志闲题诗赞庐山瀑布：“穿云透石不辞劳，地远方知出处高。”吟完这两句，志闲便站在那里沉思起来，想要试探大中对此句领悟的深浅。大中于是便接着续道：“溪涧岂能留得住，终归大海作波涛。”志闲听罢，暗自赞许，方知大中非等闲之辈。大中后又到盐官和尚的禅院，做笔录僧。当时黄檗为寺院首座，有一天，黄檗正向佛礼拜，大中看见了便问：“如果不为佛法而祈祷，也不为普度众生而祈祷，做礼拜还有何求呢？”“我们天天礼拜，本来不是为祈求这些！”大中于是又问：“那还要礼拜干什么？”黄檗举手便打了他个嘴巴子。大中忍痛骂道：“好一个粗鲁的家伙！”黄檗厉声喝道：“这里是什么地方，容你说粗道细！”说着举手又打了大中一巴掌。大中后继国位，赐黄檗为“粗行沙门”。裴相国在朝时，又奏请赐他为“断际禅师”。

一二

原典

举僧问洞山：“如何是佛？”铁蒺藜，天下衲僧跳不出。山云：“麻三斤。”灼然。破草鞋，指槐树骂柳树。为秤锤！

评唱

洞山初参云门，门问：“近离甚处？”山云：“渣渡。”门云：“夏在什么处？”山云：“湖南报慈。”门云：“几时离彼中？”山云：“八月二十五。”门云：“放尔三顿棒，参堂去。”师晚间入室，亲近问云：“某甲过在什么处？”门云：“饭袋子，江西、湖南便恁么去？”洞山于言下，豁然大悟。

“花簇簇锦簇簇”，此是僧问智门和尚：“洞山道‘麻三斤'意旨如何?"智门云:"花簇簇锦簇簇,会么?"僧云:"不会。"智门云:"南地竹兮北地木。"僧回,举似洞山。山云:"我不为汝说,我为大众说。"遂上堂云:"言无展事[①],语不投机。承言者丧,滞句者迷。"

陆亘大夫作宣州观察使,参南泉。泉迁化,亘闻丧入寺下祭,却呵呵大笑。院主云:"先师与大夫有师资之义,何不哭?"大夫云:"道得即哭。"院主无语。亘大哭云:"苍天!苍天!先师去世远矣。"后来长庆闻云:"大夫合笑不合哭。"

注释

①**展事:**义即实有之事。展,诚实、确实。

译文

一僧曾问洞山守初和尚:"佛是什么?"洞山置若罔闻,而是不相关地说了一句:"麻三斤。"

评唱

洞山和尚初参云门时,云门问他:"你是从何处来我这里的?""从江西渣渡。"云门又问:"夏安居是在哪里过的?"洞山答:"在湖南报慈寺过的。"云门又问:"你什么时候离开那里的?""八月二十五日。""我本该打你三棒,今天就免了算了，去参堂去吧！”到了晚上，洞山又入室去问云门：“老师今天说本该打我三棒，不知我错在哪里？”云门喝道：“真是个酒囊饭袋，你就是这样去江西、湖南行脚的吗？”洞山闻言，豁然大悟。

“花簇簇锦簇簇”，是雪窦和尚咏颂“麻三斤”的公案时作的歌偈中的一句。有一僧曾问智门和尚：“洞山禅师说的‘麻三斤’究竟是什么意思？”智门反问道：“花簇簇锦簇簇，你懂得其中的意思吗？”“不懂。”智门又说：“南方的竹，北方的木。”这僧茫然而退，返回去问洞山，洞山说：“我不独为你说，也为众僧徒说说。”于是便走上法堂，对众僧说：“言而无实，便话不投机。当面听话的人不在了，寻章逐句的人便迷而妄解。”

雪窦颂“麻三斤”公案时，还有这样一句歌偈：“因思长庆陆大夫，解道合笑不合哭。”其中包含如下一段趣话：陆亘大夫出任宣州观察使时，曾在南泉和尚门下学过禅。南泉圆寂后，陆亘入寺奔丧祭师，却在南泉的灵前哈哈大笑。院主很生气，责问道：“你与禅师有师徒之分，别人哭，你为何不哭？”大夫反诘道：“院主如说得出一句，我就哭。”院主无言以对。陆亘于是大声哭道：“苍天啊！先师过世已经很久了。”后来，长庆听说了这件事，他评论道：“老师去了，大夫自然当笑，而不该哭。”

一三

原典

举僧问巴陵[1]："如何是提婆宗？"白马入芦花，道什么点？巴陵云："银碗里盛雪。"塞断尔咽喉，七花八裂。

评唱

这个公案人多错会道：此是外道宗，有什么交涉？第十五祖提婆尊者，亦是外道中一数。因见第十四祖龙树尊者，以针投钵，龙树深器之。传佛心宗，继为第十五祖。

昔有僧辞大隋，隋云："什么处去？"僧云："礼拜普贤去。"大隋竖起拂子云："文殊、普贤尽在这里。"僧画一圆相以手托呈师，又抛向背后。隋云："侍者！将一贴茶来与这僧去。"

巴陵众中谓之"鉴多口"，常缝坐具行脚。深得他云门脚跟下大事，所以奇特。后出世，法嗣云门。先住岳州巴陵，更不作法嗣书，只将三转语上云门。"如何是道？""明眼人落井。""如何是吹毛剑？""珊瑚枝枝撑着月。""如何是提婆宗？""银碗里盛雪。"云门云："他日老僧忌辰，只举此三转语，报恩足矣。"自后果不作忌辰斋，依云门之嘱，只举此三转语。

注释

①**巴陵：**法名颢鉴，因住岳州巴陵而又名。是云门大师的法嗣。生卒年不详。

译文

有一位僧人曾问巴陵和尚："什么是提婆宗？"巴陵答道："银碗里盛雪。"

评唱

这个公案，人们多错误地理解道：提婆宗是邪门宗派，与我佛门禅学有何相干？其实，十五祖提婆尊者也曾是外道中的一员。有一次，他见到十四祖龙树尊者，把一根针投到龙树手里的饭钵中，深得龙树赞许。龙树把佛心宗大法传给他，提婆便继为十五祖。

曾有一僧向大隋和尚辞行，大隋问他："你要到哪里去？""去礼拜普贤菩萨。"大隋于是从禅床角取下拂子举起，说道："文殊、普贤都在这里了，你还去吗？"那僧也不慌着回答，而是在纸上画了个圆圈，用手托着递给大隋和尚。但没等大隋接过来，那僧却又把它抛向背后。大隋于是说道："侍者，给这僧拿一杯茶来。"

巴陵和尚，僧众们多叫他“鉴多口”。他常在僧衣下缝一坐具，四处云游。对云门宗风颇为透悉，故颖悟过人。后来他继云门衣钵，出世传法。先住岳州巴陵寺，也不写法嗣书，只是将自己的“三转语”呈与云门。“‘什么是道？’‘明眼悟人落老井。’‘什么是吹毛即断的利剑？’‘珊瑚枝枝撑着月。’‘什么是提婆宗？’‘银碗里盛雪。’”云门看后，高兴地说：“老衲圆寂后，逢忌日不必斋戒，只颂这‘三转语’就够了。”以后，巴陵和尚在云门的忌日，果然不作斋戒祭祀，而是按照云门的嘱咐，只颂他的“三转语”。

一四

原典

举僧问云门：“如何是一代时教？”直至如今不了，座主不会，葛藤窠里。云门云：“对一说。”无孔铁锤，七花八裂，老鼠咬生姜。

评唱

云门寻常一句中须具三句，谓之函盖乾坤句、随波逐浪句、截断众流句。放去收来，自然奇特，如斩钉截铁，教人义解卜度他底不得。一大藏教，只消三个字，四方八面，无尔穿凿处。

译文

有一僧曾问云门禅师："释迦牟尼佛一生中宣讲的五时八教的法是什么？"云门对此回答道："对一说一。"也就是说，释尊的教义，是对机说法、应病与药，有针对性地进行阐说的。

评唱

云门禅师平常说的一句话，应作三句看，即函盖乾坤句、随波逐浪句、截断众流句。他与人的问答中，颇有超凡脱俗的颖悟处，又似斩钉截铁般锋利，让人义解、猜测不得。浩浩佛法，他只说三个字即义盖八方，让人再无画蛇添足的地方。

一五

原典

举僧问云门："不是目前机，亦非目前事时如何？"踍跳作什么？倒退三千里。门云："倒一说。"平出。款出囚人口，也不得放过，荒草里横身。

译文

有一位僧人曾问云门禅师："既不是当下就有机用，

也不是马上就要办的事，这种无对方、对象的时候应该干什么呢？”云门答道：“倒一说。”即磨炼自己，自己对自己说法。

一六

原典

举僧问镜清："学人啐，请师啄。"无风起浪，作什么？尔用许多见解，作什么？清云："还得活也无？"扎，买帽相头，将错就错，不可总恁么。僧云："若不活，遭人怪笑。"相带累，撑天拄地，担板汉。清云："也是草里汉。"果然，自领出去，放过即不可。

评唱

镜清承嗣雪峰，与本仁、玄沙、疏山、太原孚辈同时。初见雪峰，得旨后，常以啐啄之机开示后学，善能应机说法。示众云："大凡行脚人，须具啐啄同时眼，有啐啄同时用，方称衲僧。如母欲啄，而子不得不啐；子欲啐，而母不得不啄。"有僧便出问："母啄子啐，于和尚分上成得个什么边事？"清云："好个消息。"僧云："子啐母啄，于学人分上成得个什么边事？"清云："露个面目。"所以镜清门下有啐啄之机。这僧亦是他门下客，会他家里事，所以如此问。"学人啐，请师啄"此问，洞下谓之"借事明机"。

南院[1]示众云：“诸方只具啐啄同时眼，不具啐啄同时用。”有僧出问：“如何是啐啄同时用？”南院云：“作家[2]不啐啄，啐啄同时失。”僧云：“犹是学人疑处？”南院云：“作么生是尔疑处？”僧云：“失。”南院便打，其僧不肯，院便赶出。僧后到云门会里举前话。有一僧云：“南院棒折那？”其僧豁然有省。且道意在什么处？其僧却回见南院，院适已迁化。却见风穴[3]。才礼拜，穴云：“莫是当时问先师啐啄同时底僧么？”僧云：“是。”穴云：“尔当时作么生会？”僧云：“某甲当初时，如灯影里行相似。”穴云：“尔会也。”

注释

①**南院：**法名慧颙。生卒年不详，师从存奖和尚。

②**作家：**禅宗把有大机用者称为“作家”。如同书二则评唱曰：“赵州是作家。”

③**风穴：**公元八九六—九七三年。五代、宋初僧人，余杭人。初习儒，后师从南院和尚得法，赴汝州（河南汝南）弘扬，建广慧寺，著《语录》传世。

译文

有一位修行僧自以为即得开悟，想请镜清和尚提携一下，他于是对镜清说：“我在里面啐，请老师从外面啄。”镜清反问道：“我就是点悟你，你真的能脱颖而出吗？不会闷死在壳里吗？”僧人回答说：“你要是不能提示我开悟，你作为老师会遭人嘲笑的。”镜清骂道：“你还不过是个草莽汉呢！”

评唱

镜清和尚是雪峰禅师的传人，他与本仁、玄沙、疏山等禅师同一时代。镜清参学雪峰，得其传法后，常用“啐啄之机”点悟众僧徒。他尤善于应机说法。有一天，他上堂说法道：“任何一个云游四方、寻求禅悟的学僧，必须要既有啐啄同时的眼，更能切实运用啐啄同时的道理。只有这样，才不愧为禅门僧人。正如雏鸡将要出壳时，母鸡在外面啄，雏鸡便得在里面啐；雏鸡在里面啐，母鸡便也得在外面啄。只有啐啄同时进行，才能从蛋壳破处产生新的生命。”镜清刚讲完，便有一僧出列问道：“‘母啄子啐’，运用到我们僧人的参学中，能干什么呢？”镜清赞道：“好一个话头！”那僧见得许可，便又重复问道：“‘子啐母啄’，运用到我们僧人的参学中，究竟能干得了什么呢？”镜清回答说：“露个面目。”那僧是镜清门下的修行僧，自然熟悉他的机锋，所以他能如此提问。“学人啐，请师啄”这一公案，洞山称之为“借事明机”。

南院禅师对众僧徒说："现在的师家都不能称为真正悟道的高僧。他们只徒知啐啄同时的道理，而没有切实运用到实际中。"这时有一僧出列问道："什么是'啐啄同时用'呢？"南院却说："与悟道禅师在一起，而没有啐啄同时，就失去了开悟的机会。"那僧反问道："这难道是在回答我的问题吗？"南院厉声喝问："你的问题是什么？"那僧说："我记不得了！"南院举手便打，那僧却很不服气，便被南院赶出寺门。后来，这僧到了云门和尚的禅院，把在南院处的这一番经历讲了一遍。这时，云门门下的一位僧人说道："南院的棒子在哪里断了？"这僧听后，豁然有悟，赶回去去见南院，不巧南院已圆寂了。于是便去见寺院的法嗣风穴和尚。这僧刚施礼拜，风穴便问："你就是以前问过先师'啐啄同时用'的那位僧人吧？""是。"风穴于是又问："你当时有什么感受？"这僧回答说："当时我如同在灯影里行走，不能清楚地照顾好自己，失去了一次妙机。""你现在才真正明白了！"风穴当下认可了这位僧人。

一七

原典

举僧问香林："如何是祖师西来意？"大有人疑着，犹有这个消息在。林云："坐久成劳。"鱼行水浊，鸟飞落毛，合取狗口好。作家眼目，锯解称锤。

评唱

古人行脚，结交择友，为同行道伴，拨草瞻风。是时云门旺化广南，香林得得出蜀。与鹅湖、镜清同时。先参湖南报慈，后方至云门会下，作侍者十八年。在云门处，亲得亲闻。他悟时虽晚，不妨是大根器①。居云门左右十八年，云门常只唤："远侍者！"才应："喏。"门云："是什么？"香林当时也下语呈见解，弄精魂，终不相契。一日忽云："我会也。"门云："何不向上道将来？"

又住三年，云门室中垂大机辩，多半为他远侍者随处入作。云门凡有一言一句，都收在远侍者处。香林后归蜀，初住导江水晶宫，后住青城香林。智门祚和尚本浙人，盛闻香林道化②，特来入蜀参礼。祚乃雪窦师也。云门虽接人无数，当代道行者，只香林一派最盛。归川住院四十年，八十岁方迁化。尝云："我四十年方打成一片。"

注释

①**根器**：丁福保《佛学大辞典》释曰："人之性譬诸木而曰根，根能堪物曰器。"意指人悟道的天分。《大日经疏》卷九曰："略说法有四种，谓三乘及秘密乘。虽不应吝惜，然应观众生，量其根器而后与之。"

②**道化**：依道法而行教化。《无量寿经》卷下曰："听受经法，宣布道化。"

译文

有一位僧人问香林和尚："祖师达磨从印度西来传播的圣禅真理是什么？"香林回答道："坐久了，就感到劳累。"

评唱

过去僧人云游四方，交朋择友，为志同道合者传道解惑，无非为共证禅的真理。那时，云门在广南盛传佛法。香林闻风后，马不停蹄地从蜀道走出。与鹅湖、镜清和尚同时。先在湖南报慈寺参学，后来到了云门门下，做了十八年侍僧。在云门那里，香林得以亲闻教诲。他开悟虽晚，但也不妨是一位颇具慧根的高僧。在云门左右十八年中，云门常叫香林："远侍者！"等香林刚应声，云门便随即问："是什么？"香林当时也曾下语呈帖，摆弄机锋，但终不得要领。有一天，他突然说：“我明白了！”云门问他：“你明白什么了？对我说说看。”

香林在云门禅师那里又住了三年。云门的禅机妙理多为他受用，云门的一言一句，也都被香林收集在一起。后来香林返回四川，先住在导江水晶宫，后移至青城香林寺。智门祚禅师本是浙江人，盛闻香林大名，特地来四川参礼。祚禅师便是雪窦之师。云门一生虽引接人无数，但后来行道传法，只香林一派最盛。他在四川住院传法四十年，八十岁时才圆寂。香林曾说：“我四十年来苦苦参学，方至打成一片的境界，真正回到了本来的面目。”

一八

原典

举肃宗皇帝本是代宗，此误。问忠国师[1]：“百年后所须何物？”预搔待痒，果然起模画样。老老大大作这去就，不可指东作西。国师云：“与老僧作个无缝塔。”把不住。帝曰：“请师塔样。”好与一札。国师良久[2]云：“会么？”停囚长智，直得指东划西，将南作北，直得口似匾檐。帝云：“不会。”赖值不会，当时更与一拶，教伊满口含霜，却较些子。国师云：“吾有付法弟子耽源，却谙此事。请诏问之。”赖值不掀倒禅床，何不与他本分草料。莫搽胡人好，放过一着。国师迁化后，可惜，果然错认定盘星。帝诏耽源，问此意如何？子承父业去也，落在第二头、第三头。源云：“湘之南，潭之北。”也是把不住，两两三三作什么？半开半合。雪窦着语云：“独掌不浪鸣。”一盲引众盲，果然随语生解。随邪逐恶作什么？中有黄金充一国。上是天，下是地，无这个消息。是谁分上事？雪窦着语云：“山形拄杖子。”拗折了也，也是起模画样。无影树下合同船，祖师丧了也，阇黎道什么？雪窦着语云：“海晏河清。”洪波浩渺，白浪滔天，犹较些子。“琉璃殿上无知识。”咄！雪窦着语云：“拈了也。”贼过后张弓，言犹在耳。

评唱

耽源名应真，在国师处作侍者，后住吉州耽源寺。时仰山[③]来参耽源，源言重性恶，不可犯。住不得，仰山先去参性空禅师。有僧问性空：“如何是祖师西来意？”空云：“如人在千尺井中，不假寸绳出得此人，即答汝西来意。”僧云：“近日湖南畅和尚亦为人东语西话。”空乃唤沙弥：“拽出这死尸着。”沙弥，仰山。山后举问耽源：“如何出得井中人？”耽源曰：“咄！痴汉！谁在井中？”仰山不契。后问沩山，山乃呼：“慧寂！”山应：“诺！”沩云：“出了也。”仰山因此大悟，云：“我在耽源处得体，沩山处得用。”

注释

①**忠国师：**唐诸暨人，名慧忠。生年不详。少小出家，闻六祖大名，逾岭叩谒，护其心印。后北行至南阳白草谷传法。开元中，玄宗迎其至京住龙兴寺。安史之

乱后，再诏入千福寺西禅院。代宗继位后迁光宅寺，人称南阳国师。大历十年（公元七七五年）圆寂。

②良久：沉默不语。《普灯》卷二十九，净因枯木成禅师《示小师思悟》诗："维摩不默不良久，打破玄关没窠臼。堪嗟几个杜波斯，问着痴痴不开口。""不默""不良久"即同义复说。

③仰山：公元八〇七—八八三年。唐韶州浈昌（今属广东南雄）人，一说韶州怀化（今属广东番禺）人，法名慧寂。十五岁出家，初参耽源和尚，后从沩山灵祐，得其真传。居江西大仰山传法，与其师齐名，世称"沩仰宗"，圆寂于韶州东平山。

译文

慧忠国师临终时，代宗皇帝前来探视，问国师："老师百年后，有什么要求吗？"国师说："请为我造一座石塔吧！""什么形状的石塔？"国师沉思良久后，反问道："你懂我的意思吗？""不懂。""耽源是我的衣钵传人，他懂得此事，日后你叫他来问吧！"国师圆寂后，代宗召来耽源，问起国师临终前留下的话。耽源回答说："湘州之南、潭州之北，当中有一个黄金国，无荫树下可乘上同一条船，琉璃殿上哪里有善知识。"

评唱

耽源和尚名叫应真，在慧忠国师门下做侍僧，得为法嗣后，在吉州耽源寺做住持。当时仰山和尚曾来耽源处参学，耽源言语严厉、性情暴躁，颇难接近。仰山住不得，便去性空禅师处参学。有一天，一位僧人问性空：“达磨祖师从印度来到中国，是要传扬什么精神呢？”性空没忙着回答，而是说：“如果有人掉进井中，你能不用一丝一绳把他救出井来，我就回答你的问题。”那僧也答非所问地说了一句：“近日湖南畅禅师也为人讲禅说法。”性空于是便唤沙弥把这位痴迷不悟的僧人推出法堂。后来，仰山又去参学耽源，举此因缘问道：“怎么才能把井里的人救出来呢？”耽源反问他：“真是个痴呆！谁在井中？”仰山似懂非懂，不能领会其中的真义。之后，仰山又拿这个话头去问沩山和尚。沩山叫他：“慧寂！”仰山立即应道：“禅师，我在！”沩山泰然自若地告诉仰山：“那人已经出井了！”仰山闻言大悟，说道：“我从耽源禅师那里得到了本体，在沩山禅师那里得到了证用。”

一九

原典

评唱

俱胝[1]和尚，乃婺州金华人。初住庵时，有一尼名实际，到庵直入，更不下笠，持锡绕禅床三匝云："道得即下笠。"如是三问，俱胝无对，尼便去，俱胝曰："天势稍晚，且留一宿。"尼曰："道得即宿。"胝又无对，尼便行。胝叹曰："我虽处丈夫之形，而无丈夫之气。"遂发愤要明此事，拟弃庵往诸方参请，打叠行脚。其夜山神告曰："不须离此，来日有肉身菩萨，来为和尚说法，不须去！"果是次日，天龙和尚到庵。胝乃迎礼，具陈前事，天龙只竖一指而示之，俱胝忽然大悟。是他当时郑重专注，所以桶底易脱。后来凡有所问，只竖一指。

俱胝庵中有一童子，于外被人诘曰："和尚寻常以何法示人？"童子竖起指头。归而举似师，俱胝以刀断其指。童子叫唤走出，俱胝召一声，童子回首，俱胝却竖起指头，童子豁然领解。且道："见个什么道理？"及至迁化，谓众曰："吾得天龙一指头禅，平生用不尽。"

注释

①**俱胝：**唐婺州金华人，因住金华山寺时常诵《七俱胝佛母心大准提陀罗尼经》，故人称俱胝和尚。

译文

评唱

俱胝和尚是婺州金华人，他刚出家时，住在一间草庵里修行。有一天，有一位名叫实际的女尼来拜访他。女尼走进草庵，也不取下头顶上的斗笠，而是手持禅杖，绕禅床走了三圈，才对俱胝说道："你若说得出一句，我就摘下头上的斗笠。"女尼这样说了三遍，可俱胝还是无法对答，实际便告辞，俱胝忙说："天快黑了，暂且在庵里留一宿吧！"女尼又说："如果你能说出一句，我就住下。"俱胝无言以对，实际便转身离去了。俱胝感叹不已："我空有大丈夫的身形，却没有大丈夫的气概，连个女人都比不上。"于是他发誓要究明禅机妙理，云游四方参学。可就在俱胝要离开草庵的前一夜，山神托梦对他说："不要离开这里，明日便有一位肉身菩萨来为你传法。"第二天，果然天龙禅师来到草庵前。俱胝赶忙出迎，并把前因后果诉说一番，天龙没说什么，只是竖起一根指头让他看。俱胝见之忽然醒悟。俱胝当时郑重庄严、神情专注，故能像水桶脱底一样，洞见其中的奥妙。这之后，凡是有人来问法，俱胝只竖起一指。

俱胝门下有一位小沙弥，他在外面被人问道：“你的老师平常向人传授什么法？”小沙弥便竖起指头。回庵后，他得意洋洋地把这件事对老师说了，却被俱胝用刀削断了那根指头。小沙弥疼痛难忍，大呼大叫地跑出去，俱胝在后面猛唤一声，小沙弥回过头，看见俱胝手竖一指，他当下豁然开悟。俱胝又说：“你悟了什么道理呢？”临终前，他对众僧徒说：“我从天龙禅师那里学到一指头禅，一生受用不尽。”

二〇

原典

举龙牙[①]问翠微：“如何是祖师西来意？”诸方旧话，也要勘过。微云：“与我过禅板来。”用禅板作什么？洎合放过，嗄！牙过禅板[②]与翠微，也是把不住，驾与青龙不解骑。可惜许，当面不承当。微接得便打。着，打得个死汉济甚事？也落在第二头了也。牙云：“打即任打，要且无祖师西来意。”这汉话在第二头，贼过后张弓。牙又问临济：“如何是祖师西来意？”诸方旧公案，再问将来，不直半文钱。济云：“与我过蒲团[③]来。”曹溪波浪如相似，无限平人被陆沉。一状领过，一坑埋却。牙取蒲团过与临济，依前把不住，依前不伶俐，依俙越国，仿佛扬州。济接得便打。着，可惜打这般死汉，一模脱出。牙云：“打即任打，要且无祖师西来意。”灼然在鬼窟里作活计，将谓得便宜。贼过后张弓。

评唱

古人参禅多少辛苦，立大丈夫志气，经历山川，参见尊宿[④]。龙牙先参翠微、临济，后参德山。遂问："学人仗镆铘剑[⑤]，拟取师头时如何？"德山引颈云："囫！"牙云："师头落也。"山微笑便休去。次到洞山，洞山问："近离甚处？"牙云："德山来。"洞山云："德山有何言句？"牙遂举前话。洞山云："他道什么？"牙云："他无语。"洞山云："莫道无语，且试将德山落底头呈似老僧看。"牙于此有省，遂焚香遥望德山礼拜、忏悔。德山闻云："洞山老汉不识好恶。这汉死来多少时，救得有什么用处？从他担老僧头绕天下走。"

五泄[⑥]参石头[⑦]，先自约曰："若一言相契，即住，不然即去。"石头据座，泄拂袖而出。石头知是法器，即垂开示，泄不领其旨，告辞而出。至门，石头呼之云："阇黎！"[⑧]泄回顾，石头云："从生至死，只是这个，回头转脑，更莫别求。"泄于言下大悟。

注释

①**龙牙：**五代、宋初僧人。祖籍豫章，法名宗密。嗣泐潭乾和尚为南岳十四世。住潭州龙牙，人称龙牙和尚。博学工诗，其偈颂为世人所喜。有曰："休把庭华类

此身，庭华落后更逢春。此身一往知何处？三界茫茫愁煞人。”

②**禅板**：佛教用具，指禅僧坐禅时用的木板。上端有一圆孔，用绳子将板缚于绳床背面的横绳上，略作斜势，在靠身时可倚之；或将其安放在两膝上，用作安手时所倚。

③**蒲团**：佛教用具，为蒲草编成的圆形坐垫，作为参禅时打坐或跪拜之用。有的用布做成。

④**尊宿**：佛教称谓，为年高德重之僧人的尊称。

⑤**镆铘剑**：传说中古代的一种宝剑。

⑥**五泄**：唐毗陵人，法名灵默，初习儒典，偶遇马祖大师，言下契心，遂出家。后从石头禅师二十年。元和间出居婺州五泄山，学众四集。元和十三年（公元八一八年）圆寂，寿七十二。

⑦**石头**：公元七〇〇—七九〇年。端州高要（今属广东）人，法名希迁。初习儒学，后闻惠能开法岭南，乃往曹溪参学。后又去江西青原山，师事行思禅师，为青原法嗣第一。后奉行思遗命，到南岳衡山弘法，于南岳寺东侧石上结庵，时人称为“石头和尚”。著有《参同契》《草庵歌》。

⑧**阇黎**：意即教授弟子，使之行为端正合宜，而自身又堪为弟子楷模之师，故又称导师。

译文

龙牙和尚问翠微禅师：“达磨祖师从印度西来，传播的是什么精神？”翠微说：“帮我把禅板拿来。”龙牙马上去把禅板拿来送给翠微，翠微一接过禅板，举起便打。龙牙说：“要打便打，反正你没有祖师的精神。”龙牙又到临济禅师处，又提出同样的问题。临济便说：“去给我拿来蒲团。”龙牙把坐垫递过去，临济也是接住便打。龙牙又说：“要打便打，反正你没有祖师的精神。”

评唱

古人立志向佛，历经艰难万苦，跋山涉水，云游四方，访名刹，拜高僧，只为参得禅的真义。龙牙和尚先去翠微、临济处参学，后来到德山处。问道：“当我手执镆铘剑，想把老师的头颅取下时怎么样？”德山把脖颈伸向龙牙，龙牙说：“老师的头落下来了。”德山却无言，只微微一笑。龙牙茫然而去，来到洞山禅师处。洞山问：“僧人刚从哪里来？”“德山禅师处。”洞山又问：“德山对你说了些什么？”龙牙便把他在德山禅师处的情景讲了一遍。洞山问：“他说什么啦？”“他没说什么。”洞山于是说：“不能说他没说，你且把德山落下的头呈上来，给老衲看一看。”龙牙言下有悟，便焚香遥望德山的寺院礼拜、忏悔。德山听说这件事后，说：“洞山这老家伙真不识好恶。这僧久痴不悟，救他有什么用？让他担着老衲的头云游天下去！”

五泄和尚去石头希迁禅师处参学。去前他自定一约：“若出语相投，就留下来，不然就离开。”不料还没等他说一句话，却见石头靠着坐在禅座上，五泄拂袖转身便走。石头看出他颇有慧根，叫住他为他说法，五泄不懂其义，告辞而出。刚走至门口，石头便在后面叫他：“师尊！”五泄回头看，石头便说：“从生到死，只是这一个！你回头转脑的，难道还想找什么？”五泄言下大悟。

卷三

二一

原典

举僧问智门："莲花未出水时如何？"钩在不疑之地，泥里洗土块，那里得这消息来？智门云："莲花。"一二三四五六七，疑杀天下人。僧云："出水后如何？"莫向鬼窟里作活计，又恁么去也。门云："荷叶。"幽州犹自可，最苦是江南，两头三面，笑杀天下人。

评唱

古人露机处，已是漏逗[①]了也。如今学者，不省古人意，只管去理论出水与未出水，有什么交涉。不见僧问智门："如何是般若体？"门云："蚌含明月。"僧云："如何是般若用？"门云："兔子怀胎。"看他如此对答，天下人讨他语脉不得。或有人问夹山道："莲花未出水时如何？"

只对他道："露柱[2]灯笼。"且道与莲花是同是别？"出水后如何？"对他道："杖头挑日月，脚下太泥深。"

注释

①**漏逗：**漏逗即年高体弱。而禅家多用来形容"老婆心切"的意思，就像老婆婆溺爱孙子那样，有一颗慈悲心。

②**露柱：**四周显露的柱子。位置在殿堂的东西两壁之间。《五灯会元》卷十六，雪峰思慧禅师："僧问：'古殿无灯时如何？'师曰：'东壁打西壁。'曰：'恁么则撞着露柱也。'"

译文

有一位僧人问智门和尚："莲花还没有出水时是什么？"智门答道："莲花。"僧又问："那么出水之后又是什么呢？""荷叶。"

评唱

古人应时说法，显露机锋，用心已是极诚极切。如今的参学之人，不解古人意，只管在出水与未出水有什么关系上做文章。正如还有一位僧人问智门："什么是般若的本体？"智门回答："蚌含明月产珍珠。"僧人又问："什么是般若的证用？”智门回答：“兔受月精孕玉子。”看智门如此回答，参学之人如拘泥于文字的表面意思，就会与真意失之交臂。也有一僧曾拿同样的问题向夹山和尚请教：“莲花未出水时是什么？”夹山只对他说：“露柱上的灯笼。”且说这与莲花有何相干？当僧又问：“莲花出水后是什么？”夹山答道：“杖头上挑着日月，脚底下陷入泥滩。”你且说夹山的回答是也不是？可别错会了它的真意。

二二

原典

举雪峰示众云：“南山有一条鳖鼻蛇，见怪不怪，其怪自坏。大小大怪事，不妨令人疑着。汝等诸人切须好看。囫！一场漏逗。”长庆云：“今日堂中，大有人丧身失命。”普州人送贼，以己方人。僧举似玄沙，同坑无异土，奴见婢殷勤，同病相怜。玄沙云：“须是棱兄始得。虽然如此，我即不恁么。”不免作野狐精见解，是什么消息？毒气伤人。僧云：“和尚作么生？”也好拶着这老汉。玄沙云：“用南山作什么？”钓鱼船上谢三郎，只这野狐精，犹较些子，丧身失命也不知。云门以拄杖撺向雪峰面前，作怕势。怕他作什么？一子亲得，一等是弄精魂。诸人试辨看。

评唱

百丈问黄檗：“甚处去来？”檗云：“大雄山下采菌去

来。”丈云：“还见大虫么？”檗便作虎声，丈便拈斧作斫势。檗遂打百丈一掴，丈吟吟而笑便归，升座谓众云：“大雄山有一大虫，汝等诸人切须好看，老僧今日亲遭一口。”

赵州凡见僧便问：“曾到此间么？”云“曾到”，或云“不曾到”，州总云：“吃茶去！”院主云：“和尚寻常问僧，曾到与不曾到，总道‘吃茶去’，意旨如何？”州云：“院主！”主应：“诺！”州云：“吃茶去！”

紫胡门下立一牌，牌上书云：“紫胡有一狗，上取人头，中取人腰，下取人脚，拟议则丧身失命。”或新到才相看，师便喝云：“看狗！”僧才回首，师便归方丈①。

注释

①**方丈：**佛教称谓，指一寺之主，即“长老”“住持”。有时亦用以指住持僧人的住所。

译文

雪峰禅师有一次对众僧徒说：“南山有一条毒蛇，你们可都要当心点。”高徒长庆便说：“今天我在禅堂里，就被咬了一口，丢了性命。”后来有一僧把这件事对玄沙讲了，玄沙说：“那样回答的一定是长庆师兄。妙虽妙，换了我就不这么说。”“你怎么说？”玄沙说：“何必要什么南山，毒蛇何处没有啊？”与雪峰的这两位徒弟的回答不同，另一位高徒云门把禅杖抛在雪峰眼前，装出一副害怕的样子。

评唱

百丈和尚问弟子黄檗：“今天你去哪儿啦？”黄檗回答：“上大雄山采山菇去了。”百丈又问：“你可曾遇见老虎？”黄檗闻言马上作虎叫，百丈见势便作拿斧头砍虎状。黄檗随即扑上去打了百丈一掌，百丈大声而笑，回去便在法堂上对众僧徒说：“大雄山下有一只大老虎，你们要小心着点，老衲今日就亲遭一口。”

赵州和尚一见到有修行僧来，总是问：“你以前到禅院来过么？”无论说“没有来过”，还是说“来过”，赵州都对他们说：“吃茶去！”院主不解其意，便向赵州问道：“师长平常问僧来过没来过，都叫他们吃茶去，这究竟是什么意思呢？”赵州和尚闻言便喊道：“院主！”院主马上应诺：“在！”赵州接着说：“吃茶去！”

紫胡和尚在禅室门口立了一块牌子，上面写着：“紫胡有狗一只，上取人头而食，中取人腰而食，下取人脚而食，谁若不相信，稍有不慎即丧身失命。”有一位新到的僧人才看到牌子，紫胡便大喝一声：“看狗！”僧人刚回头，紫胡便回到方丈。

二三

原典

举保福、长庆游山次，这两个落草汉。福以手指云："只这里便是妙峰顶。"平地上起骨堆，切忌道着，掘地深埋。庆云："是则是，可惜许。"若不是铁眼铜睛，几被惑了。同病相怜，两个一坑埋却。雪窦着语云："今日共这汉游山，图个什么？"不妨减人斤两，犹较些子。傍人按剑。复云："百千年后不道无，只是少。"少卖弄，也是云居罗汉。后举似镜清，有好有恶。清云："若不是孙公，便见髑髅遍野。"同道者方知，大地茫茫愁杀人，奴见婢殷勤，设使临济、德山出来，也须吃棒。

雪窦后面颂出更显焕。颂云：

"妙峰孤顶草离离，和身没却，脚下已深数丈也。拈得分明付与谁？用作什么？大地没人知。干屎橛堪作何用？拈得鼻孔失却口。不是孙公辨端的，错。看箭！着贼了也不知。髑髅着地几人知？更不再活，如麻似粟。阇黎拈得鼻孔失却口。"

译文

保福和尚与长庆和尚一起在深山云游时，保福用手指着远方说："这里就是妙峰顶。"长庆说："妙峰顶好是好，可还不完美。"雪窦对此评述道："长庆和尚跟保福一起游山，究竟想说什么呢？"又说："长庆这类人物，不能说千年难遇，也是稀有的。"后有人把这件事告诉了镜清和尚，镜清说："若非长庆，僧人尽习死人禅。"

雪窦后面的颂偈更使两人的对话禅机显露。这首颂说：

"妙峰孤顶草离离，拈得分明付与谁？不是孙公辨端的，髑髅着地几人知？"

二四

原典

评唱

刘铁磨久参，机锋峭峻，人号为"刘铁磨"。去沩山十里卓庵。一日去访沩山，山见来，便云："老牸牛[①]，汝来也！"磨云："来日台山大会斋，和尚还去么？"沩山放身便卧，磨便出去。

僧问风穴："沩山道：'老牸牛，汝来也！'意旨如何？"穴云："白云深处金龙跃。"僧云："只如刘铁磨道：'来日台山大会斋，和尚还去么？'意旨如何？"穴云："碧波心里玉兔惊。"僧云："沩山便作卧势，意旨如何？"穴云："老倒疏慵[②]无事日，闲眠高卧对青山。"

注释

①**牸牛：**母牛。牸，雌性的牲畜。

②**老倒疏慵：**年老体弱。

译文

评唱

刘铁磨长年参学，机锋锐利。因此，人们都不叫她的真名，而称她“刘铁磨”。刘铁磨在离沩山十里外的一个草庵里修行。有一天她去拜访沩山，沩山见她来了，便说道：“老母牛，你来了！”刘铁磨说：“明天台山大供斋食，你还去吗？”沩山闻言倒身躺在禅座上，刘铁磨转身便走。

有一位僧人曾拿着这个话头，去请教风穴和尚。僧问：“沩山说的‘老母牛，你来了’是什么意思呢？”风穴回答：“白云深处金龙跃。”僧人又问：“刘铁磨对沩山说的‘明日台山举行的法会，你还去吗’这又是什么意思呢？”风穴说：“碧波心里玉兔惊。”僧人又追问道：“沩山闻言作卧势，这又是干什么呢？”风穴回答说：“老倒疏慵无事日，闲眠高卧对青山。”

二五

原典

举莲花峰庵主拈拄杖示众云看！顶门上具一只眼。也是时人窠窟。："古人到这里，为什么不肯住？"不可向虚空里钉橛，权立化城。众无语。千个万个，如麻似粟，却较些子。可惜许，一棚俊鹘。自代云："为他途路不得力。"若向途中辨，犹争半月程。设使得力，堪作什么？岂可全无一个。复云："毕竟如何？"千人万人只向个里坐却，千人万人中，一个两个会。又自代云："楖栗①横担不顾人，直入千峰万峰去。"也好与三十棒，只为他担板，脑后见腮，莫与往来。

评唱

雪峰一日僧堂前拈拄杖示众云："这个只为中下根人。"时有僧出问云："忽遇上上人来时如何？"峰拈拄杖便去。云门云："我即不似雪峰打破狼籍。"僧问："未审和尚如何？"云门便打。

严阳尊者路逢一僧，拈起拄杖云："是什么？"僧云："不识。"严云："一条拄杖也不识？"严复以拄杖地上札一下，云："还识么？"僧云："不识。"严云："土窟子也不识？"严复以拄杖担云："会么？"僧云："不会。"严云："楖栗横担不顾人，直入千峰万峰去。"

注释

①**楖栗：**一种树木。

译文

莲花峰庵主手持禅杖，对众僧徒说：“古代高人来到这里，为什么不肯住下呢？”众僧皆哑口无言。庵主于是自问自答：“只因为他们在路途中，没有得这个的力，蒙这个的福荫。”又问：“结果他们怎么样呢？”又自答道：“横担禅杖不顾人，直入千峰万峰去。”

评唱

有一天，雪峰和尚在僧堂前，手持禅杖对众僧徒说：“这个只为中下根器的人做的。”这时，有一位僧人站出来问道：“如果忽然遇到上乘根器的高人来了怎么办？”雪峰手持禅杖，转身便走。云门说：“要是我回答，就不似雪峰这样让人摸不着头脑。”僧人便问：“不知师长将如何作答？”云门举手就打。

严阳师尊在云游的途中遇见一位僧人，他拿起禅杖问道：“这是什么？”僧人回答说：“不知道。”“连一条禅杖也不认识？”严阳于是拿禅杖在地上戳了一下，问道：“还知道吗？”“不清楚。”严阳说：“一个小土坑也看不出来吗？”说罢，他又把禅杖担在肩上，问道：“你懂吗？”

僧人回答："不懂。"严阳于是说道："横担禅杖不顾人，直入千峰万峰去。"

二六

原典

举僧问百丈："如何是奇特①事？"言中有响，句里呈机。惊杀人，有眼不曾见。丈云："独坐大雄峰。"凛凛威风四百州，坐者立者二俱败缺。僧礼拜，伶俐衲僧，也有恁么人，要见恁么事。丈便打。作家宗师，何故来言不丰？令不虚行。

评唱

僧问马祖："如何是佛法大意？"祖便打云："我若不打尔，天下人笑我去在。"又问："如何是祖师西来意？"祖云："近前来，向尔道。"僧近前，祖劈耳便掌，云："六耳不同谋。"

注释

①**奇特**：梵语 Ascarya 阿阇理贰，又作遏部多 Adbhuta，译曰"奇特"。原指释迦牟尼佛有三种奇特，即神通奇特、慧心奇特、摄受奇特。禅宗僧人常以有佛之智慧、能明心开悟为奇特。

译文

一位僧人问百丈怀海禅师："禅悟究竟是怎么样？"百丈回答道："独坐大雄峰。"僧人作揖礼拜，百丈举手打了他一掌。

评唱

一位修行僧问马祖道一禅师："什么是佛法禅理？"马祖举手便打，并说："我若不打你，便被天下人嘲笑。"这僧虽挨打，却又问道："什么是祖师达磨西来弘扬的佛法妙理？"马祖说："你走近些，我对你讲。"僧人刚近前，马祖举手便给他一个耳光，说道："六耳不同谋。"

二七

原典

举僧问云门："树凋叶落时如何？"是什么时节？家破人亡，人亡家破。云门云："体露金风。"撑天拄地，斩钉截铁，净裸裸、赤洒洒，平步青霄。

评唱

颂曰："问既有宗，深辨来风，箭不虚发。答亦攸全[1]，岂有两般，如钟待扣，功不浪施。三句可辨，上中下，如今是第几句？须是向三句外荐取始得。一镞辽空。中，过也。捉着磕着，箭过新罗。大野兮凉飙飒飒；普天匝地，还觉骨毛卓竖么？放行去也。长天兮疏雨蒙蒙。风浩浩，水漫漫，头上漫漫，脚下漫漫。君不见少林久坐未归客②，更有不唧噹汉，带累杀人。黄河头上，泻将过来。静依熊耳③一丛丛。”开眼也着，合眼也着，鬼窟里作活计。眼瞎耳聋，谁到这境界，不免打折尔版齿。

注释

①攸仝：是相同，仝，即“同”字。

②少林久坐未归客：指达磨大师。传说中达磨从天竺（今印巴次大陆）入汉地，在嵩山少林寺面壁九年，静修默坐，圆寂于中土。

③熊耳：即嵩山少林。

译文

有一天，一位僧人问云门和尚：“叶落树枯，生死烦恼的情识已尽时，僧人再如何修禅呢？”云门答道：“体露金风。”即让枝残叶败的树木本体在飒飒秋风中显露出来。

评唱

雪窦对这则公案，以颂评道：“僧人问得巧，云门答得妙。辨得句中深意，便若一箭透空穿，顿悟大千世界。茫茫的旷野中，凉风飒飒；无际的苍穹下，细雨蒙蒙。达磨祖师面壁九年，安详地睡在了东土，可他弘扬的佛法真理，如嵩山上的丛丛草木，长存人间。”

二八

原典

举南泉[①]参百丈涅槃和尚，丈问："从上诸圣，还有不为人说底法么？"和尚合知，壁立万仞，还觉齿落么？泉云："有。"落草了也，孟八郎作什么？便有恁么事。丈云："作么生是不为人说底法？"看他作么生，看他手忙脚乱，将错就错，但试问看。泉云："不是心，不是佛，不是物。"果然纳败阙，果然漏逗不少。丈云："说了也。"莫与他说破，从他错一平生。不合与他恁么道。泉云："某甲只恁么，和尚作么生？"赖有转身处，与长即长，与短即短，理长则就。丈云："我又不是大善知识，争知有说不说？"看他手忙脚乱，藏身露影，去死十分。烂泥里有刺，恁么那赚我。泉云："某甲不会。"乍可恁么？赖值不会，会即打尔头破。赖值这汉只恁么。丈云："我太杀为尔说了也。"雪上加霜，龙头蛇尾作什么？

雪窦颂出云："祖佛从来不为人，各自守疆界，有条攀条，记得个元字脚在心，入地狱如箭。衲僧今古竞头走。踏破草鞋，拗折拄杖，高挂钵囊。明镜当台[②]列像殊，堕也，破也，打破镜来与尔相见。一一面南看北斗。还见老僧骑佛殿出山门么？新罗国里曾上堂，大唐国里未打鼓。斗柄垂，落处也不知在什么处。无处讨，瞎，可惜许，碗子落地，楪子成七八片。拈得鼻孔失却口。那里得这消息来，"果然恁么？便打。

注释

①**南泉：**公元七四八—八三四年。唐新郑（今属河南）人，又名普愿。十岁出家为僧，先参大隈山（今属河南）大慧禅师，后从嵩山会善寺僧嵩学律藏。贞元

十一年（公元七九五年）至池阳（今安徽太平）南泉山隐居，究心禅学。著有《语录》。

②明镜当台：神秀大师有偈曰：“身是菩提树，心如明镜台，时时勤拂拭，勿使惹尘埃！”六祖惠能也作一偈：“菩提本无树，明镜亦非台，本来无一物，何处惹尘埃！”

译文

南泉和尚去拜访涅槃禅师，涅槃问他：“各位祖师们是不是还有一些佛法妙理秘而不宣呢？”南泉说：“有。”“那么，那是些什么真理呢？”南泉答道：“不是心，不是佛，不是物。”“就这些吗？”“我就知道这些，你怎么样？”涅槃说：“我又不是博学的经师，怎么知道说什么、不说什么？”南泉说：“我也是一知半解，你就说点吧！”涅槃答道：“不！我已经把我知道的对你说了。”

对这则公案，雪窦有颂评论说：“自古至今，诸方祖师皆是观众生心，随机应病，与药施方，不曾为人说法论道。参学僧人却踏破草鞋，云游四方，到处问是问非、问佛问祖。其实，人人各有一面古镜，森罗万象，长短方圆，一一于中显现。但切莫论长论短，须是面南看北斗，感受其光而不究其形。若一味品头论足，斗柄垂落了，去哪里找呢？恐怕只会摸着鼻孔找不到嘴，失去了本来面目。”

二九

原典

举僧问大隋：“劫火[①]洞然，大千俱坏，未审这个坏不坏？”这个是什么物？这一句天下衲僧摸索不着，预搔待痒。隋云：“坏。”无孔铁锤当面掷，没却鼻孔。未开口已前勘破了也。僧云：“恁么则随他去也？”没量大人语脉里转却，果然错认。隋云：“随他去。”前箭犹轻，后箭深。只这个，多少人摸索不着。水长船高，泥多佛大，若道随他去，在什么处？若道不随他去，又作么生？便打。

评唱

大隋真如和尚承嗣大安禅师，乃东川盐亭县人。参见六十余员善知识。昔时在沩山会里作火头，一日，沩山问云：“子在此数年，亦不解致个问来看如何？”隋云：“令某甲[②]问个什么即得？”沩山云：“子便不会问如何是佛？”隋以手掩沩山口。山云：“汝已后觅个扫地人也无。”后归川，先于堋口[③]山路次，煎茶接待往来。凡三年，后方出世，开山住大隋。

其僧既不会大隋说话，是他也不妨以此事为念。却持此问，直往舒州投子山。投子[④]问：“近离甚处？”僧云：“西蜀大隋。”投云：“大隋有何言句？”僧遂举前话。投子焚香礼拜云:“西蜀有古佛出世，汝且速回。”其僧复回至大隋，隋已迁化。

注释

①**劫火**：佛法中毁坏世界的三灾之一，其余为劫水、劫风。

②**某甲**：自称，我。

③**堋口**：分水堤坝之开口处。此处指汉代李冰所建都江堰附近地区。

④**投子**：公元八一八—九一四年。唐怀宁（今安徽潜山）人，法名大同。少小出家于洛阳保唐寺，后参翠微和尚得法。归隐故里投子山，卒谥“慈济大师”。

译文

有一位僧人问大隋和尚：“世界的末日来临之时，毁灭的大火燃烧之际，不知道那时佛性是否也毁灭？”大隋回答说：“会灭的。”僧人又问：“是与世界一起毁灭吗？”大隋答道：“是的，是与这个世界一起毁灭。”

评唱

大隋和尚是大安禅师的法嗣，是东川盐亭县人。早年云游四方，参学过六十余位博学高僧。他在沩山和尚的禅院做火头时，有一天沩山问他：“你在这里已待了数年，也不提个问题，看看你修行得怎么样？”“你让我问你什么呢？”沩山提示道：“何不问一问什么是佛？”沩山刚说完，大隋便用手把他的嘴堵住。沩山赞叹道：“你已经参透禅的真意啦！”后来，大隋返回四川，在堋口山路边，煎茶接待来往旅客。三年之后才移至大隋院，出世传法。

这位僧人虽不懂大隋和尚说话的真意，可他把此事念念在心。拿着这个话题，踏着草鞋便来到投子山。投子和尚问他：“你刚从哪里来？”“从西蜀大隋和尚处来。”投子又问：“大隋对你说什么没有？”这僧便把在大隋那里的前话又说了一遍。投子听罢，烧香礼拜，并说道：“西蜀有高僧出世，你快回去吧！”等到这僧返回去，大隋和尚已圆寂了。

三〇

原典

举僧问赵州：“承闻和尚亲见南泉，是否？”千闻不如一见，拶眉分八字。州云：“镇州出大萝卜头。”撑天拄地，斩钉截铁，箭过新罗，脑后见腮，莫与往来。

评唱

僧问九峰[1]："承闻和尚亲见延寿来，是否？"峰云："山前麦熟也未？"

注释

①**九峰：** 唐、五代时人，生年不详，祖籍福州，法名道虔。少即喜禅，后参石霜庆诸和尚，得法为青原五世。后迁住九峰，世称九峰虔。同光元年（公元九二三年）圆寂。

译文

有一位僧人问赵州和尚："听说老师曾亲随南泉禅师，承继了他的衣钵，是吗？"僧人故意设置机锋，赵州却也不慌，他缓缓说道："镇州出大萝卜头。"

评唱

还有一位僧人问九峰和尚："听说师长是延寿禅师的法嗣传人，是吗？"九峰置若罔闻，而是反问道："山前的麦子熟了吗？"

卷四

三一

原典

举麻谷持锡[①]到章敬[②]，绕禅床三匝，振锡一下，卓然而立。曹溪样子一模脱出，直得惊天动地。敬云："是！是！"泥里洗土块，赚杀一船人！是什么语话？系驴橛子。雪窦着语云："错！"放过则不可，犹较一着在。麻谷又到南泉，绕禅床三匝，振锡一下，卓然而立。依前泥里洗土块，再运前来，鰕跳不出斗。泉云："不是！不是！"何不承当？杀人不眨眼，是什么语话？雪窦着语云："错！"放过不可。麻谷当时云："章敬道是，和尚为什么道不是？"主人公在什么处？这汉元来取人舌头，漏逗了也。泉云："章敬即是，是汝不是。也好，杀人须见血，为人须为彻，瞒却多少人来？此是风力所转，终成败坏。果然被他笼罩，争奈自己何！"

评唱

张拙秀才参西堂[3]藏禅师，问云："山河大地，是有是无？三世诸佛，是有是无？"藏云："有。"张拙秀才云："错！"藏云："先辈曾参见什么人来？"拙云："参见径山和尚来。某甲凡有所问话，径山皆言'无'。"藏云："先辈有什么眷属？"拙云："有一山妻，两个痴顽。"又却问："径山有甚眷属？"拙云："径山古佛，和尚莫谤渠好[4]。"藏云："待先辈得似径山时，一切言无。"张拙俯首而已。

龙牙示众道："夫参学人，须透过祖佛始得。新丰和尚道：'见祖佛言教，如生冤家，始有参学分。'若透不得，即被祖佛瞒去。"时有僧问："祖佛还有瞒人之心也无？"牙云："汝道江湖还有碍人[5]之心也无？"又云："江湖虽无碍人之心，自是时人过不得，所以江湖却成碍人去，不得道江湖不碍人。祖佛虽无瞒人之心，自是时人透不得，祖佛却成瞒人去也，不得道祖佛不瞒人。若透得祖佛过，此人即过却祖佛。也须是体得[6]祖佛意，方与向上古人同。如未透得，傥学佛学祖，则万劫无有得期。"又问："如何得不被祖佛瞒去？"牙云："直须自悟去。"

注释

①**持锡：**手握锡杖。锡杖，在杖头上装有锡制尖塔

形物的手杖，又装有数个锡环，挥动时可发出声响。

②**章敬：**公元七五三—八一五年。唐同安人，法名怀晖。与麻谷宝彻和尚同师于马祖道一。得悟后居徂徕山（今山东泰安），后遁入中条山深处结茅屋而居，元和三年（公元八〇八年）诏入章敬寺。卒谥“大宣教禅师”。

③**西堂：**公元七二四—八一四年。唐虔州（江西赣县）人，法名智藏，同百丈怀海等同参马祖禅师，即至祖寂，众请继席。出住虔州西山堂。

④**莫谤渠好：**不要诽谤他为好。渠，他。

⑤**碍人：**阻挡人、限止人。

⑥**体得：**体会到、领会了。

译文

麻谷和尚手持禅杖去拜访章敬禅师。到了之后，也不言语，而是绕着章敬端坐的禅床走了三圈后，摇了摇手中的锡杖，站立在一边。章敬说道：“很好！很好！”麻谷自以为得意，又来到南泉禅师处。他仍是如法炮制，绕禅床三圈，振锡杖一下，立在一旁。南泉见他如此气盛，不客气地说：“不行！不行！”麻谷不服气地问道：“章敬师兄已肯定了我的机锋，你为何说不行呢？”南泉便直截了当地告诉他：“章敬是对的，只有你不对。你的机锋如风中的飘絮而已，最终只能走向毁灭！”

评唱

有一次，张拙秀才去访西堂和尚，问道：“山河大地是有还是没有？三世诸佛存在还是不存在？”西堂说：“有。”张拙说：“和尚答错了。”西堂问：“先生以前从谁参学呢？”张拙答道：“我曾参学过径山禅师。凡是我提出的问题，径山老师都回答‘无’。”西堂问：“先生可有家眷吗？”“有一位妻子，两个孩儿。”西堂又问：“径山有家小吗？”张拙不高兴地说：“径山是位和尚，哪里有什么家眷。请和尚不要诽谤人。”西堂于是说道：“既如此，那先生等和径山一样时，再对一切说‘无’吧！”张拙面带愧色，俯身向西堂礼拜。

龙牙和尚垂示众僧徒说：“参禅的僧人，应参透祖佛的真意，才算悟了。新丰和尚曾说过：‘看见祖佛的言教说法，如遇见冤家一样，才有参禅的缘分。’如果理解不到这里，就会被祖佛的言教欺骗。”这时，有一位僧人问道：“难道祖佛还有意欺骗人吗？”龙牙反问道：“你说说江湖是否也有意阻挡人呢？”随后他又解释说：“江湖水滔滔，虽无意阻人，可人走到江湖边，只能望水兴叹，无法过去，故不能说江湖不阻人。同样，祖佛虽无意骗人，可参学后人参不透祖佛言教的真意，祖佛的言教便是欺骗了人，不能说祖佛不欺骗人。若有人能领悟祖佛言教的深意，此人便可超佛越祖，与古圣先贤并肩。若参不透，即使学佛学祖，也是生老病死，轮回无止期。”僧人于是又问：“怎样才能不被祖佛的言教欺骗呢？”龙牙对他说：“这只有靠你自悟啦！别人能为你说什么呢？”

三二

原典

举定上座问临济：“如何是佛法大意？”多少人到此茫然，犹有这个在，讶郎当作什么？济下禅床擒住，与一掌，便托开，今日捉败，老婆心切，天下衲僧跳不出。定伫立。已落鬼窟里，蹉过了也，未免失却鼻孔。傍僧云：“定上座何不礼拜？”冷地里有人觑破，全得他力，东家人死，西家人助哀。定方礼拜，将勤补拙。忽然大悟。如暗得灯，如贫得宝，将错就错，且道定上座见个什么便礼拜？

评唱

定上座是这般汉，被临济一掌，礼拜起来，便知落处。他是向北人，最朴直。既得之后，更不出世。后来全用临济机，也不妨颖脱。

一日，路逢岩头、雪峰、钦山三人，岩头乃问：“甚处来？”定云：“临济。”头云：“和尚万福？”定云：“已顺世了也。”头云：“某等三人特去礼拜，福缘浅薄，又值归寂。未审和尚在日有何言句，请上座举一两则看。”定遂举：“临济一日示众云：‘赤肉团上有一无位真人[①]，常从汝诸人面门出入，未证据者看看。’时有僧出问：‘如何是无位真人？’济便擒住云：‘道！道！’僧拟议，济便托开云：‘无位真人是什么干屎橛！’便归方丈。”岩头不觉吐舌。钦山云：“何不道非无位真人？”被定擒住云：“无位真人与非无位真人，相去多少？速道！速道！”山无语，直得面黄面青。岩头、雪峰近前礼拜云：“这新戒[2]不识好恶，触忤上座，望慈悲且放过。”定云：“若不是这两个老汉，捏杀这尿床鬼子。”

又在镇州斋回，到桥上歇。逢三人座主。一人问：“如何是‘禅河深处须穷底’？”定擒住拟抛向桥下，时二座主连忙救云：“休！休！是伊触忤[3]上座，且望慈悲。”定云：“若不是二座主，从他穷到底去。”看他恁么手段，全是临济作用。

注释

①**无位真人：**不属于佛众行位的赤裸裸真人。禅宗用语，如说“本来面目”。

②**新戒：**指沙弥中新受戒的人。

③**触忤：**冒犯、触怒。

译文

临济门下有一位定上座，日久参学，修行甚勤。有一次他非常郑重地问临济和尚：“什么是佛法的大精神？”临济听罢也没言语，而是走下禅床，一把抓住定上座的胸口，打了他一掌，随后用力把他推开。定上座迷惑不解，呆立在一边。旁边的一位僧人提醒他道：“定上座怎么还不礼拜呢？”上座向临济作揖之际，豁然开悟。

评唱

定上座被临济打了一掌，作揖礼拜之际，便能忽然大悟。是向北人，性情质朴。他开悟之后，也不急着出世传法。后来一生使用临济的机锋，颇有超人之处。

有一天，定上座在途中遇见岩头、雪峰、钦山三位和尚。岩头问定上座：“师长从何处来？”“临济院。”岩头又问：“临济大师身心可好？”“已经圆寂了。”岩头又说：“我们三人特地来拜谒临济禅师，不想大师已仙逝了，只怪我们福缘浅薄。不知大师生前有何至理名言，上座能否给我们提示一二。”定上座于是给他们讲述了如下一段因缘：“有一次，临济禅师在法堂上垂示众僧徒说：‘在我们肉体中，有一无位真人，常从我们的六根出入。你们之中，尚未自觉体认的，切要好好看着它。’这时有一位僧人出来问道：‘无位真人是什么东西？’临济走下禅床，抓住他的胸口喝道：‘你说！你说！’僧人刚想说什么，临济却一把把他推开，自己说道：‘什么无位真人，只是一堆干粪而已！’说完便返回方丈里。”听完定上座的话，岩头不禁啧舌。钦山和尚却问道：“为什么不说非无位真人呢？”定上座上前抓住钦山胸口，喝问道：“无位真人与非无位真人有什么区别？快说！快说！”钦山无言以对，脸色十分难看。岩头、雪峰忙上前作揖道：“这位晚辈不知好歹，冒犯了师长，请您慈悲为怀，原谅了他吧！”定上座这才放手，愤愤地说：“要不是这二位和尚相劝，我今日定打杀了你这尿床鬼子。”

一天，定上座从镇州化斋回来，在桥头上歇息。正巧桥上有三个人议论纷纷。其中一个问道：“所谓‘禅河深处须穷底’，究竟是什么意思呢？”定上座闻言，上去抓住那人，便要把他往桥下扔。另外两人见状，赶忙上前劝道：“不要这样！不要这样！这不懂事的家伙冒犯了上座，还望尊师发慈悲，饶他这一次吧！”定上座说：“若不是二位相劝，我今日就让他亲自到河底去看看！”定上座种种的机锋棒喝，全然呈现临济接引后学活活泼泼的家风。

三三

原典

举陈操尚书看资福。福见来，便画一圆相。是精识精，是贼识贼。若不蕴藉，争识这汉，还见金刚圈么？操云：“弟子恁么来，早是不着便[1]，何况更画一圆相？”今日撞着个瞌睡汉，这老贼！福便掩却方丈门。贼不打贫儿家，已入他圈缋了也。雪窦云：“陈操只具一只眼。”雪窦顶门具眼，且道他意在什么处？也好与一圆相。灼然龙头蛇尾，当时好与一拶，教伊进亦无门，退亦无路。且道更与他什么一拶？

评唱

陈操尚书与裴休、李翱同时。凡见一僧来，先请斋，衬钱三百，须是勘辨。一日云门到相，看便问：“儒书中即不问，三乘十二分教，自有座主。作么生是衲僧家行脚事？”云门云：“尚书曾问几人来？”操云：“即今问上座。”门云：“即今且置，作么生是教意？”操云：“黄卷赤轴。”门云：“这个是文字语言，作么生是教意？”操云：“口欲谈而辞丧，心欲缘而虑亡。”门云：“口欲谈而辞丧，为对有言；心欲缘而虑亡，为对妄想。作么生是教意？”操无语。门云：“见说尚书看《法华经》，是否？”操云：“是。”门云：“经中道：‘一切治生产业，皆与实相[2]不相违背。’且道非非想天[3]，即今有几人退位？”操又无语。门云：“尚书且莫草草，师僧家抛却三经五论来入丛林，十年、二十年尚自不奈何，尚书又争得会？”操礼拜云：“某甲罪过。”

又一日，与众官登楼次，望见数僧来。一官人云：“来者总是禅僧。”操云：“不是。”官云：“焉知不是？”操云：“待近来与尔勘过④。”僧至楼前，操蓦⑤召云：“上座。”僧举头，书谓众官云：“不信道，唯有云门一人，他勘不得。”

注释

①**不着便：**不切时机、不走运。《云门匡真禅师广录》卷上：“饶汝便向这里一时明得，亦是不着便汉。”

②**实相：**指存在于今世的一切事物。佛教认为一切皆空，实相也是一种虚表之相，唯有摆脱世俗认识，才能显示诸法“常住不变”的真实相状，故名。

③**非非想天：**佛教无色界之最高的天，亦称“非想非非想天”。此天之定心，至极静妙，已无粗想，故称非想；尚有细想，故称非非想。

④**勘过：**校对、核定。

⑤**蓦：**当，正对着。《祖堂集》卷六，石霜和尚：“堪作什摩，早被你蓦头拗却也。”

译文

陈操居士去拜访资福和尚。资福见他来了，便用禅杖在空中画了个圆圈。陈操不悦地说道："我这次来，看来真不走运，为什么你要画一个圆圈来迎接我呢？"资福见机缘不投，便走过去把方丈门关上。雪窦对此评价说："陈操只长了一只眼睛。"

评唱

陈操尚书是与裴休、李翱同时代的禅客。他每见一僧来，都供奉斋食，并布施三百铜钱，以此试探禅僧的机锋。一日他见云门和尚光临，便不失时机地问道："儒书中的事我不问你，对于三乘十二分教佛法大意，您是行家。请问什么是僧人行脚要做的事？"云门反问道："尚书曾问过人这问题吗？""只有今天问师长您。"云门说："这个问题暂且放在一边，我且问你，什么是佛法大意？"陈操随口便答："黄卷赤轴。"云门说："这只是表面文字，怎能是教中大意？"陈操于是又答道："举口欲言而辞丧，用心欲究而虑亡。"云门又说："前一句只针对有言，后一句只针对妄想。我问你，什么是佛法大意？"陈操无言以对。云门见状，便又挑起话题，问道："听说尚书看过《法华经》，可真有此事？""有。"云门又说："经中说'一切治生产业，皆与实相不相违背'。可现在又有几人不沉醉于‘非非想天’的空妙境界，想从上面退下来，实实在在地为众生造福呢？”陈操听罢，沉默无言。云门见状，便鼓励他道：“大人也不要灰心，连一些入佛门十年、二十年的师尊也尚对此无奈何，你又怎么能明白呢？”陈操作揖道：“我得罪师长啦！”

一日，陈操尚书与众官登楼观光，远远望见有几位僧人正朝这边走来。有一位官吏说：“来的一定是禅僧。”陈操却说：“不是。”那位官吏吃惊地问道：“你怎么知道不是？”陈操说：“等他们走近了，我指给你看。”众僧来到楼前时，陈操忽然大声喊道：“上座！”众僧都仰起头来看。陈操对众官说：“不徒信言教说法的，也只有云门一人啊！”

三四

原典

举仰山问僧：“近离甚处？”天下人一般，也要问过，因风吹火，不可不作常程。僧云：“庐山。”实头人难得。山云：“曾游五老峰么？”因行不妨掉臂，何曾蹉过？僧云：“不曾到。”移一步，面赤不如语直，也似忘前失后。山云：“阇黎不曾游山。”太多事生，惜取眉毛好。这老汉着甚死急。云门云：“此语皆为慈悲之故，有落草之谈。”杀人刀，活人剑，两个三个，要知山上路，须是去来人。

评唱

沩山一日问仰山云："诸方若有僧来，汝将什么验他？"仰山云："某甲有验处。"沩山云："子试举看。"仰云："某甲寻常见僧来，只举拂子向伊道：'诸方还有这个么？'待伊有语，只向伊道：'这个即且置，那个如何？'"沩山云："此是向上人牙爪。"

马祖问百丈："什么处来？"丈云："山下来。"祖云："路上还逢着一人么？"丈云："不曾。"祖云："为什么不曾逢着？"丈云："若逢着，即举似和尚。"祖云："那里得这消息来？"丈云："某甲罪过。"祖云："却是老僧罪过。"

懒瓒和尚隐居衡山石室中。唐德宗闻其名，遣使召之。使者至其室，宣言："天子有诏，尊者当起谢恩。"瓒方拨牛粪火，寻煨芋[①]而食。寒涕垂颐[②]未尝答，使者笑曰："且劝尊者拭涕。"瓒曰："我岂有工夫为俗人拭涕耶？"竟不起。使回奏，德宗甚钦叹之。

善道[③]和尚遭沙汰后，更不复作僧。人呼为"石室行者"。每踏碓忘移步。僧问临济："石室行者忘移步，意旨如何？"济云："没溺深坑。"

注释

①**煨芋：** 烤熟的山芋。

②**垂颐：** 流到下巴。

③**善道：**唐时僧人，生年、籍贯不详。初依长髭旷为沙弥，既具戒，师从石头得法。后值沙汰，乃做行者，居潭州石室，四方谒参，诲人不倦，世称“石室行者”。

译文

仰山问一位修行僧：“你刚从哪里来的？”“从庐山。”仰山便又问道：“既从庐山来，一定游过五老峰吧？”“未曾游过。”“这么说，你连一次游山的经验也没有啰？”仰山所言的游山登峰，实指僧人参禅悟道的境界。云门曾对此有言评道：“仰山一语，虽是始于启示僧人的慈悲心肠，但未免也有落草之谈之嫌。”

评唱

沩山和尚一日向仰山问道：“若有外地行脚僧来，你将拿什么来验证，看他的机缘如何呢？”“我自有办法。”“那你说说看。”仰山于是说道：“我平常见有修行僧来，便从禅床角取下拂子竖起来，向他发问道：‘别的地方也有“这个”吗？’等他想说什么的时候，便又对他说：‘暂且不提“这个”，“那个”又怎么样？’沩山听罢，感叹道：“这是以前得道高僧的手法啊！”

一日，马祖问百丈和尚：“你是从什么地方来的？”“从山下来。”马祖又问：“路上可曾遇见一个人？”“没有。”“为什么没遇见呢？”“若碰见什么人，我早就告诉你啦！”马祖问：“从哪里得此话头的？”百丈闻言，作揖道：“我得罪师长啦！”马祖也还礼道：“这是老衲的过错。”

懒瓒和尚长年隐居在衡山石窟中。唐德宗久闻其大名，派一名敕使去，想把他召入京城。敕使到了石窟，大声说道：“圣旨驾到，请和尚起立，谢恩接旨。”此时，懒瓒和尚正扒开火堆，找烧山芋充饥呢，鼻涕清水也顾不上擦一下，直流到下颚上，更顾不上什么帝王圣旨。敕使见状，忍不住笑着对他说：“师尊，先揩一下鼻涕吧！”懒瓒回答说：“我哪有工夫替俗人拭鼻涕呢！”说完就不再言语，也不从地上起来。敕使回宫，禀告了德宗，德宗大为叹服。

善道和尚在佛门遭劫难时，被迫还俗，之后便不再做僧人。当时人们都称他为“石室行者”。他干活踏碓时，竟踩出了神，以至忘记移步。有一僧问临济：“石室行者忘移步是什么意思？”临济回答说：“没溺在深坑里。”行者达到的无心之境虽好，可真正的禅定是定慧如一的。

三五

原典

评唱

无著游五台，至中路荒僻处，文殊化一寺，接他宿。遂问："近离甚处？"著云："南方。"殊云："南方佛法如何住持？"著云："末法比丘，少奉戒律。"殊云："多少众？"著云："或三百，或五百。"无著却问文殊："此间如何住持？"殊云："凡圣同居，龙蛇混杂。"著云："多少众？"殊云："前三三后三三。"却吃茶，文殊举起玻璃盏子[①]云："南方还有这个么？"著云："无。"殊云："寻常将什么吃茶？"著无语，遂辞去。文殊令均提童子送出门首。无著问童子云："适来道前三三后三三，是多少？"童子云："大德！"[②]著应："喏。"童子云："是多少？"又问："此是何寺？"童子指金刚后面，著回首，化寺、童子悉隐不见，只是空谷。彼处后来谓之"金刚窟"。

漳州地藏[③]问僧："近离甚处？"僧云："南方。"藏云："彼中佛法如何？"僧云："商量浩浩地。"藏云："争似我这里种田博饭吃。"

注释

①**盏子：**杯子。

②**大德：**指有德行而成为后人师表之僧人。后泛指有德行之僧人，或用作对僧人的尊称。

③**地藏：**公元七六七—八二九年。常山（今福建境内）人，法名桂琛。初参雪峰，后从玄沙得法，声誉渐远。漳州牧建地藏院成，迎请开法，故世称地藏琛。后迁漳州罗汉院，遂又称罗汉琛。卒谥曰真应。

译文

评唱

无著和尚云游五台山时，在路僻人荒的地方，文殊菩萨想验证一下他的机锋，便挥动拂子，变现出一座寺庙，留他宿夜。两人坐下后，文殊便向无著发问道："和尚从哪里来？""从南方。""南方佛法施行如何？""多为末法的比丘，谨守戒律的少。"文殊追问道："究竟有多少？""大约三百到五百人吧！"随后无著又反问文殊："这里怎么样？""凡圣同居，龙蛇混杂。"无著再问："到底有多少？""前面有三人三人，后面有三人三人。"文殊说罢便请无著吃茶。他端起精致的玻璃茶杯，问无著："南方也有这个么？""无！""那么，南方人平常用什么喝茶？”无著虽明知文殊问非此事，可一时又答不上，心中不安，便慌忙起身告辞。文殊命均提童子送无著到门口。出门后无著问童子：“刚才你师父说的‘前面有三人三人，后面有三人三人’，究竟有多少人呢？”童子对他的提问置若罔闻，而是直呼：“和尚！”无著忙应道：“我在！”童子意味深长地问无著：“究竟是多少呢？”无著问：“这里是什么寺？”童子却把手指向金刚塑像后面，无著回首之际，寺庙、童子都隐而不见了。后来人们把这个地方叫作“金刚窟”。

漳州地藏和尚问一位行脚僧：“和尚刚从哪里来？”“从南方。”地藏又问道：“那里的佛法怎么样？”“坐谈论道，颇为壮观。”地藏说：“哪能比得上我这里种田吃饭呢！”

三六

原典

举长沙①一日游山归，至门首，今日一日，只管落草。前头也是落草，后头也是落草。首座问：“和尚什么处去来？”也要勘过这老汉，箭过新罗。沙云：“游山来。”不可落草，败缺不少。草里汉。首座云：“到什么处来？”拶，若有所至，未免落草。相牵入火坑。沙云：“始随芳草去，又逐落花回。”漏逗不少，元来只在荆棘林里坐。座云：“大似春意。”相随来也。将错就错，一手抬一手搦。沙云："也胜秋露滴芙蕖[②]。"土上加泥，前箭犹轻后箭深，有什么了期。雪窦着语云："谢答话。"一火弄泥团汉，三个一状领过。

评唱

长沙鹿苑招贤大师，法嗣南泉，与赵州、紫胡辈同时。机锋敏捷，有人问教，便与说教；要颂便与颂；尔若要作家相见，便与尔作家相见。仰山寻常机锋，最为第一。一日同长沙玩月[③]次，仰山指月云："人人尽有这个，只是用不得。"沙云："恰是，便倩尔用那。"仰山云："尔试用看。"沙一踏踏倒，仰山起云："师叔一似个大虫[④]。"后来人号为"岑大虫"。

注释

①**长沙**：唐僧人，生年不详。初为儒生，后改学禅。师从南泉禅师，应机喜作老虎扑噬势，人称"岑大虫"。初住潭州鹿苑，其后居无定所，随请说法，时称长沙和尚而不名。

②**芙蕖**：荷花的别名。

③**玩月**：赏月。玩，观赏、欣赏。

④**大虫**：指老虎。

译文

长沙和尚一日到山中散步，颇觉尽兴。回到寺院门前时，首座问道："师父，你去哪里了？""到山里散步去了。"首座又问："走到哪里？"长沙随口吟道："始随芳草去，又逐落花回。"首座羡慕地说道："真是春意盎然、闲庭信步啊！"长沙缓缓又说："更胜于秋露滴荷叶啊！"

评唱

长沙和尚又被人尊称为鹿苑招贤大师。他是南泉禅师的传人，与赵州、紫胡等人同时。长沙机锋敏捷，又颇能因人医病、对症施方。仰山的机锋锐利，在当时是颇有传闻的。一日，仰山同长沙和尚一同赏月，他用手指月道："我们每个人都有'这个'，只是用起来不得当罢了。"长沙说："确实如此，不过你还是试试吧！"仰山推辞道："还是你试试看怎么样？"长沙便不客气地把仰山一脚踏翻在地。仰山站起身来，说道："师叔简直是只大老虎啊！"从此以后，众人都称长沙和尚为"岑大虫"。

三七

原典

举盘山[1]垂语云："三界无法，箭既离弦，无返回势。月明照见夜行人，中也。识法者惧，好！和声便打。何处求心？"莫瞒人好，不劳重举，自点检看。便打云：是什么？

评唱

向北幽州盘山宝积和尚，乃马祖下尊宿。后出普化一人。师临迁化，谓众云："还有人邈得吾真么？"众皆写真[2]呈师，师皆叱之。普化[3]出云："某甲邈得。"师云："何不呈似老僧？"普化便打筋斗而出。师云："这汉向后如风狂接人去在。"

无为无事人，犹遭金锁难，也须是穷到底始得。若向无言处言得，行不得处行得，谓之转身处。"三界无法，何处求心？"尔若作情解，只在他言下死却。雪窦见处，七穿八穴[4]，所以颂出：

"三界无法，言犹在耳。何处求心？不劳重举，自点检看，打云：是什么？白云为盖，头上安头，千重万重。流泉作琴。闻么？相随来也。一听一堪悲。一曲两曲无人会，不落宫商，非干角徵。借路经过，五音六律尽分明。自领出去，听则聋。雨过夜塘秋水深。"迅雷不及掩耳，直得拖泥带水，在什么处？便打。

注释

①**盘山**：唐时僧人，生卒年不详，师从马祖道一禅师得法。住幽州盘山（天津蓟县），学人亲依，讲说有年。

②**写真**：摹画人物的肖像。

③**普化**：唐时僧人，生年不详。嗣盘山积法绪，为南岳下第三世。隐于镇州（河北正定），佯狂不羁，出言无度，常携一铃，于人耳边振之。时号普化和尚。咸通元年（公元八六〇年），预知时至，自擎棺出北门外，振铃入棺而化。

④**七穿八穴**：意指领会透彻，明白无疑。《五灯会元》卷十七，宝华普鉴禅师："其或见谛不真，影像仿佛，寻言逐句，受人指呼，驴年得快活去。不如屏净尘缘，竖起脊梁骨，着些精彩，究教七穿八穴，百了千当，向水边林下长养圣胎，亦不枉受人天供养。"

译文

盘山问众僧徒："这个世界里本不存在一物，你们到哪里去求心呢？"

评唱

盘山宝积和尚是向北幽州人，他是马祖门下的高僧。普化又是他的高徒。盘山圆寂之际曾对众僧徒说：“你们当中，有谁画得出我的真像呢？”众僧徒纷纷落笔，画好后呈给老师，不想盘山对这些人都大加呵斥。普化和尚站出来说：“我画得出。”“何不呈上来给老衲看看。”普化却打着筋斗出去了。盘山叹道：“这家伙以后对人一定如狂风霹雳！”

参禅须是参到底方可，那些达到无心忘我境界的高僧，犹遭受“空”“悟”境界的束缚。如果能在无言处言得，行不得处行得，便会感受到“柳暗花明又一村”的新境界。若只凭个人好恶，在言语上穿凿附会，参的便是死人禅。对于“三界无法，何处求心”，雪窦有颂评价说：“三界都是无之法，这无正是我们的心。抬头白云悠悠，俯首流水潺潺。可有谁听得懂这无弦琴奏出的妙乐？一场夜雨，池塘水涨，秋意更浓了。”

三八

原典

举风穴在郢州衙内，上堂云倚公说禅，道什么？：“祖师心印，状似铁牛之机。千人万人撼不动，誵讹节角在什么处？三要印开，不犯锋铓。去即印住，正令当行，错。住即印破，再犯不容，看取令行时拶，便打。只如不去不住，看无顿置处，多少誵讹。印即是，不印即是？天下人头出头没有分，文彩已彰，但请掀倒禅床，喝散大众。”时有卢陂长老出问：“某甲有铁牛之机，钓得一个谙晓得，不妨奇特。请师不搭印。好个话头，争奈誵讹。”穴云：“惯钓鲸鲵澄巨浸，却嗟蛙步辗泥沙。”似鹘捉鸠，宝网漫空，神驹千里。陂伫思，可惜许，也有出身处，可惜放过。穴喝云：“长老何不进语[①]？”搀旗夺鼓，炒阑来也。陂拟议，三回死了，两重公案。穴打一拂子。好打，这个令须是恁么人行始得。穴云：“还记得话头么？试举看！”何必雪上加霜。陂拟开口，一死更不再活。这汉钝置杀人，遭他毒手。穴又打一拂子。牧主云：“佛法与王法一般。”灼然，却被傍人觑破。穴云：“见个什么道理？”也好与一拶，却回枪头来也。牧主云：“当断不断，返招其乱。”似则似，是则未是。须知傍人有眼。东家人死，西家人助哀。穴便下座。将错就错，见机而变，且得参学事毕。

评唱

风穴乃临济下尊宿。临济当初在黄檗会下栽松次，檗云：“深山里栽许多松作什么？”济云：“一与山门作境致，二与后人作标榜。”道了便镢地一下。檗云：“虽然如是，子已吃二十棒了也。”济又打地一下云：“嘘！嘘！”檗云：“吾宗到汝，大兴于世。”

穴初参雪峰五年，因请益。临济入堂，两堂首座齐下一喝。僧问临济：“还有宾主也无？”济云：“宾主历然。”穴云：“未审意旨如何？”峰云：“吾昔与岩头、钦山去见临济，在途中闻已迁化。若要会他宾主话，须是参他宗派下尊宿。”穴后又见瑞岩，常自唤：“主人公。”自云：“喏。”复云：“惺惺着[②]，他后莫受人瞒却。”穴云：“自拈自弄，有什么难！”

风穴初到南院，入门不礼拜。院云：“入门须辨主。”

穴云：“端的[3]请师分。”院左手拍膝一下，穴便喝；院右手拍膝一下，穴亦喝。院举左手云：“这个即从阇黎。”又举右手云：“这个又作么生？”穴云：“瞎！”院遂拈拄杖。穴云：“作什么？某甲夺却拄杖，打着和尚，莫言不道。”院便掷下拄杖云：“今日被这黄面浙子钝置[4]一上。”

至次日，南院只作平常问云：“今夏在什么处？”穴云：“鹿门与廓侍者同过夏。”院云：“元来亲见作家来。”又云：“他向尔道什么？”穴云：“始终只教某甲一向作主。”院便打，推出方丈云：“这般纳败缺[5]底汉，有什么用处！”穴自此服膺，在南院会下作园头[6]。一日，院到园里问云：“南方一棒作么生商量？”穴云：“作奇特商量。”穴云：“和尚此间作么生商量？”院拈棒起云：“棒下无生忍，临机不让师。”穴于是豁然大悟。

注释

①**进语：**说话、回答。

②**惺惺着：**小心些、机警点。

③**端的：**细委、详情。

④**钝置：**折磨、折腾、作弄。《五灯会元》卷二十，荐福悟本禅师：“博山当时若见，十字路头掘个无底深坑，唤来一时埋却，免见递相钝置。”

⑤**纳败缺**：讨苦吃。

⑥**园头**：管理寺院菜地的僧人。

译文

风穴和尚在郢州的官府大堂上说法。他慷慨陈词道：“祖师的心印，打个比方说，它状似铁牛，威力无比。祖师心印一按，取走印时，印纹常在；但如果老是按着不取走，印纹又看不到。倘若既不许取走印又不能老按着，这印是按好还是不按好呢？”这时，有一位被称为卢陂长老的人出列说道：“我就有铁牛般的威力，更不需要老师的印证。”风穴见此人如此狂妄，便也不客气地说：“我已习惯在大海中垂钓大鲸，难道还会害怕一只青蛙在泥沙中蹦跶吗？”卢陂长老一时语塞，呆立在那里。风穴大喝一声：“长老怎么不讲话？”卢陂迟疑之际，风穴操起拂子揍了他一下，并厉声道：“还记得刚才的话题吗？说出来让我听听！”长老正待开口，风穴又打了他一拂子。在座的州官深有感慨地说：“佛法与王法并无二致，道理是相通的。”风穴问他：“何出此言？”州官回答道：“当断不断，反招其乱。”风穴听罢，当下便走下讲习台。

评唱

风穴和尚是临济以后的高僧。临济当初在黄檗的禅院参学时，得闲便栽松树。黄檗问他：“深山野岭里栽这么多松树干什么？”临济回答说：“一来是为点缀山门，二来是为后人做个标榜。”说完，临济举起镐头，在地上镢了一下。黄檗说：“虽然如此，你已吃二十棒了。”临济在地上又刨了一下，不屑一顾地“嘘”了两声。黄檗欣慰地说：“我禅门大法，到你将大兴于世。”

风穴和尚在雪峰门下参学五年。一日他提问请教，先叙述了这样一则公案：一次，临济和尚刚进入法堂，东西两堂首座便同时大喝一声。一僧问临济：“这还有宾主之分吗？”临济回答道：“怎么没有？宾主历然。”风穴讲完后问雪峰：“这则公案究竟是什么意思？”雪峰回答说：“几年前我与岩头、钦山去拜见临济和尚，不想在途中便听说他已仙逝了。若要理解他宾主的话头，应去他门下的高僧处参学。”后来，风穴去拜见瑞岩和尚，瑞岩经常自己叫自己“主人公”，然后自答，“在！”还自言自语：“清醒点！今后莫受人蒙骗。”风穴见状，说：“自问自答，这有何难！”

风穴和尚初到南院禅师处，入门也不施见面礼。南院便对他说：“入门须辩主！”风穴答道：“细委请师别！”南院举左手拍膝一下，风穴大喝一声；南院举右手拍膝一下，风穴也大喝一声。南院举左手说：“这个且从你。”又举右手问：“这个又是干什么的呢？”风穴对此不屑一顾，便回答说：“看不见！”南院闻言便提起禅杖。风穴见状，气势逼人地说：“你干什么！我若夺下你的禅杖，打着了你，可莫怪贫僧我没早说！”南院抛下禅杖，说道：“今天可让这个黄面汉戳了一下！”

第二天，南院只向风穴提一些日常的问题，问他：“今年的夏安居在哪里过的？”风穴回答说：“在鹿门与廓侍者一起过的。”南院又问：“原来你遇见行家了，他对你说了些什么？”风穴答道：“他只教我始终做主不做宾。”南院听罢，便把风穴从方丈中推打出来，骂道：“就这样自讨苦吃的家伙，要你何用！”风穴自此膺服南院，并在南院门下做管理田间杂务的园头。一日，南院到田间地头，问风穴：“南方的僧人是怎么评价禅棒的作用的呢？”“是用来启示人开悟的。”风穴还反问道：“老师这里怎么样呢？”南院拿起棒子，紧握着说：“棒下悟道，临机不让其师！”风穴言下大悟。

三九

原典

举僧问云门：“如何是清净法身？”墙圾堆头见丈六金身，斑斑驳驳是什么？门云：“花药栏。”①问处不真，答来卤莽。拶着磕着，曲不藏直。僧云：“便恁么去时如何？”浑仑吞个枣，放憨作么？门云：“金毛狮子。”②也褒也贬，两采一赛，将错就错，是什么心行。

僧问云门：“佛法如水中月，是否？”门云：“清波无透路。”进云③：“和尚从何而得？”门云：“再问复何来？”僧云：“正恁么去时如何？”门云：“重叠关山路。”

注释

①**花药栏：**厕所的栅栏。

②**金毛狮子：**为文殊菩萨的坐骑。《五灯会元》曰：“但见五色云中文殊乘金毛狮子往来。”禅宗问答中多用为得道僧人的戏称，如称“大虫”相似。

③**进云：**又问、又说。

译文

一位修行僧问云门和尚：“清净法身是什么？”云门答道：“是厕所的栏门。”僧人又问：“照你的意思，把不净的肉身看作清净法身如何呢？”云门赞叹道：“你真是一只金毛狮子啊！”

一位修行僧问云门和尚：“佛法像水中月吗？”云门答道：“清波无透路。”僧人又问：“那么和尚你从何而入？”云门回答：“你又是从哪里来？”僧人再问：“那去时又如何？”云门回答：“重重叠叠无尽的关山路啊！”

四〇

原典

举陆亘大夫与南泉语话次。陆云：“肇法师道：‘天地与我同根，万物与我一体’也甚奇怪。”鬼窟里作活计，画饼不可充饥。也是草里商量。南泉指庭前花，道恁么？咄！经有经师，论有论师，不干山僧事。咄！大丈夫当时下得一转语，不唯截断南泉，亦乃与天下衲僧出气。召大夫云：“时人见此一株花，如梦相似。”鸳鸯绣了从君看，莫把金针度与人。莫寐语，引得黄莺下柳条。

译文

陆亘大夫一日与南泉禅师讨论禅理。他感慨地说：“僧肇法师说的‘天地与我同根，万物与我一体’，实在是妙极了呀！”南泉见他还有待提携，尚未至出神入化的境界，便喊他道：“大夫！”陆亘抬头一看，南泉手指院中花簇，启示道：“世上的人就是看见了这株花，也只像在梦中见一样。”

卷五

四一

原典

举赵州问投子："大死底人①却活时如何？"有恁么事？贼不打贫儿家，惯曾作客方怜客。投子云："不许夜行，投明②须到。"看楼打楼，是贼识贼，若不同床卧，焉知被底穿？

评唱

投子、赵州诸方皆美之得逸群之辩。二老虽承嗣不同，看他机锋相投一般。投子一日为赵州置茶筵相待，自过蒸饼与赵州，州不管③。投子令行者④过胡饼与赵州，州礼行者三拜。

注释

①**大死底人**：禅家意指历经参禅磨砺，即将开悟的僧人。

②**投明**：黎明、临明。

③**不管**：不接受，置之不理。

④**行者**：指云游四方之行乞僧、参禅僧，后泛指佛教修行者。亦可专指在佛寺中服杂役的没有正式剃发之出家者。

译文

赵州和尚一日问投子和尚："经历了禅的大死一番的人，在大活时又该如何呢？"投子答道："晚上不许行走，天亮时必须到。"禅门有言："死而后生就是禅道。"大活后的彻悟是从死禅向活禅的飞跃。

评唱

投子与赵州虽师承不同，但两人对坐论禅，自是俊逸超群，为世人称道，机锋也颇为相投。一日，投子和尚设置茶筵款待赵州，并亲自把蒸饼递给他，不想赵州却置之不理。投子于是让一位行者给赵州呈上胡饼，赵州对这位行者拜了三拜。

四二

原典

举庞居士辞药山[1]，这老汉作怪也。山命十人禅客相送至门首。也不轻他，是什么境界？也须是识端倪底衲僧始得。居士指空中雪云："好雪片片不落别处。"无风起浪，指头有眼。这老汉言中有响。时有全禅客云："落在什么处？"中也，相随来也，果然上钩来。士打一掌。着，果然勾贼破家。全云："居士也不得草草[2]。"棺木里瞠眼。士云："汝恁么称禅客，阎老子未放汝在。"第二杓恶水泼了。何止阎老子，山僧这里也不放过。全云："居士作么生？"粗心不改，又是要吃棒，这僧从头到尾不着便。士又打一掌，果然。雪上加霜，吃棒了呈款。云："眼见如盲，口说如哑。"更有断和句，又与他读判语。雪窦别云："初问处，但握雪团便打。"是则是，贼过后张弓，也漏逗不少。虽然如是，要见箭锋相拄，争奈落在鬼窟里了也。

评唱

庞居士参马祖、石头两处有颂。初见石头，便问："不与万法为侣是什么人？"声未断，被石头掩却口。有个省处作颂道："日用事无别，唯吾自偶谐[3]。头头非取舍，处处没张乖。朱紫谁为号，青山绝点埃。神通并妙用，运水及搬柴。"后参马祖，又问："不与万法为侣是什么人？"祖云："待尔一口吸尽西江水，即向汝道。"士豁然大悟，作颂云："十方同聚会，个个学无为。此是选佛场，心空及第[4]归。"

注释

①**药山**：公元七五〇—八三四年。唐绛州（山西新绛）人，又名惟俨。师从石头禅师，获其衣钵。住澧州（湖南澧县）药山，禅风大振。当时的李翱曾从其参禅。

②**草草**：潦草、不认真。

③**偶谐**：和合、协调。

④**及第**：科举应试中选。

译文

庞居士一日去拜访药山和尚。告辞时，药山让几位禅客送他出门。当时门外大雪纷飞，居士边走边指着空中飘飘洒洒的飞雪，颇有兴致地说："真是一场好雪啊！片片雪花都落在该落的地方！"送他出门的一位叫全禅客的不解其意，便问道："落在什么地方啦？"居士当即打了他一下。全禅客说："居士不得如此无礼！"居士说："你这样的人，竟敢自称禅客，阎王老子都不放过你！"全禅客反问："居士又会怎么样呢？"居士又揍了他一下，骂道："你有眼如瞎，能说似哑，枉称禅客！"雪窦认为，如果他是庞居士，全禅客初问时，便从地上抓起雪团打他。

评唱

庞居士在马祖和尚、石头和尚两处参学时，都曾有感而发，落笔题颂。他初见石头时，开口便问："与一切存在都无关系的人是什么人？"话音未了，石头便用手掩住了他的嘴。庞居士若有所悟，作颂道："日用事无别，唯吾自偶谐。头头非取舍，处处没张乖。朱紫谁为号，青山绝点埃。神通并妙用，运水及搬柴。"后来，庞居士又到马祖那里参禅，又提出老话题："谁是那不与万法为侣的人？"马祖答道："当你一口吸尽西江之水时，我就告诉你。"居士闻言大悟，欣然作颂道："十方同聚会，个个学无为。此是选佛场，心空及第归。"

四三

原典

举僧问洞山："寒暑到来如何回避？"不是这个时节，劈头劈面在什么处？山云："何不向无寒暑处去？"天下人寻不得。藏身露影，萧何卖却假银城？僧云："如何是无寒暑处？"赚杀一船人，随他转，也一钓便上。山云："寒时寒杀阇黎，热时热杀阇黎。"真不掩伪，曲不藏直，临崖看虎兕，特地一场愁。掀翻大海，踢倒须弥，且道洞山在什么处？

评唱

僧问翠微[①]："如何是祖师西来意？"微云："待无人来，向尔道。"遂入园中行，僧云："此间无人，请和尚道。”微指竹云：“这一竿竹得恁么长，那一竿竹得恁么短。”其僧忽然大悟。

曹山问僧：“恁么热，向什么处回避？”僧云：“镬[2]汤炉炭里回避。”山云：“镬汤炉炭里如何回避？”僧云：“众苦[3]不能到。”

注释

①**翠微：**公元七〇一——七八〇年。唐上党（山西）人，法名恒月。师从嵩山普寂禅师，得其密传。后放迹江湖，游化四方，晚年至潭州翠微院。

②**镬：**古代的大锅。常与鼎（鼎镬）用为残酷的刑具。

③**众苦：**诸种烦恼、苦难。

译文

一僧问洞山禅师：“寒暑到来时，如何回避它们呢？”“何不去不冷不热的地方？”僧人又问：“那里又怎么样呢？”洞山回答：“寒冷时，冷得你受不了；酷热时，热得你吃不消。”黄龙悟新禅师曾对此则公案有颂：“安禅不必须山水，灭却心头火自凉。”修禅未必要在宁静的山水间，只要能进入无心的境地，即使在火中，也自觉凉爽。

评唱

有僧问翠微和尚："什么是祖师西来要弘扬的佛法精神？""等没有人时，我对你说。"翠微说完后，便走入院中。僧人见四周无人，上前说道："师尊，这里没有人，请为我讲吧！"翠微手指节节修竹，启示他道："这一竿竹长得这么长，那一竿竹长得那么短。"僧人闻言大悟。

曹山和尚也曾向一位僧人请教过这样的问题："天气这么热，去什么地方躲几天呢？"僧人说："去热汤炭火中待着吧！""热汤炭火中怎么能回避热呢？"僧人说："诸种烦恼都不会有啦！"

四四

原典

举禾山[1]垂语云："习学谓之闻，绝学谓之邻[2]，天下衲僧跳不出，无孔铁锤一个铁橛子。过此二者，是为真过。"顶门上具一只眼作什么？僧出问："如何是真过？"道什么？一笔勾下，有一个铁橛子。山云："解打鼓[3]！"铁橛，铁蒺藜，确确。又问："如何是真谛。"道什么？两重公案，又有一个铁橛子。山云："解打鼓！"铁橛，铁蒺藜，确确。又问："即心即佛即不问，如何是非心非佛？"道什么？这个丘圾堆，三段不同，又一个铁蒺藜子。山云："解打鼓！"铁橛，铁蒺藜，确确。又问："向上人来时如何接？"道什么？遭他第四杓恶水来也，又有一个铁橛子。山云："解打鼓！"铁橛，铁蒺藜，确确，且道落在什么处？朝到西天，暮归东土。

评唱

僧问镜清："新年头还有佛法也无？"清云："有。"僧云："如何是新年头佛法？"清云："元正启祚[④]，万物咸新。"僧云："谢师答话。"清云："老僧今日失利。"似此答话，有十八般失利。

僧问净果[⑤]大师："鹤立孤松时如何？"果云："脚底下一场懡㦬[⑥]。"又问："雪覆千山时如何？"果云："日出后一场懡㦬。"又问："会昌沙汰时，护法神向什么处去？"果云："三门外两个汉一场懡㦬。"诸方谓之"三懡㦬"。

保福问僧："殿里是什么佛？"僧云："和尚定当看。"福云："释迦老子。"僧云："莫瞒人好。"福云："却是尔瞒我。"又问僧云："尔名什么？"僧云："咸泽。"福云："或遇枯涸时如何？"僧云："谁是枯涸者？"福云："我。"僧云："和尚莫瞒人好。"福云："却是尔瞒我。"又问僧："尔作什么业，吃得恁么大？"僧云："和尚也不小。"福作蹲身势。僧云："和尚莫瞒人好。"福云："却是尔瞒我。"又问浴主："浴锅阔多少？"主云："请和尚量看。"福作量势。主云："和尚莫瞒人好。"福云："却是尔瞒我。"诸方谓之"保福四瞒人"。

注释

①**禾山：**公元八九〇—九六〇年。福州人，法名无殷。七岁从雪峰存禅师剃发出家。具戒后，游参诸方，后在九峰禅师处得悟，嗣其法绪。住吉州禾山大智院，卒谥法性大师。

②**邻：**相邻、邻近。

③**解打鼓：**会打鼓。解，理解、懂得。

④**启祚：**开始。

⑤**净果：**宋时禅僧，生卒年不详。师事法真禅师。形如老鹤，语不阿世，撰有《金刚疏》。

⑥**懡㦬：**羞惭、惭愧。

译文

禾山无殷禅师向徒众开示说："有学的声闻、缘觉二乘位叫作'闻'，证得无学的圣位叫作'邻'，超越了这二者，那就是'真过'（注：真正通过了修行的历程迈入菩萨乘）。"这时有一位僧人出来问："怎样算是真过？"禾山说："我会打鼓。"僧人又问："什么是佛法的真谛？"禾山仍然答道："我善于击鼓。"僧人接着又问："我不问你即心即佛是什么意思，只问你非心非佛指什么？"禾山依然答道："我懂得怎样打鼓。"僧人穷追不舍："如果有境界非凡的高人来时，你如何教示他？”禾山置若罔闻，答案照旧：“我打的鼓很好听。”禾山说的四句话，后人视为宗旨，称它“禾山四打鼓”。禅宗公案中，其他如“国师水碗”“赵州吃茶”“雪峰辊球”等说法，都是得道僧人弘扬佛法、接引后学的禅机妙用。

评唱

一僧问镜清和尚：“新年伊始，还有佛法要讲吗？”“有。”僧又问：“新年头的佛法讲些什么？”“元正启祚，万物咸新。”僧人作揖道：“谢谢老师为我说法。”镜清说：“在你面前，老衲今日失利了。”类似这样的答话法，镜清有十八次之多。貌似失利，其实隐含着无比锐利的机锋，真可谓“不风流处也风流”。

有一位僧人问净果大师：“鹤立孤松上时怎么样？”“脚底下一场懡㦬。”僧又问：“大雪覆盖千山时又怎样？”“日出后一场懡㦬。”僧人仍追问道：“会昌法难、僧遭沙汰时，护法神去哪里啦？”净果答道：“三门外两个汉子一场懡㦬。”“懡㦬”意即羞惭，净果的回答被称为“净果三懡㦬”。

保福和尚去拜访一位僧人。他走进寺庙，问道：“殿堂上供奉的是什么佛？”僧人对他说：“和尚自己看看吧！”“是释迦老子吗？”僧人说：“和尚不要欺骗人。”“是你骗人。”保福又问僧人：“老师尊姓大名？”“咸泽。”保福又问："如若泽干水枯时怎么办？"僧反问："谁是枯涸者？""我。""和尚还是不要瞒人好。""是你瞒我！"保福继续向僧人发问："和尚造了什么业，吃得这么胖？""你也不瘦啊！"保福闻言便作蹲势。僧人说："你不要骗我。""是你在哄骗我。"保福又问浴主："浴盆有多大？""还是和尚自己量吧！"保福举手做出量东西的样子。浴主说："和尚不要欺骗人！"保福说："是你在欺骗我。"保福与人的这四次回答，被人称为"保福四瞒人"。

四五

原典

举僧问赵州："万法归一，一归何处？"拶着这老汉，堆山积岳，切忌向鬼窟里作活计。州云："我在青州作一领布衫，重七斤。"果然七纵八横，拽却漫天网，还见赵州么？衲僧鼻孔曾拈得，还知赵州落处么？若这里见得，便乃天上天下唯我独尊，水到渠成，风行草偃。苟或未然，老僧在尔脚跟下。

评唱

这个公案，虽难见却易会，虽易会却难见。难则银山铁壁，易则直下惺惺，无尔计较是非处。此话与普化道"来日大悲院里有斋"话，更无两般。一日僧问赵州："如何是祖师西来意？"州云："庭前柏树子。"僧云："和尚莫将境示人。"州云："老僧不曾将境示人。"

僧问木平[①]和尚："如何是佛法大意？"平云："这个冬瓜如许大。"又僧问古德："深山悬崖迥绝无人处，还有佛法也无？"古德云："有。"僧云："如何是深山里佛法？"古德云："石头大底大、小底小。"看这般公案，誵讹[②]在什么处？

注释

①**木平：**五代时禅僧，师从蟠龙文禅师，居袁州（江西宜春）木平山。首有肉髻，南唐中主迎请供养，事以师礼。生卒年不详。

②**誵讹：**谬误、错误。

译文

有一位修行僧问赵州和尚："一切存在都归于一，一归于何处呢？"赵州答道："我在故乡青州时，做了一件布衫，重约七斤。"

评唱

这则公案，虽容易理解，却难见其落处。难见处如银山铁壁，不可攀登；易解则让人当下有悟，无评头论足的地方。赵州的答话与普化和尚说的"来日大悲院里有斋"，没有什么两样。一日，又有一僧问赵州："什么是祖师西来弘扬的佛法大意？”赵州答：“庭前柏树子。”僧人又说：“请老师不要以外境示人。”赵州说：“老衲没有拿外境启示啊！”禅即是主客未分前的直接体验。

与上则类似的公案还有：一僧问木平和尚：“佛法的精髓是什么？”木平答道：“这个冬瓜如此大啊！”还有一位僧人问古德和尚：“深山无人烟的地方，还有佛法吗？”“有。”僧又问：“什么是深山里的佛法？”古德答道：“深山里的石头大的大、小的小。”

四六

原典

举镜清问僧：“门外是什么声？”等闲垂一钓，不患聋问什么？僧云：“雨滴声。”不妨实头，也好个消息。清云：“众生颠倒，迷己逐物。”事生也，惯得其便，锐钩搭索，还他本分手脚。僧云：“和尚作么生？”果然纳败缺，转枪来也，不妨难当，却把枪头倒刺人。清云：“洎不迷己。”咄！直得分疏不下。僧云：“‘洎不迷己’①意旨如何？”拶着这老汉，逼杀人。前箭犹轻后箭深。清云：“出身②犹可易，脱体③道应难。”养子之缘。虽然如是，德山、临济向什么处去？不唤作雨滴声，唤作什么声？直得分疏不下。

注释

①**洎不迷己：**砥砺自我，不使本心迷失。洎，浸泡、

浸润。

②**出身**：禅僧意指从迷乱的世间拨出身。

③**脱体**：指摆脱尘世烦恼，得悟真谛的境界。

译文

一日，镜清和尚问门下一位僧人："外面是什么声音？"僧人回答："是下雨声。"镜清深有感慨地说："众生迷失自己，去外界追逐俗物，多么可悲啊！"僧人问："那么，老师是怎样做的？""和光同尘，不迷失自己。"僧又问："这究竟是什么意思呢？"镜清说道："从这个迷乱的世间拨出身来还算比较容易，而要用语言把这种出世、解脱的心境如实地表达出来，真是太困难啦！"

四七

原典

举僧问云门："如何是法身？"多少人疑着。千圣跳不出，漏逗不少。门云："六不收。"斩钉截铁，八角磨盘空里走。灵龟曳尾，朕兆未分时荐得，已是第二头，朕兆已生后荐得，又落第三首。若更向言语上辨得，且喜没交涉。

评唱

太原孚上座本为讲师。一日登座讲次，说"法身"云："竖穷三际，横亘十方。"有一禅客在座下闻之失笑。孚下座云：“某甲适来有甚短处，愿禅者为说看。”禅者云：“座主只讲得法身量边事，不见法身。”孚云：“毕竟如何即是？”禅者云：“可暂罢讲，于静室中坐，必得自见。”孚如其言，一夜静坐，忽闻打五更钟，忽然大悟。遂敲禅者门云：“我会也！”禅者云：“尔试道看！”孚云：“我从今日去，更不将父母所生鼻孔扭捏也。”

译文

有僧问云门和尚：“法身是什么东西？”云门答道：“六不取。”六意指眼、耳、鼻、舌、身、意六根、六识。“六不取”即由禅的大死一番以后，舍弃自我，直接体验“空”与“无我”的境界。

评唱

太原的孚上座原来是名讲僧。一日他登堂讲经，在对“法身”做解释时，认为法身“竖可穷三际，横可亘十方”。当孚上座颇有兴致地讲到此时，在座的一位禅客不禁笑出声来。上座离开讲席，走下去问那位禅客：“我刚才的讲解中，有什么地方错了吗？请明示一二。”禅客说：“座主只识得法身量方面的事，而没能识得法身的本质所在。故你尽可以解说法身，但见不到真正的法身。”孚上座又问：“依你之见，我该怎么办呢？”“先别忙着给人说法论道，专心在静室中修禅。自悟之日，必将到来。”孚上座听了禅客的话，从此便专心坐禅。有一天深夜，孚上座坐禅，进入了忘我的境地，忽闻拂晓的报时钟声。当时夜深人静，钟声宏鸣，响彻四方，声声入耳，孚上座顿感心花怒放、心门洞开。他于是去敲开禅客的房门，告诉他：“我开悟了。”禅客让他说一句看，孚上座说：“从今以后，我再也不捏父母所生的鼻孔。”意即不再失去自己的本来面目。

四八

原典

举王太傅[①]入招庆煎茶，作家相聚，须有奇特。等闲无事，大家着一只眼。惹祸来也。时朗上座与明招把铫，一火弄泥团汉，不会煎茶，带累别人。朗翻却茶铫[②]。事生也。果然。太傅见，问上座：“茶炉下是什么？”果然祸事。朗云：“捧炉神。”果然中他箭了也。不妨奇特。太傅云：“既是捧炉神，为什么翻却茶铫？”何不与他本分草料？事生也。朗云：“仕官千日，失在一朝。”错指注，是什么语话？杜撰禅和，如麻似粟。太傅拂袖便去。灼然作家，许他具一只眼。明招云：“朗上座吃却招庆饭了，却去江外打野榸[③]。”更与三十棒，这独眼龙只具一只眼。也须是明眼人点破始得。朗云：“和尚作么生？”捞着。也好与一捞，终不作这般死郎当见解。招云：“非人得其便。”果然只具一只眼。道得一半，一手抬，一手搦。雪窦云：“当时但踏倒茶炉。”争奈贼过后张弓。虽然如是，也未称德山门下客，一等是泼郎泼赖，就中奇特。

评唱

宝寿问胡钉铰云："久闻胡钉铰，莫便是否？"胡云："是。"寿云："还钉得虚空么？"胡云："请师打破将来。"寿便打，胡不肯。寿云："异日自有多口阿师为尔点破在。"胡后见赵州，举似前话。州云："尔因什么被他打？"胡云："不知过在什么处。"州云："只这一缝尚不奈何，更教他打破虚空来。"胡便休去，州代云："且钉这一缝！"胡于是有省。

京兆米七师行脚归，有老宿问云："月夜断井索，人皆唤作蛇，未审七师见佛时唤作什么？"七师云："若有所见，即同众生。"老宿云："也是千年桃核。"

忠国师问紫璘供奉："闻说供奉解注《思益经》，是否？"奉云："是。"师云："凡当注经，须解佛意始得。"奉云："若不会意，争敢言注经？"师遂令侍者将一碗水、七粒米、一只箸④在碗上送与供奉，问云："是什么义？"奉云："不会。"师云："老师意尚不会，更说甚佛意！"

注释

①**王太傅：**五代时禅客，名王延彬，曾任泉州刺史二十六年之久。素奉佛法，通达禅理，师从长庆棱公得悟。

②**茶铫：**煮茶用的小锅。铫，古代一种有柄的小锅。

③**野榸：**野生之树根。

④**一只箸：**一只筷子。

译文

泉州长官王太傅是长庆和尚门下的居士。一日他去同门招庆和尚的寺院。寺内的朗上座正提起茶壶，给来访的明招和尚斟茶，不小心把茶壶弄翻了。王太傅见状，问朗上座："茶炉下是什么？""是捧炉神。"王太傅又问："既然是捧炉神，为什么却把茶壶弄翻了呢？"朗上座回答道："即使千日位居高爵的人，也会有一朝丢官免职的时候啊！"太傅拂袖而去。明招和尚见状，便对朗上座说："你吃的是招庆的饭，却为什么说出那样不着边际的话呢！"上座问："要是和尚，会怎么说？"明招答道："若是我，就对他说，'是非捧炉神瞅空给弄翻了'。"雪窦末后着语评论说："明招又干什么说这些废话，当时起身踏倒茶炉便可。"

评唱

一日，宝寿和尚遇见胡钉铰，问他道："久闻胡钉铰的大名，你就是吧？""是。""能钉得住天空吗？""请师长将天空打破拿来。"宝寿举手便打，胡钉铰不服气。宝寿便对他说:“日后自有多嘴师父,为你点破这段因缘。”后来,胡钉铰去拜见赵州,他便把这件事说给赵州听。赵州问:“你为什么被他打了?”“我不知自己错在哪里。”赵州说:“就这么一条小缝,你都无可奈何,还让人家打破虚空呢!”胡钉铰自觉惭愧,便告辞要离去。赵州对他说:“还是暂且先钉补上这条缝吧!”胡钉铰顿时言下有悟。

京兆米七禅师行脚归来时,有位老者问:“月夜断井索,人人唤作蛇,不知禅师见佛时叫作什么?”七禅师回答说:“若有所见,就如同凡夫众生。”老者说:“也是一颗千年桃核。”

慧忠国师一日问紫璘供奉和尚:“听说你正在解注《思益经》,可有此事?”“有。”忠国师又说:“但凡注经,必须先理解佛法的精髓才是。”供奉回答说:“若不理解,怎么敢言注经?”忠国师于是让侍僧将一碗水、七粒米、一只筷子送给供奉,问他:“这是什么意思?”“我不知道。”忠国师便说:“连老师的意思尚不理解,更谈什么佛法的精髓呢!”

四九

原典

举三圣[1]问雪峰："透网金鳞未审以何为食？"不妨纵横自在。此问太高生，尔合只自知，何必更问。峰云："待汝出网来，向汝道。"减人多少声价，作家宗师天然自在。圣云："一千五百人善知识，话头也不识。"迅雷霹雳，可杀惊群，一任踍跳。峰云："老僧住持事繁。"不在胜负，放过一着，此语最毒。

评唱

三圣在临济作院主，临济迁化垂示云："吾去后，不得灭吾正法眼藏。"三圣出云："争敢灭却和尚正法眼藏？"济云："已后有人问尔，作么生？"三圣便喝。济云："谁知吾正法眼藏，向这瞎驴边灭却。"三圣便礼拜。他是临济真子，方敢如此酬唱。

雪窦末后，只颂"透网金鳞"，显他作家相见处。颂云：

"透网金鳞，千兵易得，一将难求。何似生？千圣不奈何。休云滞水，向他云外立，活泼泼地，且莫钝置好。摇乾荡坤，作家、作家，未是他奇特处，放出又何妨？振鬣摆尾。谁敢辨端倪，做得个伎俩，卖弄出来，不妨惊群。千尺鲸喷洪浪飞，转过那边去，不妨奇特。尽大地人一口吞尽。一声雷震清飙起。有眼有耳，如聋如盲，谁不悚然！清飙起，在什么处？咄！天上人间知几几？雪峰牢把阵头，三圣牢把阵脚，撒土撒沙作什么？打云尔在什么处？"

注释

①**三圣：**唐末、五代时禅僧，法名慧然，生年不详，师从临济义玄禅师。遍访名刹，尤善于机辩。后住镇州三圣院。

译文

三圣和尚一日去拜访雪峰禅师，他开口便问："一条无数次从网中钻出去的金鳞大鲤鱼，到底以什么为饵料呢？"雪峰见三圣如此气盛，便沉稳地答道："等你从网中钻出，我再回答你。"三圣亦不畏缩，又挑起话头："手下有一千五百余名僧徒的一代宗师，竟连这点话头也解不开吗？"雪峰淡然地回答说："老衲身为住持，事务繁忙啊！"

评唱

临济圆寂时，嘱咐众僧徒说："我死之后，万不可灭却了我的正法眼藏。"当时，三圣和尚在临济禅院做院主，他站出来说："我等后学怎么敢灭却老师的正法眼藏呢！"临济于是问道："以后若有人问起它，你怎样回答？"三圣不言语，却大喝一声。临济感慨地说："想不到我的正法眼藏，却叫这瞎驴给灭却了。"三圣听罢，便施礼作拜。灭却正法眼藏，在佛教中指把烦恼、妄想等迷惑，甚至对菩提、涅槃的领悟全部抛开，进入一种绝对无相无体的境界。意即灭却了正法眼藏才是真正的清净法眼。

本节末后，雪窦禅师对“透网金鳞”作颂，以抒己意。颂说：“透网的金鳞大鲤鱼，在洪波浩渺中，停云止水，摇荡乾坤，振须摆尾，自由自在，好不暇适。三圣举问，如鲸喷海水，白浪滔天；雪峰应答，似一声雷震，清风遽起。清风起时，天上人间，能有几人知晓？”

五〇

原典

举僧问云门：“如何是尘尘三昧[①]？”天下衲僧尽在这里作窠窟。满口含霜，撒沙撒土作什么？门云：“钵里饭、桶里水。”布袋里盛锥，金沙混杂，将错就错，含元殿里不问长安。

注释

①**尘尘三昧**：于一微尘中入一切之三昧，是为尘尘三昧。

译文

一位修行僧问云门和尚："什么是尘尘三昧？"意即如何在日常的一个个差别相中，做到平等如一，达到平等三昧的境界。云门回答说："如钵里饭，粒粒皆圆；似桶里水，滴滴皆显。"

卷六

五一

原典

举雪峰住庵时，有两僧来礼拜。作什么？一状领过。峰见来，以手托庵门，放身出云：“是什么？”鬼眼睛，无孔笛子，擎头戴角。僧亦云：“是什么？”泥弹子毡拍板，箭锋相拄。峰低头归庵。烂泥里有刺，如龙无足，似蛇有角，就中难为措置。僧后到岩头。也须是问过始得，同道方知。头问：“什么处来？”也须是作家始得。这汉往往纳败阙，若不是同参，洎乎放过。僧云：“岭南来。”传得什么消息来？也须是通个消息，还见雪峰么？头云：“曾到雪峰么？”勘破了多时，不可道不到。僧云：“曾到。”实头人难得打作两橛。头云：“有何言句？”便恁么去也。僧举前话。便恁么去也，重重纳败阙。头云：“他道什么？”好劈口便打，失却鼻孔了也。僧云：“他无语低头归庵。”又纳败阙，尔且道他是什么？头云：“噫！我当初悔不向他道末后句，洪波浩渺，白浪滔天。若向伊道，天下人不奈雪老何。”癞儿牵伴，不必，须弥也须粉碎，且道他圈缋在什么处？僧至夏末，再举前话请益。已是不惺惺，正贼去了多时，贼过后张弓。头云："何不早问？"好与掀倒禅床，过也。僧云："未敢容易。"这棒本是这僧吃，穿却鼻孔，停囚长智，已是两重公案。头云："雪峰虽与我同条生①，不与我同条死。漫天网地。要识末句后，只这是！"赚杀一船人，我也不信。洎乎分疏不下。

评唱

雪峰虽遍历诸方，末后于鳌山店，岩头因而激之，方得剿绝大彻。岩头后值沙汰，于湖边作渡子②。两岸各悬一板，有人过，敲板一下，头云："尔过那边？"遂从芦苇间舞棹而出。雪峰归岭南住庵。

雪峰在德山会下作饭头。一日斋晚③，德山托钵下至法堂。峰云："钟未鸣，鼓未响，这老汉托钵向什么处去？"山无语，低头归方丈。雪峰举似岩头，头云："大小德山，不会末后句。"山闻，令侍者唤至方丈，问云："汝不肯④老僧那？"头密启其语。山至来日上堂，与寻常不同。头于僧堂前抚掌大笑云："且喜老汉会末后句，他后天下人不奈他何。"

招庆一日问罗山云："岩头道：'恁么、恁么、不恁么、不恁么'，意旨如何？"罗山召云："大师！"师应："诺。"山云："双明亦双暗。"庆礼谢而去。三日后，又问："前日蒙和尚垂慈，只是看不破⑤。"山云："尽情向尔道了也。"庆云："和尚是把火行。"山云："若恁么，据大师疑处问将来！"庆云："如何是'双明亦双暗'？"山云：

“同生亦同死。”庆当时礼谢而去。后有僧问招庆：“同生亦同死时如何？”庆云：“合取⑥狗口。”僧云：“大师收取口吃饭？”其僧却来问罗山云：“同生不同死时如何？”山云：“如牛无角。”僧云：“同生亦同死时如何？”山云：“如虎戴角。”末后句，正是这个道理。

注释

①**同条生**：意指岩头与雪峰同参学于德山和尚门下。不同条死，意指接引、教示后学的方法不同，即修禅的风格不同。

②**渡子**：以摆渡为生的人。

③**斋晚**：指晚饭。

④**不肯**：不承认、不首肯。

⑤**看不破**：参不透、不明白。

⑥**合取**：闭上。

译文

雪峰和尚结庵而居时，有两位修行僧来拜访。雪峰见有僧人来，便用手推开庵门，探出身子问道：“这是什么？”僧人也回答说：“这是什么？”雪峰没再言语，低头回到了庵内。二僧于是又到了岩头和尚处。岩头问：

"二位是从哪里来的？""从岭南来。""可曾拜访过雪峰和尚？""拜访过。"岩头又问："雪峰说什么没有？"僧人便把前事讲述一遍。岩头问："他是怎么说的？""他什么都没说，就低着头回庵去了。"岩头听罢，叹声道："唉！我当初和他在一起时，把末后一句教给他就好了，那样的话，天下的人都会盛传老雪峰的美名了。"过完夏安居后，僧人又与岩头旧事重提。岩头问："为什么不早点问？"僧人答道："因为我非常重视这个问题，不知这末后一句究竟是什么？"岩头回答道："雪峰与我同出于德山大师门下，我们两人虽同枝生，师承、见解一样；但不同枝死，与人方便、教示别人的方法不一样。你不是想知道末后一句是什么吗？这便是！"

评唱

雪峰与岩头是德山门下的师兄弟。雪峰云游四方，遍访诸师，最后才在鳌山店，受岩头的激发，豁然大悟。后值佛法遭难，岩头被迫还俗，在湖边摆渡为生。他在湖两岸各悬挂一块铁板，如有人过湖敲板，岩头便大声问："你要过那边吧！"说罢便从芦苇间泛舟而出。雪峰在这之后回岭南结草庵而居。"末后一句"这则公案，实起因于他与岩头在德山门下时的一段因缘。

雪峰在德山和尚门下时曾做过饭头。一日，还未到晚饭的时候，德山和尚便手捧斋钵来到伙房。雪峰讥笑他道："既未敲钟，也没鸣鼓，你这老汉手捧着个饭钵子要去哪里？"德山听后，一言未发，转身便回去了。雪峰见老师回方丈去了，便把这事告诉了岩头。岩头叹道："世人皆知的德山老师，竟也不懂末后一句是什么意思。"德山听说后，让侍僧把岩头叫到方丈，问他："你不承认老僧，是吗？"岩头遂上前向德山耳密了几句，德山便不再说什么了。第二天，德山上堂说法时，神态语调都与平常不同。岩头在僧堂前抚掌大笑道："太好了，老汉终于明白了末后一句，今后天下人再也奈何他不得了。"

一日，招庆和尚问罗山禅师："岩头说的'这么、这么、不这么、不这么'，究竟是什么意思？"罗山叫他道："大师！"招庆忙应答："我在！"罗山便说："双明亦双暗。"招庆谢拜后就下去了。三日以后，招庆又举前话问罗山："前日蒙大师垂慈示教，只是我还不太明白。""可我已对你说尽了呀！""老师是把火夜行，只有自己明亮。"罗山于是说："若是这样，请把你的问题呈上。"招庆便问："'双明亦双暗'是什么意思？"罗山回答道："同生亦同死。"招庆当下即礼拜而去。后来，有一位僧人问招庆："同生亦同死时怎么样？"招庆随即训斥他道："闭上你的狗嘴！"那僧也不甘示弱说："大师用嘴只是为吃饭的吗？"僧人见与招庆话不相投，便来问罗山："同生不同死时怎么样？""如牛无角。"僧人又问："同生亦同死时又怎么样？”罗山答道：“如虎戴角。”末后一句，就是这个道理。

五二

原典

举僧问赵州：“久响赵州石桥，到来只见略彴[①]。”也有人来捋虎须，也是衲僧本分事。州云：“汝只见略彴，且不见石桥。”惯得其便，这老汉卖身去也。僧云：“如何是石桥？”上钓来也，果然。州云：“渡驴渡马。”一网打就，直得尽大地人无出气处，一死更不再活。

评唱

赵州不似临济、德山行棒行喝，他只以言句杀活。这公案好好看来，只是寻常斗[②]机锋相似。虽然如是，也不妨难凑泊。一日，与首座看石桥，州乃问首座：“是什么人造？”座云：“李膺造。”州云：“造时向什么处下手？”座无对。州云：“寻常说石桥，问着下手处也不知。”

一日，州扫地次，僧问：“和尚是善知识，为什么有尘？”州云：“外来底。”又问：“清净伽蓝[③]，为什么有尘？”州云：“又有一点也。”

又僧问：“如何是道？”州云：“墙外底。”僧云：“不问这个道，问大道。”州云：“大道透长安。”

雪窦颂云："孤危不立道方高，须是到这田地始得，言犹在耳，还他本分草料。入海还须钓巨鳌。坐断要津，不通凡圣，虾蚬螺蚌不足问，大丈夫汉，不可两两三三。堪笑同时灌溪老④，也有恁么人曾恁么来，也有恁么用机关底手脚。解云劈箭亦徒劳。犹较半月程，似则似，是则未是。"

僧问灌溪："久响灌溪，及乎到来，只见个沤麻池。"溪云："汝只见沤麻池，且不见灌溪。"僧问："如何是灌溪？"溪云："劈箭急。"

僧问黄龙："久响黄龙，及乎到来，只见个赤斑蛇。"龙云："子只见赤斑蛇，且不见黄龙。"僧云："如何是黄龙？"龙云："拖拖⑤地。"僧云："忽遇金翅鸟来时如何？"龙云："性命难存。"僧云："恁么则遭他食啖去也。"龙云："谢子供养。"

注释

①**略彴：**独木桥。

②**斗：**相互争也。

③**伽蓝：**亦称"僧伽蓝""僧伽蓝摩"，意为众僧之园。指佛教寺院。

④**灌溪老：**唐时禅僧，法名志闲，生年不详，幼小出家，先参临济，后从末山了然尼三年。出住灌溪，四众亲依。乾宁二年（公元八九五年）圆寂。

⑤**拖拖：**绵长的样子。拖，曳引。

译文

一位僧人问赵州和尚："久闻赵州石桥的大名，可怎么到这里一看，只见一座小独木桥？"赵州回答说："你只见木桥，没看见石桥。"僧人又问："赵州石桥是什么呢？"赵州答道："这桥既过驴也过马。"

评唱

赵州示教僧人，不像临济、德山那样行喝行棒，他只在平实的语句中显露机锋。即使如此，也难领会其深意。一日，赵州与寺院首座观赏石桥。赵州便向首座问道："这桥是什么人造的？""李膺造的。"赵州又问："造桥时是从什么地方下手的？"首座无言以对。赵州便说道："平常总是谈论石桥，可问起来连个下手的地方也不知道。"

又一日，赵州在屋内扫地，一僧问他道："老师是得道高僧，难道也会有尘？"赵州回答说："是外面风吹进来的。"僧又问："清净的寺院为何有尘？"赵州回答说："又有一点了。"

还有一僧问赵州："什么是道？"赵州回答说："墙外面便是。"僧人急忙辩解说："我不是问这个道，是大道。"赵州回答说："大道直通长安。"赵州的言谈机锋，平实安稳，道风自是高峻。

雪窦颂咏道："孤危不立道方高，入海还须钓巨鳌。堪笑同时灌溪老，解云劈箭亦徒劳。"在雪窦看来，赵州不用险峻的手法却把禅理道得如此透彻，实在是老到。他垂示一机，不钓虾蚬螺蚌，直钓海中巨鳌。与赵州相比，同时代的灌溪老人就显得浅显得多了。

有一僧去拜访灌溪和尚，问他："久闻灌溪大名，可来了以后，怎么只见个沤麻池？"灌溪答道："你只见到了沤麻池，没有见到灌溪。"僧人又问："灌溪是什么？"灌溪答道："你没看到灌溪的溪流滚滚、疾驶如箭吗？"与赵州相比，灌溪的回答确有欠到之处。

有一僧去拜访黄龙和尚："久闻黄龙大名，来了以后，怎么只见到蛇看不到龙？"黄龙和尚答道："你只见到赤斑蛇却见不到黄龙。"僧人又问："什么是黄龙？"黄龙答道："拖拖地。"僧人又问："如果遇到金翅鸟时要怎么办？"黄龙答道："性命难存。"僧人反问："怎可任它食啖吞却？"黄龙答："谢谢你的供养。"

五三

原典

举马大师与百丈行次，见野鸭子飞过。两个落草汉草里辊，蓦顾作什么？大师云："是什么？"和尚合知，这老汉鼻孔也不知。丈云："野鸭子。"鼻孔已在别人手里，只管供款，第二杓恶水更毒。大师云："什么处去也？"前箭犹轻后箭深，第二回啖啄，也合自知。丈云："飞过去也。"只管随他后转，当面蹉过。大师遂扭百丈鼻头，父母所生鼻孔却在别人手里。捩转枪头，裂转鼻孔来也。丈作忍痛声，只在这里，还唤作野鸭子得么？还识痛痒么？大师云："何曾飞去？"莫瞒人好。这老汉元来只在鬼窟里作活计。

马祖次日升堂，众才集，百丈出卷却拜席。马祖便下座，归方丈次，问百丈："我适来上堂，未曾说法，尔为什么便卷却席？"丈云："昨日被和尚扭得鼻孔痛。"祖云："尔昨日向甚么留心？"丈云："今日鼻头又不痛也。"祖云："尔深知今日事。"丈乃作礼，却归侍者寮①哭。同事侍者问云："尔哭作什么？"丈云："尔去问取和尚。"侍者遂去问马祖，祖云："尔去问取他看。"侍者却归寮问百丈，丈却呵呵大笑。侍者云："尔适来哭，而今为什么却笑？"丈云："我适来哭，如今却笑。"

评唱

雪窦颂云："野鸭子，成群作队，又有一只。知何许，用作什么？如麻似粟。马祖见来相共语。打葛藤有什么了期，说个什么？独有马祖识个俊底。话尽山云海月情，东家杓柄长，西家杓柄短，知他打葛藤多少？依前不会还飞去。因，莫道他不会言，飞过什么处去？欲飞去，鼻孔在别人手里，已是与他下注脚了也。却把住，老婆心切，更道什么？道！道！"什么道？不可也教山僧道，不可作野鸭子叫。苍天！苍天！脚跟下好与三十棒，不知向什么处去。

注释

①**侍者寮**：佛教寺院中供侍僧住的宿舍。

译文

马祖大师与徒弟百丈一起外出，看见一群野鸭子从空中飞过。马祖便问百丈：“是什么？”“野鸭子。”“它们飞往哪里？”百丈不说去哪里，只答道：“飞过去了。”马祖便狠狠捏住百丈的鼻子，百丈忍痛不住，不禁口中叫出声，马祖便说：“这哪里曾飞去了！”

评唱

第二天，马祖登堂讲法，众僧徒才到，百丈便出来卷起拜席。马祖见状，未说一句话就走下讲习台，回到方丈。他让人把百丈叫来，问他道：“我刚才上法堂还未说法，你为什么就出来卷起拜席？”百丈说：“我昨日被老师捏得鼻孔生痛。”“你昨天被捏时在想什么？”“我今天鼻头又不痛了。”马祖便说：“你已深知今日的事了，下去吧！”百丈礼拜而退，返回自己的屋里却大声哭起来。和他一起的一位侍僧见他如此悲伤，便问他：“你为什么哭？”“你去问老师。”侍僧去问马祖，马祖却也说：“你去问他自己。”侍僧返回屋里问百丈，百丈却哈哈大笑。僧人迷惑不解，问他道：“你一会哭，一会却笑，这是为什么？”百丈说：“我刚才哭，如今却笑，就是这样！”

雪窦和尚对这则公案颂道：“野鸭子，知何许，马祖见来相共语。话尽山云海月情，依前不会还飞去。欲飞去，却把住。道！道！”野鸭子飞到哪里去了，马祖见状与百丈共语。话若山云推涌，海上月生，真情尽显。可百丈依然不解，说“飞走了”。马祖于是把要飞走的百丈的心牢牢抓住了，不让他迷失本性。

五四

原典

举云门问僧：“近离甚处？”不可也道西禅，探竿影草，不可道东西南北。僧云：“西禅。”①果然，可杀实头，当时好与本分草料。门云：“西禅近日有何言句？”欲举恐惊和尚。深辨来风，也似和尚相似寐语。僧展两手，败阙了也。勾贼破家，不妨令人疑着。门打一掌。据令而行，好打，快便难逢。僧云：“某甲话在。”尔待要翻款那，却似有搀旗夺鼓底手脚。门却展两手，险！驾与青龙不解骑。僧无语，可惜。门便打。不可放过，此棒合是云门吃。何故？当断不断，返招其乱。阇黎合吃多少？放过一着，若不放过合作么生？

注释

①**西禅：**宋初禅僧，福州人，生卒年不详。又名鼎需。初习儒典，因读《遗教经》而剃染入道，师从大慧杲禅师得悟，后主福州西禅，学人云集，名满宇内。

译文

云门和尚问一位修行僧："最近你从哪里来？""从西禅和尚处来。"云门又问："西禅和尚最近说了些什么？"僧人什么也没回答，只是做了个摊开双手的动作。云门见此机锋也未言语，而是举手打了这僧一掌。僧人急忙说道："我还有话要说。"正在他开口欲辩时，云门却摊开了双手。僧人无言以对，云门便举手又打。禅贵在自得，而不拘泥于一言一语、一招一式，更不可一味模仿他人的机锋。

五五

原典

举道吾与渐源[1]至一家吊慰。源拍棺云："生邪？死邪？"道什么？好不惺惺，这汉犹在两头。吾云："生也不道，死也不道。"龙吟雾起，虎啸风生，买帽相头，老婆心切。源云："为什么不道？"蹉过了也，果然错会。吾云："不道！不道！"恶水蓦头浇，前箭犹轻后箭深。回至中路，太惺惺。源云："和尚快与某甲道，若不道，打和尚去也。"却较些子，罕逢穿耳客，多遇刻舟人。似这般不唧嵧汉，入地狱如箭。吾云："打即任打，道即不道。"再三须重事，就身打劫，这老汉满身泥水，初心不改。源便打。好打且道，打他作什么？屈棒元来有人吃在。后道吾迁化，源到石霜，举似前话。知而故犯，不知是不是，是则也大奇。霜云："生也不道，死也不道。”可杀新鲜，这般茶饭却元来有人吃。源云：“为什么不道？”语虽一般，意无两种，且道与前来问是同是别？霜云：“不道！不道！”天上天下，曹溪波浪如相似，无限平人被陆沉。源于言下有省。瞎汉！且莫瞒山僧好。

源一日将锹子于法堂上，从东过西，从西过东。也是死中得活，好与先师出气。莫问他，且看这汉一场懡㦬。霜云：“作什么？”随后娄薮也。源云：“觅先师灵骨。”丧车背后悬药袋，悔不慎当初，尔道什么？霜云：“洪波浩渺，白浪滔天，觅什么先师灵骨？”也须还他作家始得，成群作队作什么？雪窦着语云：“苍天！苍天！”太迟生，贼过后张弓，好与一坑埋却。源云：“正好着力。”且道落在什么处？先师曾向尔道什么？这汉从头到尾，直至如今出身不得。太原孚云：“先师灵骨犹在。”大众见么？闪电相似，是什么破草鞋，犹较些子。

注释

①**渐源：**唐代禅僧，生年不详，嗣道吾智禅师，为青原四世裔。又名仲兴，因住潭州渐源而名。

译文

道吾和尚与弟子渐源，去某丧家吊唁。渐源用手拍拍棺材，问道吾：“师父，里面的人是生是死？”道吾回答说：“不能说是生，也不能说是死。”渐源又问：“为什么不能说？”“不能说就是不能说。”回寺院途中，渐源仍不甘心，对道吾说：“老师，你还是快点告诉我吧！不然的话，我就要打人了。”道吾回答道：“说我是不说的，你要打便打。”渐源气愤至极，果真揍了老道吾一顿。后来道吾圆寂了，渐源去师兄石霜和尚处，也问他同样的问题。石霜的回答与道吾一样，也是对他说："不能说是生，也不能说是死。"渐源惊奇地追问："为什么不能说？"石霜也不让步："不能说就是不能说。"渐源言下大悟。

有一天，渐源拿着一把锹来到法堂。他从东面走到西面，又从西边走到东边。石霜问他："你在干什么？""我在找师父的灵骨。"石霜说："洪波浩渺，白浪滔天，佛法遍在，真如处处，你何必偏要去找先师的灵骨呢？"渐源听罢，缓缓说道："你说得对，这也正是我的心里话。"太原孚上座听说此事后，感叹道："先师道吾的灵骨还在啊！"

五六

原典

垂示云：诸佛不曾出世，亦无一法与人。祖师不曾西来，未尝以心传授。自是时人不了，向外驰求。殊不知自己脚跟下，一段大事因缘，千圣亦摸索不着。只如今见不见、闻不闻、说不说、知不知，从什么处得来？若未能洞达，且向葛藤窟里会取。试举看：

举良禅客问钦山："一镞[①]破三关时如何？"崄！不妨奇特，不妨是个猛将。

山云："放出关中主看。"劈面来也，也要大家知，主山高，按山低。良云："恁么则知过必改。"见机而作，已落第二头。山云："更待何时？"有擒有纵，风行草偃。良云："好箭放不着所在。"便出。果然，拟待翻款那，第二棒打人不痛。山云："且来，阇黎！"呼则易，遣则难。唤得回头，堪作什么？良回首，果然把不住，中也。山把住云："一镞破三关即且止，试与钦山发箭看。"虎口里横身，逆水之波，见义不为无勇也。良拟议。果然摸索不着，打云，可惜许。山打七棒，云："且听这汉疑三十年。"令合恁么。有始有终，头正尾正，这个棒合是钦山吃。

评唱

良禅客也不妨是一员战将，向钦山手里，左盘右转，坠鞭闪镫。末后可惜许，弓折箭尽。虽然如是，李将军自有嘉声在，不得封侯也是闲。这个公案，一出一入，一擒一纵，当机觌面②提，觌面当机疾，都不落有无得失，谓之玄机。

注释

①**镞**：箭头。

②**觌面**：相见、面对面。

译文

垂示说：诸佛不曾出世为人说法，祖师也未曾西来传授心印。时人寻法求道，四处云游，自是自己不解佛之深意。岂不知自己的脚跟下，便是一段参不透的因缘。

即使是诸方师家也看不透。岂不悲哀！如今的人见不见、闻不闻、说不说、知不知，究竟从哪里得来的？若未能知晓，且参这则公案。

公案

巨良禅师问钦山和尚："一支箭能破三重关卡，你认为怎么样？"钦山说："照你的说法，似乎是把关主射住了，你在我面前试试你的箭法吧！"巨良说："这么说我射错了，我知过必改。"钦山却追问道："你还不快射，更待何时？"巨良说："放是放了一支好箭，只是没射中目标。"说完便起身要走。钦山招呼他："你过来一下！"等巨良刚转过身来，钦山便一把抓住巨良，对他说："你且把一箭破三关的问题放下，先试试能否把老衲射倒！"巨良刚想开口，钦山举起禅棒揍了他七棒，对他说："你听着，今后三十年就参疑这个问题吧！"

评唱

巨良和尚不愧是位久参禅的高手，他与钦山左盘右转，机锋迭起。只可惜与钦山相比，禅法尚浅，最后弓折箭尽，落在下风。虽然如此，巨良仍不失为一代禅匠。这个公案中，两人一出一入，一擒一纵，当面呈机，都不落有无得失中，真可谓一则玄妙禅机。

五七

原典

垂示云：未透得已前，一似银山铁壁；及乎透得了，自己元来是铁壁银山。或有人问且作么生，但向他道：若尚个里露得一机，看得一境，坐断要津，不通凡圣，未为分外。苟或未然，看取古人样子。

举僧问赵州：“‘至道无难，唯嫌拣择’，如何是不拣择？”这铁蒺藜，多少人吞不得，大有人疑着在，满口含霜。州云：“天上天下，唯我独尊。”平地上起骨堆，衲僧鼻孔一时穿却，金刚铸铁券。僧云：“此犹是拣择。”果然随他转了也，拶着这老汉。州云：“田厍奴①，什么处是拣择？”山高，石裂。僧无语。放尔三十棒，直得目瞪口呿。

评唱

雪窦颂云：“似海之深，是什么度量？渊源难测，也未得一半在。如山之固，什么人撼得？犹在半途。蚊虻弄空里猛风，也有恁么底，果然不料力，可杀不自量。蝼蚁撼于铁柱。同坑无异土，且得没交涉。阇黎与他同参。拣兮择兮，担水河头卖，道什么赵州来也？当轩布鼓②！”已在言前一坑埋却。如麻似粟打云，塞却尔咽喉。

注释

①**田厍奴：**一种乡间骂人语，意指人无意无智。

②**轩布鼓：**敲布鼓。布鼓，以布为面的鼓，敲而无声。

译文

垂示说：未参透以前，眼前若有一座银山铁壁，高不可攀；等到参透了，才知自己原来是座铁壁银山，深不可测。如有人问这是什么意思，只向他说：若他露出一机，显出一境，能坐断要津，打破一切差别，超凡越圣，还说得过去。若不能，且看古人的机锋。

公案

有一位僧人问赵州和尚："你说'至道无难，唯嫌拣择'，那么，怎样才能不拣择？"赵州回答道："天上天下，唯我独尊。"僧人辩论道："这仍然是拣择，是生了分别心。"赵州厉声喝道："蠢货！拣择在什么地方？"僧人无言以对。

评唱

雪窦对这则公案颂道："似海之深，如山之固。蚊虻弄空里猛风，蝼蚁撼于铁柱。拣兮择兮，当轩布鼓。"在雪窦和尚看来，赵州机锋老到，稳妥而锐利，僧人的举问，无异于蚊虻展翅戏猛风，蝼蚁伸脚撼铁柱。僧人虽有拨虎须的胆量，但火候欠佳，不免如击布鼓而无声。

五八

原典

举僧问赵州："'至道无难，唯嫌拣择'，是时人窠窟否？"两重公案，也是疑人处。踏着秤锤硬似铁，犹有这个在。莫以己妨人。州云："曾有人问我，直得五年分疏不下。"面赤不如语直，胡孙吃毛虫，蚊子咬铁牛。

评唱

赵州平生不行棒喝，用得过于棒喝。这僧问得来，也甚奇怪。若不是赵州，也难答伊。盖赵州是作家，只向伊道："曾有人问我，直得五年分疏不下。"问处壁立千仞，答处亦不轻他。只恁么会直是当头，若不会，且莫作道理计较。

投子宗道者，在雪窦会下作书记。雪窦令参"至道无难，唯嫌拣择"，于此有省。一日，雪窦问他："'至道无难，唯嫌拣择'，意作么生？"宗云："畜生！畜生！"后隐居投子，凡去住持，将袈裟裹草鞋与经文。僧问："如何是道者家风？"宗云："袈裟裹草鞋。"僧云："未审意旨如何？"宗云："赤脚下桐城。"所以道，献佛不在香多，若透得脱去，纵夺在我，既是一问一答，历历现成。

译文

有一位修行僧问赵州："你说的'至道无难，唯嫌拣择'，难道不是往后禅僧们的窠穴，让无数人陷入而不能自拔？"赵州回答说："曾经有人拿这话问我，直让我五年百思不解，分疏不下。"

评唱

赵州一生不以棒喝示人，但机锋过于棒喝。这僧问得老练，若不是赵州，也难应答他。只因赵州是行家，才如此作答。问话处如壁立千仞，甚是险峻；作答处亦道高一尺，自有家风。这么理解才算当下有悟，若理解不到这里，切莫妄加猜测。

宗道和尚曾在雪窦门下做文书。雪窦让他参"至道无难，唯嫌拣择"，他于是有悟。一日，雪窦问他："'至道无难，唯嫌拣择'是什么意思？"宗道便道："畜生！畜生！"他后来隐居投子山，凡是去住持寺院，便把草鞋与经卷夹在袈裟里。有僧问他："什么是道者家风？"宗道回答说："袈裟下夹草鞋。"僧人迷惑不解，又追问他："请问你说的是什么意思？"宗道悠然说道："赤脚下桐城。"所以，献佛不在香的多少，若能透得桶底脱落，即能纵横自如，在一问一答中，禅法历历现成。

五九

原典

举僧问赵州："'至道无难，唯嫌拣择。再运前来，道什么？三重公案。才有语言是拣择。满口含霜。'和尚如何为人？拶着这老汉。囫！"州云："何不引尽这语？"贼是小人，智过君子。白拈贼骑贼马趁贼。僧云："某甲只念到这里。"两个弄泥团汉，逢着个贼，垛根难敌手。州云："只这至道无难，唯嫌拣择。"毕竟由这老汉，被他换却眼睛，捉败了也。

译文

有一位僧人问赵州和尚："你说过'至道无难，唯嫌拣择。而用语言来表达这一真理便是拣择'，那么老师你是怎么垂示学僧的呢？"赵州反问他："你为什么不引完我的全话？"僧人回答："我只念到这里。"赵州答道："在你身上正是这'至道无难，唯嫌拣择'啊！"

六〇

原典

举云门以拄杖示众云点化在临时，杀人刀活人剑，换却尔眼睛了也。："拄杖子化为龙，何用周遮？用化作什么？吞却乾坤了也，天下衲僧性命不存，还碍着咽喉么？阇黎向什么处安身立命？山河大地甚处得来？十方无壁落，四面亦无门，东西南北，四维上下，争奈这个何？”

评唱

古人道：“一尘才起，大地全收。”且道是那个一尘？若识得这一尘，便识得拄杖子。才拈起拄杖子，便见纵横妙用。恁么说话，早是葛藤[1]了也，何况更化为龙？

注释

①**葛藤：**常用来比喻束缚人的言行的语言、文字，有时禅僧们用来代指公案。

译文

云门手持禅杖对众僧徒说：“我把这禅杖化为龙，把天地都吞没了，山河大地从何而得呢？”

评唱

古人曾说：“一尘才起，大地全收。”且说这一尘是什么？若能理解这一尘，便也会理解云门手中的禅杖。在他刚拿起它时，就会见其机锋妙用。如若这么说的话，早已是葛藤打成了，更何况要把禅杖化为龙呢？

卷七

六一

原典

垂示云：建法幢立宗旨，还他本分宗师。定龙蛇别缁素[1]，须是作家知识。剑刃上论杀活，棒头上别机宜，则且置。且道“独据寰中事”一句，作么生商量？试举看：

举风穴垂语云兴云致雨，也要为主为宾。：“若立一尘，我为法王于法自在，花簇簇，锦簇簇。家国兴盛；不是他屋里事。不立一尘，扫踪灭迹，失却眼睛，和鼻孔失也。家国丧亡。一切处光明，用家国作什么？全是他家屋里事。”雪窦拈拄杖云须是壁立千仞始得，达磨来也。：“还有同生同死底衲僧么？”还我话头来。虽然如是，要平不平之事，须于雪窦商量始得，还知么？若知，许尔自由自在。若不知，朝打三千，暮打八百。

评唱

南泉示众云：“黄梅七百高僧，尽是会佛法底人，不得他衣钵。唯有卢行者②，不会佛法，所以得他衣钵。”

注释

①**缁素：**黑白，禅僧多用作分辨之义。

②**卢行者：**即六祖惠能。惠能初到黄梅出家，五祖命他干杂活，众僧皆称他为卢行者。

译文

垂示说：建大法立宗旨，方显为本分宗师。定龙蛇别黑白，才是行家本色。若说在剑刃上论杀活，棒头上别机宜，暂且放在一边。先说说“独据寰中事”一句，究竟是什么意思？

公案

风穴和尚开示弟子时说：“若立一法，家国兴盛；不立一法，家国丧亡。”雪窦和尚见此语后，手持禅杖喝问道：“天底下还有同生同死的禅僧吗？”有禅性的杖便是既可兴邦又可灭国的力量的象征。

评唱

南泉和尚垂示众僧徒说：“五祖弘忍在黄梅传法时，门下七百余位高僧，都是精通佛法的，可终不得他衣钵。唯有卢行者惠能不懂佛法，所以能承他衣钵。”

六二

原典

垂示云：以无师智，发无作妙用；以无缘慈，作不请胜友[①]。向一句下有杀有活；于一机中有纵有擒。且道什么人曾恁么来？试举看：

举云门示众云：“乾坤之内，土旷人稀，六合收不得。宇宙之间，休向鬼窟里作活计，蹉过了也。中有一宝，在什么处？光生也。切忌向鬼窟里觅。秘在形山[②]。拶点。拈灯笼向佛殿里，犹可商量。将三门来灯笼上。云门大师是即是，不妨誵讹，犹较些子。若子细捡点将来，未免屎臭气。”

评唱

且道云门意在钓竿头，意在灯笼上？此乃肇法师《宝藏论》数句，云门拈来示众。肇公时于后秦逍遥园造论，写《维摩经》，方知庄老未尽其妙。肇乃礼罗什为师，又参瓦棺寺跋陀婆罗菩萨。从西天二十七祖处传心印来，肇深造其堂奥。肇一日遭难，临刑之时，乞七日假，造《宝藏论》。云门便拈论中四句示众。

镜清问曹山：“清虚之理，毕竟无身时如何？”山云：“理即如是，事作么生？”清云：“如理如事。”山云：“瞒曹山一人即得，争奈诸圣眼何？”清云：“若无诸圣眼，争知不恁么？”山云：“官不容针，私通车马。”③所以道：“乾坤之内，宇宙之间，中有一宝，秘在形山。”大意明人人具足、个个圆成④。

古人云：“无明实性即佛性，幻化空身即法身。”又云：“即凡心而见佛心。”形山即是四大五蕴也，中有一宝，秘在形山。所以道，诸佛在心头，迷人向外求，内怀无价宝，不识一生休。又道：“佛性堂堂显现，住相有情难见，若悟众生无我⑤，我面何殊佛面？心是本来心，面是娘生面，劫石可移动，个中无改变。”

雪窦颂云：“看！看！高着眼，用看作什么？骊龙玩珠。古岸何人把钓竿？孤危甚孤危，壁立甚壁立，贼过后张弓，脑后见腮，莫与往来。云冉冉，打断始得，百匝千重，炙脂帽子，鹘臭布衫。水漫漫，左之右之，前遮后拥。明月芦花君自看。看着则瞎。若识得云门语，便见雪窦末后句。”

注释

①**不请胜友：**不请自至，胜似朋友。

②**形山：**指代人的身体。

③**官不容针，私通车马：**意谓法律严密，不容丝毫含糊，然以私下人情却大有通融余地。

④**圆成：**意指自性圆满无缺。

⑤**无我：**亦称“非我”“非身”，佛教“三法印”之一，指世界一切事物皆无独立的实在自体。有两类：人无我，

是说人由五蕴假和合而成，没有常恒自在的主体；法无我，认为一切法都由种种因缘和合而生，不断变迁，无常恒坚实的自体。小乘佛教一般只讲人无我，大乘则主张二无我。

译文

垂示说：以自明本心化为无作妙用，启示后人；怀如来慈悲踏入苦海，普度众生。一言一语中，有杀有活；一机一锋里，有纵有擒。且说什么人曾能如此？

公案

云门和尚曾向门下僧徒启示道："在这广阔的天地间，在这无垠的宇宙里，有一至宝，它就秘藏在我们的体内。当我们打着灯笼去佛殿里礼拜它时，这至宝却把三门载于灯笼上。"

评唱

云门如此说，且道他的用意在钓鱼竿头，还是在拜佛引路的灯笼上？他用来垂示众僧的这几句话，原出自僧肇法师的《宝藏论》中。肇法师当时在后秦的逍遥园，抄写《维摩经》时，他方晓佛法深邃，老庄之谈未能尽妙。僧肇于是拜罗什为师，又去瓦棺寺跋陀婆罗菩萨处参学。遍习西天二十七位祖师的传法心印，终入其堂奥。

后来肇法师遭难，临刑之时，他乞请宽限七日，著成《宝藏论》一书。云门就是拿此书中的四句来开示众人的。

镜清和尚一日问曹山：“清虚之理，当完全无身无相时怎么样？”曹山未直接作答，而是反问道：“理这样时，事怎么样呢？”镜清答道：“有什么样的理，便有什么样的事，事理如一。”曹山说：“你骗我一人还可以，又怎能逃过诸圣慧眼呢？”镜清反驳道：“你若无诸圣慧眼，怎么知道不是这样？”曹山答道：“官不容针，私通车马。”由此，云门所说的“乾坤之内，宇宙之间，中有一宝，秘在形山”，其意是指人人具足本性，个个即性成佛。

古人有言：“无明实性即佛性，幻化空身是法身。”又说：“即平常心而见佛心。”人的身体由四大五蕴而成，有一至宝秘藏于中。诸佛在己心头，迷人却向外求，内怀不识之宝终其一生。其实，佛性昭然显现，只是人们执住色相、萌生情识，因而难见其本来面目。若能悟得人我皆空，我与佛又有何不同？这真是：心是本来心，面是娘生面，劫石可移动，只此无改变。

雪窦对这则公案颂道：“看！看！古岸何人把钓竿？云冉冉，水漫漫，明月芦花君自看。”瞧！在静谧的古岸边，云门手把钓竿。雾霭冉冉升起，海水漫漫荡漾，明月芦花相互辉映。这是何等的境界啊！

六三

原典

举南泉一日东西两堂争猫儿，不是今日合闹，也一场漏逗。南泉见，遂提起云："道得即不斩。"正令当行，十方坐断。这老汉有定龙蛇手脚。众无对，可惜放过，一队漆桶堪作什么？杜撰禅和如麻似粟。泉斩猫儿为两段。快哉！快哉！若不如此，尽是弄泥团汉，贼过后张弓，已是第二头，未举起时好打。

评唱

古人道："穷则变，变则通。"而今人不解变通，只管向语句上走。南泉恁么提起，不可教人合下得甚语，只要教人自荐[1]，各各自用自知。若不恁么会，卒摸索不着。

雪窦当头颂云："两堂俱是杜禅和[2]，亲言出亲口，一句道断，据款结案。拨动烟尘不奈何。看你作什么折合？现成公案，也有些子。赖得南泉能举令，举拂子云：一似这个，王老师犹较些子。好个金刚王宝剑，用切泥去也。一刀两段任偏颇。百杂碎，忽有人按住刀，看他作什么？不可放过也，便打。"

注释

①**自荐：**自己领会。

②**杜禅和：**禅家对那些不懂参之真义、妄生事端的僧人的讥称。

译文

一日，南泉禅院东西两堂的僧人为一只猫引发了一场争执，互不相让。南泉和尚见状，便把猫提起来，说：“你们如果能说出一句与佛性有关的话，我就不杀这只猫。如若不然，莫怪我手下无情了。”众僧顿时安静下来，却无一人能对答一句。南泉便手起刀落，将猫斩为两段。

评唱

古人说：“穷则变，变则通。”可如今的参学之人不懂得随机应变，只一味在语句上寻佛求道，岂不是枉费一番心思。南泉提起猫时并非让人当下说什么话，只是教人要自己领会，各各自用，自知家珍。若不能理解到这里，终究如瞎人摸象一般。

雪窦和尚对这则公案颂道：“两堂俱是杜禅和，拨动烟尘不奈何。赖得南泉能举令，一刀两段任偏颇。”

东西两堂的和尚尽是些参禅不到家的僧人。他们为一只猫发生了争吵，相持不下，直驳得喉舌冒烟，禅堂起尘，仍毫无结果。幸亏南泉挥起一刀，斩断了众僧争执的对象。也许僧人不该犯杀生之戒，但是是是非非，是偏是颇，且由他人评说好了！

六四

原典

举南泉复举前话[1]问赵州，也须是同心同意始得，同道者方知。州便脱草鞋，于头上戴出。不免拖泥带水。南泉云："子若在，恰救得猫儿。"唱拍相随，知音者少，将错就错。

评唱

人多错会道，赵州权将草鞋作猫儿；有者道，待他云"道得即不斩"，便戴草鞋出去，自是尔斩猫儿，不干我事！且得没交涉，只是弄精魂[2]，殊不知古人意，如天普盖，似地普擎。他父子相投，机锋相合。那个举头，他便会尾。如今学者不识古人转处，空去意路上卜度。若要见，但去他南泉、赵州转处便见好。

颂云："公案圆来问赵州，言犹在耳，不消更斩，丧车背后悬药袋。长安城里任闲游；得恁么快活，得恁么自在，信手拈来草，不可不教尔恁么去也。草鞋头戴无人会，也有一个半个，别是一家风，明头也合暗头也合。归到家山即便休。脚跟下好与三十棒，且道过在什么处？只为尔无风起浪，彼此放下只恐不恁么，恁么也太奇。"

注释

①**前话：**指东西两堂争猫，南泉斩猫一事。

②**弄精魂：**白费心思、故弄玄虚。

译文

南泉和尚挥刀斩猫的那天晚上，高徒赵州外出归来，南泉便把白天发生的事对他讲了一遍，并问他怎么样。赵州听罢，也无言语，只是从脚上脱下草鞋，顶在头上走了出去。南泉当下便说："你当时若在场，正救了猫儿的命。"

评唱

对这则公案，人们多不解其深意。有的说，赵州是拿草鞋当猫儿；也有人说，待南泉说"道得即不斩"，赵州头顶草鞋便出，他作如此回答，意指不管你猫不猫，斩是不斩，都不干我事！这样说的人，其实都是枉费心思，而不解古人深意如天普盖，似地普擎。南泉与赵州师徒两人，机锋相投、相合。一个举头，一个便知其尾。如今参学之人，不知古人机锋转处，徒在表意上卜度，怎能知佛法的精深处？若想领会，不妨在南泉与赵州的机锋中参见。

雪窦和尚颂道："公案圆来问赵州，长安城里任闲游；草鞋头戴无人会，归到家山即便休。"

斩猫断执并不能使公案圆满，南泉对赵州旧事重提，也非随意之谈。师徒二人的问答是那么自在，仿佛置身于宽阔的长安大街上信步闲游。师父有斩猫的自由，赵州则有头顶草鞋漫步而出的举动，只是这一举动无人能会。闲游自然不错，但关键还是能回到家中。自家才是伸脚歇息的真正地方。斩断事执为权宜之计，无所执着、无心而应方显佛法精髓。

古人说：“长安虽乐，不是久居。”又有言：“长安甚闹，我国晏然也。”这须是参透机锋后才会悟到的大智慧。

六五

原典

举外道问佛：“不问有言，不问无言。”虽然如是，屋里人也有些子香气，双剑倚空飞，赖是不问。世尊良久。莫谤世尊，其声如雷，坐者立者皆动他不得。外道赞叹云：“世尊大慈大悲，开我迷云，令我得入。”伶俐汉一拨便转，盘里明珠。外道去后，阿难问佛：“外道有何所证而言得入？”不妨令人疑着，也要大家知，锢鏴着生铁。佛云：“如世良马，见鞭影而行。”且道唤什么作鞭影？打一拂子，棒头有眼明如日，要识真金火里看，拾得口吃饭。

评唱

此事若在言句上，三乘十二分教岂是无言句？或道无言便是，又何消祖师西来作什么？只如从上来许多公案，毕竟如何见其下落？这一则公案，话会者不少，有底唤作良久，有底唤作据坐，有底唤作默然不对，且喜没交涉，几曾摸索得着来？此事其实不在言句上，亦不离言句中，若稍有拟议，则千里万里去也。看他外道省悟后，方知亦不在此，亦不在彼；亦不在是，亦不在不是。且道是个什么？

百丈常和尚[①]参法眼，眼令看此话。法眼一日问："尔看什么因缘？"常云："外道问佛话。"眼云："尔试举看。"常拟开口，眼云："住！住！尔拟向良久处会那。"常于言下忽然大悟。

沩山真如拈云："外道怀藏至宝，世尊亲为高提。森罗显现，万象历然[②]。"且毕竟外道悟个什么？如趁狗[③]逼墙，至极则无路处。他须回来，便乃活鱍鱍地。若计较是非，一时放下情尽见除，自然彻底分明。

世尊会看风使帆，应病与药，所以良久。全机提起，外道全体会去，机轮便阿辘辘地转，亦不转向有，亦不转向无。不落得失，不拘凡圣，二边一时坐断，世尊才良久，他便礼拜。如今人多落在无，不然落在有，只管在有无处两头走。

注释

①**百丈常和尚：**宋初僧人，名道常，生年不详，出家于洪州百丈大智院，参清凉大法眼得法。门下做侍僧多年，后因本山恳请，去做住持，学人萃聚，盛极一

时。淳化二年（公元九九一年）圆寂。

②**历然**：清清楚楚、清晰分明。

③**趁狗**：追逐狗。趁，追赶。

译文

有一位外道僧人问释迦牟尼："我不问可以用语言、文字表达的真理，也不问不可以用语言、文字表达的真理。"外道人的问话甚是锐利，世尊是如何应对的呢？如若开口，便是有言；沉默不语，却是无言。世尊据座良久，却仿佛没听见外道人的问话似的。外道人见状，赞叹道："世尊真是大慈大悲，让我迷眼顿开，得入无相境界。"外道人离开后，阿难问佛陀道："外道人有何印证，便说顿悟了？"佛陀淡然地回答说："只如世上的良马，见鞭影便行。"

评唱

这个公案确实难参。若说言句上的不是，佛法三乘十二分教岂是无言句吗？如说无言才是道，又何必祖师西来，多此一举？从古至今，许多公案究竟如何见其落处？不少人自称知晓这则公案的底细，有的说在"良久"，有的说在据座，有的说是沉默不语。但终究摸索不着。其实，答案既不在言句上，也不离言句中，若稍不留意，便差之千里了。不见外道开悟后，方知亦不在此，亦不在彼；既不在是，也不在不是。你且说究竟是个什么？

百丈山的住持道常和尚曾在法眼和尚处参学，法眼让他参此公案。一日，法眼问他：“你近日在看什么？”道常回答：“外道问佛话。”法眼便请他谈谈他的见处。道常刚要开口说话时，法眼却说：“不要说！不要说！你着眼于‘良久’就会开悟的。”道常于言下大悟。

沩山禅师说：“外道人身怀至宝而来，世尊亲自为他提携垂示，使他顿然开悟。森罗显现，万象历然。”可究竟外道人悟着个什么？这就像一条狗被逼在墙下，到了墙角便再无路可走。它若能回头，便有广阔的空间让它活蹦乱跳。对这则公案亦当如是看。若能将是非的执着放下，情见尽除，自然彻底分明。

其实，世尊良久亦是有因。他接引人懂得看风使帆、应病与药。外道人全机来问，世尊便全机提起垂示，外道人尽然领悟，机轮便飞转起来，既不转向有，也不转向无。不落得失，不拘凡圣，二边一齐坐断，世尊才良久，外道人即礼拜。如今人多落在无，不然便落在有，只管在有无之间两头走，世尊的灵机大用终是不能见。

六六

原典

举岩头问僧：“什么处来？”未开口时，纳败缺了也。穿过髑髅，要知来处也不难。僧云：“西京来。”果然一个小贼。头云：“黄巢[①]过后，还收得剑么？”平生不曾做草贼，不惧头落，便恁么问，好大胆。僧云：“收得。”败也，未识转身处，茅广汉如麻似粟。岩头引颈近前云：“囫！”也须识机宜始得，陷虎之机，是什么心行？僧云：“师头落也。”只见锥头利，不见凿头方，识甚好恶？着也。岩头呵呵大笑。尽天下衲僧不奈何，欺杀天下人，寻这老汉头落处不得。僧后到雪峰，依前颟顸蒙懂，这僧往往十分纳败缺去。峰问：“什么处来？”不可不说来处，也要勘过。僧云：“岩头来。”果然纳败缺。峰云：“有何言句？”举得不免吃棒。僧举前话，便好赶出。雪峰打三十棒赶出。虽然斩钉截铁，因甚只打三十棒，拄杖子也未到折在，且未是本分，何故？朝打三千，暮打八百。若不是同参，争辨端的？虽然如是，且道雪峰、岩头落在什么处？

评唱

岩头大笑，他笑中有毒。若有人辨得，天下横行。这僧当时若辨得出，千古之下，免得检责[②]。于岩头门下，已是一场蹉过。看他雪峰老人是同参，便知落处，也不与他说破，只打三十棒赶出院，可以光前绝后。这个是拈作家衲僧鼻孔为人底手段，更不与他如之若何，教他自悟去。

投子问盐平僧云：“黄巢过后，收得剑么？”僧以手指地。投子云：“三十年弄马骑，今日却被驴子扑。”看这僧，也不妨是个作家，也不道收得，也不道收不得。与西京僧，如隔海在。

注释

①**黄巢：**传说中的一种古代名剑，剑的主人为唐末农民起义领袖黄巢，故名。

②**检责：**检讨，责备。

译文

岩头和尚问一位云游僧："你从哪里来？""从西京长安来。"岩头又问："黄巢之后，不知再有没有那样锋利的天赐宝剑？"僧人答道："我就持有一柄。"岩头于是伸出头，靠近僧人，对他说："来吧！"既然身怀利刃宝剑，不妨在我面前试一试！僧人说道："老师的头已经落地了。"岩头却哈哈大笑。后来，这位僧人又去参雪峰和尚。雪峰问他："你从哪里来？""从岩头和尚处来。"雪峰又问："岩头说了些什么？"僧人便把他参岩头时的情形复述了一遍。雪峰听后，二话不说，提起禅杖狠狠揍了他一顿，把他打发走了。

评唱

这则公案中，岩头大笑，他笑里藏刀。若有人能辨识出，便能横行天下无阻。这僧若当时能知晓，也免得他死之后，让人说三道四。他在岩头和尚处，错过开悟的机会。而雪峰与岩头是同门师兄弟，他虽知岩头的落处，也不给这僧说破，只是狠揍他一顿，赶了出去。这手法真是高明，捏住了僧人的鼻孔，却不告诉他为什么，只让他自己悟去。

投子和尚曾问盐平僧同样的问题："黄巢以后，不知再有没有锋利的天赐宝剑？"僧人也不言语，只以手指地。投子感叹不已："三十年来驯马骑，不想今日却被驴子扑倒了。"盐平僧也可算个行家，既不说有剑，也不说无剑，自是不落投子的圈套。从西京长安来的那位僧人与他相比，相去何止千里！

六七

原典

举梁武帝请傅大士讲《金刚经》。达磨兄弟来也，鱼行酒肆即不无，衲僧门下即不可。这老汉老老大大作这般去就。大士便于座上挥案一下，便下座。直得火星迸散，似则似，是则未是，不烦打葛藤。武帝愕然。两回三度被人瞒，也教他摸索不着。志公问："陛下还会么？"觉理不觉情，胳膊不向外，也好与三十棒。帝云："不会。"可惜许。志公云："大士讲经竟。"也须逐出国始得。当时和志公一时与赶出国，始是作家。两个汉同坑无异土。

评唱

梁高祖武帝，萧氏，讳衍，字叔达。立功业，以至受齐禅。即位后，别注《五经讲议》，奉黄老甚笃，而性至孝。一日，思得出世之法，以报劬劳，于是舍道事佛，乃受菩萨戒于娄约法师处。披佛袈裟，自讲《放光般若经》，以报父母。时志公大士以显异惑众，系①于狱中。志公乃分身，游化城邑。帝一日知之，感悟极推重之。志公数行遮护②，隐显逮不可测。时婺州有大士者，居云黄山，手栽二树，谓之双林，自称当来善慧大士。一日修书，命弟子上表闻于帝，时朝廷以其无君臣之礼不受。傅大士将入金陵城中卖鱼，时武帝或请志公讲《金刚经》，志公曰："贫道不能讲，市中有傅大士者，能讲此经。"帝下诏召之入禁中。

颂云："不向双林寄此身，只为他把不住，囊里岂可藏锥？却于梁土惹埃尘，若不入草，争见端的，不风流处也风流。当时不得志公老，作贼不须本，有牵伴底瘸儿。也是栖栖去国人。正好一状领过，便打。"

注释

①系：关押。

②遮护：掩蔽，庇护。

译文

一次，梁武帝请傅大士讲《金刚经》。大士在讲台上却什么也没说，只拍了一下惊堂木，就离座而去。武帝十分诧异。身边的志公问他："陛下，你明白了吗？""不明白。"志公对他说："傅大士已经讲完经了。"

评唱

梁高祖武帝，姓萧，名衍，字叔达。屡建功业，继南齐后立梁国。即位后，集注《五经讲议》，尤奉黄老之学，而且事亲十分孝顺。一日，武帝忽悟佛法大意，于是舍道奉佛，在慧约法师处受菩萨戒。他曾身披佛僧袈裟，亲自讲解《放光般若经》，为死去的父母"追福"。当时的志公大士因其异行惑众，被关在狱中。志公便施分身术，在城里云游化斋。武帝一日知道这件事后，便下令释放他，以重礼待之。志公行踪诡秘，人们多不知其深浅。婺州有位僧人，在居所云黄山栽了两棵树，起名"双林"，自称善慧大士。他修书呈言，令弟子傅暀去都城上表武帝，朝廷却以无君臣之礼为由，不予受理。傅大士只好在金陵城中卖鱼为生，等待时机。不久，武帝请志公讲《金刚经》，志公说："我讲不了，集市中有位卖鱼的傅大士，他能讲解此经。"武帝于是下诏书，将傅大士召入宫中，讲解《金刚经》。

雪窦和尚对这则公案作颂评述道："不向双林寄此身，却于梁土惹埃尘。当时不得志公老，也是栖栖去国人。"在雪窦看来，傅大士不在双林吃粥吃饭、随分过时，为何要来梁都挥案下座、招惹埃尘？当时若不是志公饶舌，他岂不是被赶出国去？

六八

原典

举仰山问三圣："汝名什么？"名实相夺，勾贼破家。圣云："惠寂。"坐断舌头，搀旗夺鼓。仰山云："惠寂是我。"各自守封疆。圣云："我名惠然。"闹市里夺去，彼此却守本分。仰山呵呵大笑。可谓是个时节，锦上铺花，天下人不知落处。何故？土广人稀，相逢者少。一似岩头笑，又非岩头笑。一等是笑，为什么却作两段？具眼者始定当看。

评唱

三圣是临济下尊宿，少具出群作略，有大机有大用。在众中昂昂藏藏，名闻诸方。后辞临济，遍游淮海。到处丛林，皆以高宾待之。自向北至南方，先造雪峰，便问："透网金鳞，未审以何为食？"峰云："待汝出网来，即向汝道。"圣云："一千五百人善知识，话头也不识？"峰云："老僧住持事繁。"峰往寺庄，路逢猕猴，乃云："这猕猴各各佩一面古镜。"圣云："历劫无名，何以彰为古镜？”峰云：“瑕生也。”圣云：“一千五百人善知识，话头也不识。”峰云：“罪过，老僧住持事繁。”

后至仰山，山极爱其俊利，待之于明窗[1]下。一日，有官人来参仰山。山问：“官居何位？”云：“推官。”山竖起拂子云：“还推得这个么？”官人无语。众人下语，俱不契仰山意。时三圣病在延寿堂，仰山令侍者持此语问之，圣云：“和尚有事也。”再令侍者问：“未审有什么事？”圣云：“再犯不容！”仰山深肯之。

百丈当时以禅板、蒲团付黄檗，拄杖、拂子付沩山。沩山后付仰山。仰山既大肯三圣，圣一日辞去，仰山以拄杖、拂子付三圣。圣云：“某甲已有师。”仰山诘其由，乃临济的子也。

雪窦颂云：“双收双放若为宗，知他有几人，八面玲珑，将谓真个有恁么事。骑虎由来要绝功。若不是顶门上有眼，肘臂下有符，争得到这里？骑则不妨，只恐尔不下得。不是恁么人，争明恁么事？笑罢不知何处去，尽四百军州，觅恁么人也难得。言犹在耳，千古万古有清风。只应千古动悲风。”如今在什么处？咄！既是大笑，为什么却动悲风？大地黑漫漫。

注释

①**明窗：**寺院修行僧住的宿舍。

译文

仰山和尚问来访的三圣：“你的名字叫什么？”三圣

答道："法名惠寂。"惠寂是仰山禅师的法名，三圣的答语自露机锋。仰山老练地说："惠寂是老衲的法名。"三圣随后也说："我的法名是惠然。"仰山听罢，哈哈大笑，赞许了三圣的禅机。

评唱

三圣和尚是临济门下高徒，自幼即超群出众，颇有大乘根器。在临济门下的众僧徒中，他也是机锋锐利，名闻于四方。后来，他向临济告辞，遍游淮海一带禅寺。所到之处，皆把他作为贵宾来接待。三圣和尚从向北来到江南后，首先去拜访雪峰禅师。待他见到雪峰，开口便问道："能从网里逃出来的金鳞大鲤鱼，不知究竟拿什么作饵料？""等你从网中出来，我就告诉你。"三圣反问道："你这样一位治下有一千五百位僧徒的一代宗师，难道连这样一个问题也回答不上吗？"雪峰淡然地回答说："老衲身为住持，事务繁忙啊！"说完雪峰便向寺院庄田走去，在路上正巧遇见一群猕猴，雪峰便指着它们说："这猕猴个个各佩有一面古镜。"意即皆有佛性。三圣问道："历劫无名，怎么能显现为古镜？"雪峰答道："偷空生出来的。"三圣不悦地说道："身为众僧徒之师，竟连话也不会说。"雪峰答道："抱歉得很，老僧为一寺住持，实在是太忙了。"

后来，三圣和尚又去拜访仰山禅师。仰山对他俊利的机锋尤为赏识。一日，有一位官员来拜访仰山和尚。仰山问他：“官人官居何位？”“推官。”仰山便从禅床角取下拂子，举起来问道：“能推得动这个么？”那位官员无言以对。旁边的僧人见状，便纷纷下语呈言，但都没得到仰山的首肯。当时三圣和尚正在延寿堂养病，仰山让侍僧拿着这个话题去问，三圣只淡淡地说了一句：“和尚有事。”仰山又令侍僧去问有什么事，三圣厉声喝道：“不必再问了，再问莫怪我不客气！”仰山听侍僧叙说完在三圣那里的遭遇后，却对三圣大为赞许。

当初百丈禅师有两位高徒，分别从百丈那里得到不同的法器。百丈交给黄檗和尚的是禅板、蒲团，交给沩山的则是禅杖、拂子。后来沩山又把这两件法器传给仰山。仰山既然肯定了三圣的机锋，三圣告辞离去时，仰山和尚便想把禅杖与拂子传给他。三圣却推辞道：“我已经拜过师了。”仰山问其原因，原来三圣是临济的高徒。

雪窦对这则公案的颂词是：“双收双放若为宗，骑虎由来要绝功。笑罢不知何处去，只应千古动悲风。”在雪窦看来，仰山与三圣的对答中，两人收放自然，互为宾主，显尽了机锋的高妙，真可为禅门的楷模。这就像能骑虎自由上下的人，势必要有绝妙的功夫。仰山呵呵大笑，道尽了其中奥妙，人们却不解其深意。那笑声只唤起了千古悲风。

六九

原典

举南泉、归宗、麻谷①同去礼拜忠国师。至中路，三人同行，必有我师，有什么奇特？也要辨端的。南泉于地上画一圆相，云："道得即去。"无风起浪，也要人知。掷却陆沉船，若不验过，争辨端的。归宗于圆相中坐，一人打锣，同道方知。麻谷便作女人拜。一人打鼓，三个也得。泉云："恁么则不去也。"半路抽身是好人。好一场曲调作家作家。归宗云："是什么心行？"赖得识破，当时好与一掌，孟八郎汉。

评唱

当时马祖盛化于江西，石头道行于湖湘，忠国师道化于长安。他亲见六祖来，是时南方擎头带角者②，无有不欲升其堂、入其室。若不尔，为人所耻。这老汉三个，欲去礼拜忠国师，至中路做这一场败缺。

注释

①**麻谷：**唐代禅僧，生卒年不详。又名宝彻，师事马祖道一。尝随祖行，问曰："如何是大涅槃？"祖曰："急！"曰："急个什么？"祖曰："看水！"乃大悟。后住麻谷山，世称麻谷彻。

②**擎头带角者：**指略有名气的僧人。

译文

南泉、归宗、麻谷是马祖禅师门下的三位高徒。他们三人结伴而行，一起去拜访慧忠国师。在去长安的路上，南泉用禅杖在地上画了一个大圆圈，对他的两位师友说："你们若能说得出什么，我们就去。"禅门的圆圈起始于慧忠国师。南泉如此做法，其实就是想看看他二人的机锋。但见归宗二话不说，跨入圆圈中便坐下不动了。麻谷和尚也不示弱，近前来双手合于胸前，微微弯了一下腰。南泉见状，便说道："我们不用去拜见慧忠国师了。"归宗不解地问："你是怎么打算的呢？"

评唱

唐时禅宗大兴，马祖传法于江西，石头道行于湖湘，慧忠国师更是在长安名声大振。因为他亲见过六祖惠能，当时南方一些稍有名气的僧人，没有不愿去拜见他的。如若不这样，便会被人耻笑。这师兄弟三人，便是在去长安拜见慧忠国师的路上，演示出这则公案。

七〇

原典

举沩山、五峰、云岩[1]同侍立百丈。阿呵呵，终始誵讹。君向西秦，我之东鲁。百丈问沩山：“并却咽喉唇吻，作么生道？”一将难求。沩山云：“却请和尚道。”借路经过。丈云：“我不辞向汝道，恐已后丧我儿孙。”不免老婆心切，面皮厚三寸，和泥合水，就身打劫。

评唱

古人道：“平地上死人无数，过得荆棘林者是好手。”所以宗师家以荆棘林验人。何故？若于常情句下，验人不得。衲僧家须是句里呈机、言中辨的。若是担板汉，多向句中死却，便道：“并却咽喉唇吻，更无下口处。”若是变通底人，有逆水之波，只向问头上有一条路，不伤锋犯手。沩山云：“却请和尚道。”且道他意作么生？向个里如击石火、似闪电光相似。拶他问处便答，自有出身之路，不费纤毫气力。所以道，他参活句，不参死句。百丈却不采他，只云：“不辞向汝道，恐已后丧我儿孙。”大凡宗师为人，抽钉拔楔，若是如今人便道：“此答不肯他不领话。”殊不知，个里一路生机处，壁立千仞，宾主互换，活鲅鲅地。

注释

①**云岩：**唐时禅僧，生年不详，法名昙晟。初随百丈禅师二十余年，丈寂，续学于药山，得其真传，出住潭州云岩寺。受益者众。会昌元年(公元八四一年)圆寂，谥无住大师。

译文

沩山、五峰、云岩依次侍立在师父百丈禅师身边，听师父示教。百丈先向沩山问道："如果抿住咽喉与嘴巴，怎么说法？"沩山却不慌不忙地说："还是先请老师示范一下吧！"沩山这一答便是禅门机锋中比较锐利的"骑着贼马追贼"。百丈于是说道："作为师父，我本应该讲给你听。但是如果我说明白了，恐怕我自己将会丧失儿孙。"意即没有传人。

评唱

古人有言："参禅悟道的路途中，平地上会死人无数，只有过得了荆棘林的人，才算是行家好手。"所以宗师家验人，多把他置之于荆棘林中。这是为什么呢？若是一般的普通言语，是看不出一个人的底细的。必须是句里呈机、言中辨的，方可见僧家的道行如何。糊涂、固执的人，便在言句上死去，永远开悟不了。他会说："抿住咽喉、嘴巴，还怎么能开口说话？”但灵巧知变的人，便会泛起逆水之波，追到他的问头上寻出一条路，而又不伤着自己。沩山和尚说的“请老师先作个示范”，这机锋真快似闪电，又触目惊心。他在问处作答，自有出身之路，却又不费丝毫气力。所以说，沩山参的是活句，而不参死句。百丈对他的问话不理睬，而是说：“若向你说明白了，恐怕以后我要断子绝孙。”这是为人师的百丈和尚与人抽钉拔楔的手段。一般人皆认为百丈如此说，是不赞许沩山的机锋。却不知他们师徒二人机锋高妙、互为宾主，好不活泼自在！

卷八

七一

原典

举百文复问五峰："并却咽喉唇吻，作么生道？"阿呵呵，箭过新罗国。峰云："和尚也须并却。"搀旗夺鼓，一句截流，万机寝削。丈云："无人处斫额[①]望汝。"土旷人稀，相逢者少，此一则与七卷末公案同看。

评唱

雪窦颂云："和尚也并却，已在言前了，截断众流。龙蛇阵上看谋略，须是金牙始解，七事随身，惯战作家。令人长忆李将军[②]，妙手无多子，匹马单枪，千里万里，千人万人。万里天边飞一鹗。大众见么？且道落在什么处？中也。打云：飞过去也。"

注释

①**斫额**：以手挡在额上。

②**李将军**：指汉代名将李广。

译文

百丈和尚问完沩山后，又问五峰："闭住咽喉、嘴巴，如何说法？你也说说看！"五峰回答说："这么说，老师也必须闭上咽喉、嘴巴来说法了。"五峰的回答虽更为锐利，但不及沩山的沉稳、老练。百丈便对他说："你的禅机太猛利，叫人敬而远之！修行的人恐怕只会把手挡在额上，从远处观望一下便走开了。"

评唱

雪窦和尚颂道："和尚也并却，龙蛇阵上看谋略。令人长忆李将军，万里天边飞一鹗。"

雪窦对五峰大加赞赏，认为五峰和尚机锋锐利，如单枪匹马踏入龙蛇阵，出没自在；又似李广的神箭，在万里远的天边一箭一鹗，从不落空。雪窦的颂似乎言过其实，故圆悟禅师在评唱中讥他只一味赞叹五峰，而自己"不觉浑身入泥水了也"。

七二

原典

举百文又问云岩："并却咽喉唇吻，作么生道？"虾蟆窟里出来，道什么？岩云："和尚有也未？"粘皮着骨，拖泥带水。前不构村，后不迭店。丈云："丧我儿孙。"灼然有此答，得半前落后。

评唱

云岩在百丈二十年作侍者，后同道吾至药山。山问云："子在百丈会下，为个什么事？"岩云："透脱生死。"山云："还透脱也未？"岩云："渠无生死。"山云："二十年在百丈，习气也未除。"岩辞去见南泉。后复归药山，方契悟。看他古人，二十年参究，犹自半青半黄，粘皮着骨，不能颖脱。是则也是，只是前不构村，后不迭店。

译文

百丈和尚最后问到的是云岩："闭住咽喉与嘴唇，怎么说法？"云岩回答道："老师说法时不正是有时抿住喉唇，有时又不抿吗？"云岩的回答，太拘泥于文字，火候欠到。圆悟禅师的评语是："粘皮着骨，拖泥带水。前不构村，后不迭店。"百丈听后，开示他道："云岩啊！你若总是如此修禅，恐怕我的法子法孙都要丧于你手了！”

评唱

云岩在百丈禅师门下做了二十年侍僧，后来他与道吾结伴去拜访药山和尚。药山问他：“你在百丈和尚门下，究竟想成就个什么事？”“透脱生死，跳出轮回苦海。”药山追问道：“透脱了吗？”云岩答道：“在他那里，没有生死之分。”药山听罢，叹声道：“唉！你在百丈左右二十年，怎么就没长进呢？”云岩于是向药山辞行，去拜见南泉和尚。之后他又返回到药山和尚处，才开悟。看古人参禅悟道，二十年苦心参究，犹是半青半黄，粘皮带骨，不能颖脱自悟。云岩的答语，虽有些道理，但也是前不着村、后不着店，火候欠佳。

七三

原典

举僧问马大师：“离四句，绝百非[①]，请师直指某甲西来意。”什么处得这话头来，那里得这消息？马师云：“我今日劳倦，不能为汝说，问取智藏去。”退身三步，蹉过也不知。藏身露影，不妨是这老汉推过与别人。僧问智藏，也须与他一拶，蹉过也不知。藏云：“何不问和尚？”草里焦尾大虫出来也，道什么？直得草绳自缚，去死十分。僧云：“和尚教来问。”受人处分，前箭犹轻后箭深。藏云：“我今日头痛，不能为汝说，问取海兄去。”不妨是八十四员善知识，一样患这般病痛。僧问海兄，转与别人，抱赃叫屈。海云：“我到这里却不会。”不用忉忉，从教千古，万古黑漫漫。僧举似马大师，这僧却有些子眼睛。马师云：“藏头白，海头黑。”寰中天子敕，塞外将军令。

评唱

“藏头白，海头黑，半合半开，一手抬，一手搦，金声玉振。明眼衲僧会不得。更行脚三十年，终是被人穿却尔鼻孔，山僧故是口似匾檐。马驹踏杀天下人，丛林中也须是这老汉始得。放出这老汉。临济未是白拈贼②。癞儿牵伴，直饶好手，也被人捉了也。离四句，绝百非，道什么？也须是自点检看。阿爷似阿爹。天上人间唯我知。用我作什么？夺却拄杖子，或若无人无我，无得无失，将什么知？”

注释

①**离四句，绝百非：**意指舍弃一切概念、原理。四句，指以有空分别诸法之四句偈，即有而非空、空而非有、亦有亦空、非有非空四句。有时亦指自因、他因、共因、无因之四句。百非，泛指佛法之非有非无等诸非。

②**白拈贼：**丁福保《佛学大辞典》释为：“白者，空之义。拈者，以指取物也。手不持一物，指尖盗拈人物，更不留盗之形迹，谓之白拈贼，贼手之最巧者也。”白拈贼亦可简称白拈。

译文

一位修行僧向马祖禅师请教道：“请老师不要用什

么概念、原理，直截了当地向我讲一讲祖师西来弘扬的禅的精神。”马祖回答说：“老僧今日身体欠佳，不能为你讲说，你去问智藏吧！”僧人于是去问智藏，智藏反问道：“你为什么不去问马祖老师？”“正是老师让我来问你！”“真不巧，我今日头痛得很，恐怕给你一下子讲不清楚，你还是去问怀海师兄吧！”僧人便又去问百丈怀海，百丈对他说：“你到我这里，更是一无所获。我也不明白啊！”僧人对师兄弟两人的行为百思不得其解，便又转回去问马祖禅师。马祖只淡然地说了一句：“智藏的头是白头，怀海的头是黑头。”说罢便回了禅室。

评唱

雪窦对此颂道：“藏头白，海头黑，明眼衲僧会不得。马驹踏杀天下人，临济未是白拈贼。离四句，绝百非，天上人间唯我知。”智藏头白、怀海头黑。只这一句黑白语，千人万人不明其意。马祖机锋俊利，天下人无与能比，老练的临济亦是逊他三分。若说抛离一切概念、名词，直述禅的真义，天上人间，只有独自知晓。

七四

原典

举金牛和尚每至斋时，自将饭桶于僧堂前作舞，呵呵大笑云："菩萨子①吃饭来！"竿头丝线从君弄，不犯清波意自殊，醍醐毒药一时行，是则是，七珍八宝一时罗列，争奈相逢者少。雪窦云："虽然如此，金牛不是好心。"是贼识贼，是精识精。来说是非者，便是是非人。僧问长庆："古人道'菩萨子吃饭来'意旨如何？"不妨疑着，元来不知落处，长庆道什么？庆云："大似因斋庆赞。"相席打令，据款结案。

注释

①**菩萨子：**泛指众僧徒。

译文

金牛和尚总是在寺院吃斋食时，手提饭桶，在僧堂前手舞足蹈，呵呵大笑地叫道："众位佛门弟子，吃饭啰！"雪窦着语说："虽然如此，金牛和尚是不安好心的。"一位修行僧与长庆和尚谈论起金牛，不解地问道："金牛吃饭时，总一副喜气洋洋的样子，并要大声招唤其他僧人，他喊的话究竟是什么意思？"长庆回答说：

“就是因吃饭而高兴，就像遇喜事时大声念经以示庆祝一样。”

七五

原典

举僧从定州和尚会里来到乌臼。乌臼问：“定州法道何似这里？”言中有响，要辨浅深，探竿影草，太杀瞒人。僧云：“不别。”①死汉中有活底，一个半个，铁橛子一般，踏着实地。臼云：“若不别，更转彼中去。”便打，灼然，正令当行。僧云：“棒头有眼，不得草草打人。”也是这作家始得，却是狮子儿。臼云：“今日打着一个也。”又打三下，说什么一个，千个万个。僧便出去。元来是屋里人，只得受屈，只是见机而作。臼云：“屈棒②元来有人吃在。”哑子吃苦瓜，放去又收来，点得回来堪作何用？僧转身云：“争奈杓柄③在和尚手里。”依前三百六十日，却是个伶俐衲僧。臼云：“汝若要，山僧回与汝。”知他阿谁是君？阿谁是臣？敢向虎口横身，忒杀不识好恶。僧近前夺臼手中棒，打臼三下。也是一个作家禅客始得，宾主互换，纵夺临时。臼云：“屈棒！屈棒！”点，这老汉着什么死急！僧云：“有人吃在。”呵呵，是几个杓柄却在这僧手里？臼云：“草草打着个汉。”不落两边，知他是阿谁？僧便礼拜。临危不变，方是丈夫儿。臼云：“和尚却恁么去也？”点。僧大笑而出。作家禅客天然有在，猛虎须得清风随，方知尽始尽终，天下人摸索不着。臼云：“消得恁么！消得恁么。”可惜放过，何不劈脊便棒？将谓走到什么处去。

评唱

雪窦正恁么地颂出：“呼即易，天下人总疑着，臭肉引来蝇，天下衲僧总不知落处。遣即难，不妨剿绝，海上明公秀。互换机锋子细看。一出一入，二俱作家，一条拄杖两人扶，且道在阿谁边？劫石④固来犹可坏，袖里金锤如何辨取？千圣不传。沧溟深处立须干。向什么处安排？棒头有眼，独许他亲得。乌臼老！乌臼老！可惜许，这老汉不识好恶。几何般，也是个无端汉，百千万重。与他杓柄太无端[⑤]。”已在言前，洎合打破蔡州，好与三十棒。且道过在什么处？

注释

①**不别**：没有区别。

②**屈棒**：打错了、冤枉的意思。

③**杓柄**：杓把子，代指禅棒。杓，舀东西的器具。

④**劫石**：佛家用来比喻劫量之长，以天衣拂之盘石，佛经言劫石长四十里，每五百年有天人下来，以六铢衣袖拂一下，拂尽此石，乃为一劫。

⑤**无端**：没有理由、不像话。《祖堂集》卷十三，报慈和尚：“问：‘得旨不存时如何？’师云：‘若教更进一步，也是无端。’”

译文

一位修行僧从定州和尚门下来到乌臼和尚的寺院。乌臼问他：“你看定州和尚那里与我这里比较起来有什么不同之处？”僧人答道：“似乎没有特别的不同。”乌臼喝道：“既然没有什么不同，你何必来到这里？你赶快回那边去！”说罢举起禅杖便打。僧人说道：“老师若是真有眼力，可要看看是什么人再使棒子，切莫乱打人啊！”乌臼却说：“今天我算是寻着一个该挨棒子揍的人了。”说着又重重打了僧人三棒。僧人见乌臼下手如此凶狠，便想离去。乌臼却说：“虽是打错了，可天底下竟有愿意讨打的人。”僧人停下来，转回身辩解道：“棒子在老师手中，我不是只有挨打的份吗？”乌臼听罢便说：“你若想要这棒子，我给你就是了。”僧人见这下自己有了主动权，便也不客气，走上前从乌臼手中夺下棒子，提起来狠狠打了乌臼三棒。乌臼作出一副受冤屈的样子，连声喊道：“屈棒！屈棒！”僧人也回敬他道：“可天底下有愿意挨打的人，我怎么能不打！”乌臼却莫名其妙地说了一句：“真是打错人了啊！”僧人听罢，便作揖向他一拜。乌臼道：“怎么？这就要走吗？”僧人也不言语，哈哈大笑而去。乌臼赞道：“走得好，笑得也妙！”

评唱

雪窦和尚颂道：“呼即易，遣即难，互换机锋仔细看。劫石固来犹可坏，沧溟深处立须干。乌臼老！乌臼老！几何般，与他杓柄太无端。”

呼到近前来很容易，可要处理得好却是难。乌臼与僧人机锋自在，互为宾主，切须看好。轻衣拂劫石，石虽坚固，尚可消磨尽，他二人机锋却千古不磨、万古不消。任是洪波浩渺、白浪滔天的大海，立脚之时，便可干竭。乌臼老！乌臼老！把自己手中的棒子拱手让人，这是何等高尚的动机啊！

七六

原典

举丹霞[1]问僧："甚处来？"正是不可总没来处也，要知来处也不难。僧云："山下来。"着草鞋入尔肚里过也，只是不会，言中有响谙含来，知他是黄是绿？霞云："吃饭了也未？"第一杓恶水浇，何必定盘星？要知端的。僧云："吃饭了。"果然撞着个露柱，却被旁人穿却鼻孔，元来是个无孔铁锤。霞云："将饭来与汝吃底人还具眼么？"虽然是倚势欺人，也是据款结案，当时好掀倒禅床，无端作什么？僧无语。果然走不得，这僧若是作家，向他道，与和尚眼一般。长庆问保福："将饭与人吃，报恩有分。为什么不具眼？"也只道得一半，通身是，遍身是，一刀两段，一手抬一手搦。福云："施者、受者二俱瞎汉。"据令而行，一句道尽，罕遇其人。长庆云："尽其机来，还成瞎否？"识甚好恶？犹自未肯，讨什么碗。福云："道我瞎得么？"两个俱是草里汉，龙头蛇尾，当时待他道："尽其机来，还成瞎否？"只向他道瞎，也只道得一半。一等是作家，为什么前不构村，后不迭店？

评唱

邓州丹霞天然禅师，不知何许人。初习儒学，将入长安应举，方宿于逆旅[2]，忽梦白光满室。占者曰："解空之祥。"偶一禅客问曰："仁者何往？"曰："选官去。"禅客曰："选官何如选佛？"霞云："选佛当往何所？"禅客曰："今江西马大师出世，是选佛之场，仁者可往。"遂直造[3]江西。才见马大师，以两手托幞[4]头脚。马师顾视云："吾非汝师，南岳石头处去。”遽抵南岳，还以前意投之。石头云：“着槽厂[5]去。”师礼谢，入行者堂。随众作务，凡三年。石头一日告众云：“来日刬佛殿前草。”至来日，大众各备锹锄刬草，丹霞独以盆盛水净头，于师前跪膝。石头见而笑之，便与剃发，又为说戒。丹霞掩耳而出，便往江西，再谒马祖。未参礼，便去僧堂内，骑圣僧颈而坐。时大众惊愕，急报马祖。祖躬入堂，视之曰：“我子天然！”霞便下，礼拜曰：“谢师赐法号。”因名天然。他古人天然，如此颖脱，所谓选官不如选佛也。《传灯录》中载其语句，直是壁立千仞，句句有与人抽钉拔楔底手脚。

注释

①**丹霞：**唐时禅僧，生年不详，法名天然，邓州（河南邓县）人。初习儒学，入京应试途中闻佛法，从石头和尚求禅法。执役三年，后又拜马祖为师。得法后入洛阳慧林寺，遇天大寒，取木佛烧火，名震都下。长庆四年（公元八二四年）圆寂，卒谥智通。

②**逆旅：**旅店、客舍。

③**直造：**直接到了。造，到……去。

④**幞：**幞头，古代男子用的一种头巾。

⑤**槽厂**：本意为畜棚。禅宗著作中常用来喻指行脚僧宿舍。禅师常以驴马来讽喻未通禅义之僧徒，故将僧徒宿舍贱称为“槽厂”。

译文

丹霞和尚问一位来访的僧人：“你从哪里来？”“从山下来。”丹霞又问：“吃过饭了吗？”僧人答道：“已经吃过了。”丹霞随后又说：“给你吃饭菜的人，大概还没开悟眼吧？”僧人无言以对。许多年后，长庆和尚与保福和尚一起谈论起这则公案。长庆说：“供人吃斋饭，是报佛恩的善行。可为什么丹霞和尚说还没开悟眼呢？”保福却说：“依我看来，施者与受者，两人都是睁眼瞎！”长庆不解地问道：“若是能说尽了机锋，那时还说是瞎汉吗？”保福说：“你是说我是睁眼瞎子吗？我可是开悟的人！”保福的答语，后人评价甚低，认为他的话没有禅意。

评唱

丹霞天然禅师，身世不详。早年是位儒生。他在去都城长安应考的路途中，一夜在旅店歇息，忽然梦见白光满室。他迷惑不解，便去问一位占卜老人。占卜人对他说，这是“解空之祥”，意即预言他与佛有缘。后又巧遇一禅客，禅客问他：“施主要去哪里？”丹霞答道：“去京城赶考。”禅客便讥讽他道：“应考做官怎么能比得上选佛啊！”丹霞忙问：“选佛应去哪里呢？”禅客告诉他：“如今江西有位马祖禅师，颇具名声，你可去拜他为师。”丹霞于是改道江西，直往马祖禅师的寺院。才见马祖大师，丹霞便双手托幞头礼拜。马祖看了看他说：“我不是你的老师，去南岳石头和尚那里去吧！”丹霞于是按马祖指点，来到南岳和尚的寺院，仍像拜马祖那样向石头行礼。石头和尚对他说：“下去到僧徒寮舍吧！”石头收留了他。丹霞谢礼后，来到行脚僧的寮舍住下。从此便与僧人们一起干活，一干就是三年。有一天，石头告诉众僧：“明日去锄佛殿前的杂草。”第二天，众僧都拿锹在佛殿前铲草，唯独丹霞端了盆水在殿前洗头，然后对着诸佛跪膝礼拜。石头见状呵呵地笑了，亲自为他剃发，又向他说佛法大戒。丹霞却掩耳而出，直往江西，再次去拜见马祖和尚。还未等行礼，就直奔僧堂内，搬倒佛像便骑在脖颈上。这举动当时即让众僧惊诧不已，早有僧徒去报马祖。马祖赶到禅堂，看看他说：“我子天然。”丹霞听罢，便下来礼拜道：“谢谢老师赐弟子法号。”丹霞因此名天然禅师。他开悟如此颖脱，这真是“选官不如选佛”啊！丹霞天然禅师的言教在《传灯录》中有载，他机锋峻峭，句句都与人抽钉拔楔、指点迷津。

七七

原典

举僧问云门："如何是超佛越祖之谈？"开，旱地忽雷，拶。问云："糊饼。"舌拄上腭，过也。

评唱

衲僧家问佛问祖，问禅问道，问向上向下了，更无可得问，却致个问端，问"超佛越祖之谈"。云门是作家，便水长船高，泥多佛大，便答道："糊饼。"可谓道不虚行，功不浪施。

有一般人杜撰道："云门见兔放鹰，便道'糊饼'。"若恁么将糊饼便是超佛越祖之谈见去，岂有活路？莫作糊饼会，又不作超佛越祖会，便是活路也。与"麻三斤""解打鼓"一般。

诸方颂极多，尽向问头边作言语。唯雪窦颂得最好，试举看，颂云："超谈禅客问偏多，个个出来便作这般见解，如麻似粟。缝罅披离见也么？已在言前。开也，自屎不觉臭。糊饼埿[1]来犹不住，将木槵子换却尔眼睛了也。至今天下有誵讹。画个圆相云：'莫是恁么会么？'咬人言语，有甚了期，大地茫茫愁杀人，便打。"

注释

①**垡**：击、打。《虚堂和尚语录》卷一："若不看者两个老冻脓面，垡杀尔者尿床鬼子！"

译文

一位修行僧问云门和尚："所谓超过佛陀越过祖师的谈论，究竟是指什么？"这位僧人自以为有超佛越祖的功力，故口出狂言。云门意味深长地答道："是糊麻饼。"

评唱

修行僧人参学，平常只是问佛问祖、问禅问道，这狂僧似乎无可再问，却要来问"超佛越祖之谈"。云门毕竟是行家，他如此问，便也水涨船高，泥多佛大，答他一个"糊麻饼"。这答语甚是老练，真可谓道不虚行、功不浪施。

有些人穿凿附会，认为"云门答'糊饼'是见兔放鹰"。若是这么将糊饼之答看作是超佛越祖之谈，岂有活路？既不把糊饼当作超佛越祖之谈，也不将超佛越祖之谈理解为糊饼，这才是解悟之路。其实，云门说的"糊饼"，与洞山说的"麻三斤"、禾山说的"解打鼓"，用意是一样的。

对这则公案，诸方师家着语作颂极多，但能深解其意的，唯雪窦和尚颂得最好。颂说："超谈禅客问偏多，缝罅披离见也么？糊饼垫来犹不住，至今天下有誵讹。"

多嘴狂僧拿个超佛越祖的话头来问，却不知自己缝罅显现、漏洞百出。云门拿个糊饼塞缝补漏，还是塞不住他的嘴。直至如今，天下有多少僧人，或在糊饼上做文章，或去超佛越祖处作道理，岂不是错上加错吗？

七八

原典

举古有十六开士[①]，成群作队，有什么用处？这一队不唧溜汉。于浴僧时随例入浴，撞着露柱，漆桶作什么？忽悟水因。恶水蓦头浇。诸禅德作么生会？他道："妙触宣明，更不干别人事，作么生会他，扑落非他物。成佛子[②]住。天下衲僧到这里摸索不着，两头三面作什么？"也须七穿八穴始得。一棒一条痕，莫辜负山僧好，撞着磕着，还曾见德山临济么？

评唱

"妙触宣明，成佛子住。"宣则是显也，妙触是明也。既悟妙触，成佛子住，即住佛地也。如今人亦入浴，亦洗水，也恁么触，因甚却不悟？皆被尘境惑障，粘皮着骨，所以不能便惺惺去。

古人亦有闻声悟道，见色明心。若一人悟去，则故是，因甚十六开士同时悟去？是故古人"同修同证，同悟同解”。

注释

①**开士：**开悟之僧人，有时用以代指菩萨，以佛法开导众生。

②**佛子：**众生受佛戒，故称佛子。也用以代指菩萨，以其依佛之圣教而生圣道故也。

译文

古时候，有十六个求道者一起去洗澡。其中有位跋陀婆罗菩萨，洗澡时忽感水因，悟得佛法。其他僧人也随后得悟成佛。这些佛门大师是怎样开悟的呢？跋陀婆罗菩萨开悟时，曾说一偈：“妙触宣明，成佛子住。”意即绝妙、明快的感触顿生时，便是住佛地、成佛功业了。当然，悟境非一日之力便可轻易得到，必须是经过了苦苦地磨炼、出生入死地修行，才可领悟到。

评唱

所谓“妙触宣明，成佛子住”，“宣”意即显现，“妙触”是明也。既悟妙触，便是“成佛子住”，即住佛地也。如今的僧人既入浴洗澡，也接触水因，可为什么却不能开悟？只因都被尘世迷惑障目，修行仍是粘皮带骨，不能入悟境。所以说，修行僧人千万要小心啊！

悟道的因缘、机会无时不有，无处不在。古人也有闻声悟道的，也有见色明心的。眼观桃花是色因，小石击竹是声缘。一切因缘皆有时节，若说跋陀婆罗菩萨一人悟水因成佛，还讲得过去，为什么十六位高僧能同时得悟成佛？这便是古人说的“同修同证、同悟同解”。

七九

原典

举僧问投子：“一切声是佛声，是否？”也解捋虎须，青天轰霹雳，自屎不觉臭。投子云：“是。”赚杀一船人，卖身与尔了也。拈放一边，是什么心行？僧云：“和尚莫㞎[1]沸碗鸣声。”只见锥头利，不见凿头方，道什么？果然纳败缺。投子便打。着，好打，放过则不可。又问：“粗言及细语皆归第一义[2]，是否？”第二回捋虎须，抱赃叫屈作什么？东西南北犹有影响在。投子云：“是。”又是卖身与尔了也，陷虎之机也，是什么心行？僧云：“唤和尚作一头驴得么？”只见锥头利，不见凿头方，虽有逆水之波，只是头上无角，含血噀人。投子便打。着，不可放过，好打，拄杖未到折，因什么便休去？

评唱

投子朴实头，得逸群之辩。凡有致问，开口便见胆，不费余力，便坐断他舌头。可谓运筹帷幄之中，决胜千里之外。这僧将声色佛法见解贴在他额头上，逢人便问。投子作家，来风深辨。这僧知投子实头，合下做个圈缋子[3]，教投子入来，所以有后语。投子却使陷虎之机，钓他后语出来。这僧接他答处道：“和尚莫㞎沸碗鸣声。”果然一钓便上。若是别人，则不奈这僧何。投子具眼，随后便打，咬猪狗底手脚，须还作家始得。

僧问：“如何是佛？”投子云：“佛。”又问：“如何是道？”投子云：“道。”又问：“如何是禅？”投子云：“禅。”又问：“月未圆时如何？”投子云：“吞却三个四个。”“圆后如何？”“吐却七个八个。”投子接人，常用此机。

颂云：“投子！投子！灼然，天下无这实头老汉，教坏人家男女。机轮无阻。有什么奈何他处？也有些子。放一得二，换却尔眼睛，什么处见投子？同彼同此。恁么来也吃棒，不恁么来也吃棒，阇黎替他，便打。可怜无限弄潮人，丛林中放出一个半个，放出这两个汉，天下衲僧要恁么去。毕竟还落潮中死。可惜许，争奈出这圈缋不得，愁人莫向愁人说。忽然活，禅床震动，惊杀山僧，也倒退三千里。百川倒流闹㶁㶁[4]。崄！徒劳伫思，山僧不敢开口。投子老汉，也须是拗折拄杖始得。”

注释

①㞎：臀也。

②**第一义**：圣智自觉所得之佛之真理。以其为最上乘，故云“第一”。《法华义疏》卷四曰：“第一义者，一实之道，理极无过为第一；深有所以，称为义也。”

③**圈缋子**：圈套。缋，布匹的头尾，也叫机头。

④**㶁㶁**：水流声。

译文

一位僧人参问投子和尚："经中说'一切声是佛声'，是真的吗？"投子回答："是的。"僧人随后便说："那么请问老师，屙屎拉尿的声音能说是佛声吗？"投子当场打了他一顿。僧人不甘心，便又问道："老师，粗暴的语句与温和的言辞，两者都不违背佛法的第一义，这样说对吗？"投子答道："对的。"僧人便又开始故弄玄虚："那么，我把老师叫作一头驴也是可以的啰？"投子无言，举手又打。

评唱

投子和尚直朴性实，辩才超群出众。凡有人来问，他开口总是直截了当，言简意赅，不费余力，便让人哑然失语、沉默无对。真可谓"运筹帷幄之中，决胜千里之外"。这位僧人把声色佛法说教挂在嘴边，逢人便问。投子是行家，深知他问话的用意。这僧也知投子脾性，故意设下圈套，想让投子来入。却不知投子和尚展开陷虎之机，钓他上钩。这僧果然一钓便上，招来一顿狠打。对付这种故弄玄虚、口出狂言的人，真还得像投子这样的行家。

投子和尚的机锋锐利、简洁。有一位僧人曾问他："佛是什么？""佛。"又问："什么是道？"投子答道：

"道。"僧再问："禅是什么？""禅。"僧人不甘心，又问："月未圆时如何？""吞去了三四个。"僧人更加不解，再问："十五月圆之后又如何呢？"投子答道："吐出了七八个。"投子和尚平日接引僧人，常爱用这样的机锋。

雪窦颂道："投子！投子！机轮无阻。放一得二，同彼同此。可怜无限弄潮人，毕竟还落潮中死。忽然活，百川倒流闹湉湉。"

投子和尚不愧为老练行家，机轮飞转，无人能阻。放一得二，不落两边。纵是僧人做尽伎俩，依然死在他的言句中。最后，雪窦不无遗憾地说，这僧当时若能不退缩，当场与他掀倒禅床，何只投子要倒退，百川也要倒流。

八〇

原典

举僧问赵州："初生孩子，还具六识也无？"闪电之机，说什么初生孩儿子！赵州云："急水上打球子。"过也，俊鹞趁不及，也要验过。僧复问投子："'急水上打球子'，意旨如何？"也是作家同验过，还会么？过也。子云："念念不停流。"打葛藤汉。

评唱

初生孩儿虽具六识，眼能见，耳能闻，然未曾分别六尘[①]。好恶长短、是非得失，他恁么时总不知。学道之人要复如婴孩，荣辱功名，逆情顺境，都动他不得。眼见色与盲等，耳闻声与聋等，如痴似兀[②]，其心不动如须弥山[③]，这个是衲僧家真实得力处。

雪窦颂云："六识无功伸一问，有眼如盲，有耳如聋，明镜当台，明珠在掌，一句道尽。作家曾共辨来端。何必也要辨个缁素？唯证乃知。茫茫急水打球子，始终一贯，过也，道什么？落处不停谁解看？看即瞎，过也。滩下接取。"

注释

①**六尘：**指色、声、香、味、触、法六境。此六境因有眼、耳等六根入身以污染清净之心，故谓之尘。

②**兀：**茫然无知的样子。

③**须弥山：**原为印度神话中的山名，后为佛教所用。指帝释天、四大天王等的居所，其高八万四千由旬，顶峰居帝释天，山腰为四天王天及其眷属。

译文

有位修行僧问赵州和尚："初生的婴儿也具有六识吗？"赵州只淡然地说了一句："急水上打球。"僧人不解其意，便又转问投子和尚："赵州说的'急水上打球'，究竟是什么意思？”投子答道：“一念一念，流逝不停。”

评唱

圆悟禅师说，初生的婴儿虽具六识，眼能看、耳能听，但他对他所在的这个尘世还未起分别心。尘世的好恶长短、是非得失，对他来说毫无意义。参禅之人就应像婴儿一样，荣辱逆顺、是非功名都不入于心中。眼见色如盲、耳闻声如聋，就像那须弥山一样，撼不可动，这才是修行僧要千磨万炼的所在。

雪窦颂道：“六识无功伸一问，作家曾共辨来端。茫茫急水打球子，落处不停谁解看？”六识不别六尘，依旧山是山、水是水。僧人不知，便拿个话头来问。赵州、投子深辨来风，试看那茫茫海水上，急流滚打着球，谁知落在哪里？

卷九

八一

原典

举僧问药山：“平田①浅草，麈②鹿成群，如何射得麈中麈？”把髻投衙，擎头带角出来，脑后拔箭。山云：“看箭！”就身打劫，下坡不走，快便难逢，着。僧放身便倒，灼然不同，一死更不再活，弄精魂汉。山云：“侍者！拖出这死汉！”据令而行，不劳再勘，前箭犹轻后箭深。僧便走。棺木里瞠眼，死中得活，犹有气息在。山云：“弄泥团汉有什么限！”可惜许放过，据令而行，雪上加霜。雪窦拈云：“三步虽活，五步须死。”一手抬，一手搦，直饶走百步，也须丧身失命。复云：“看箭！”且道雪窦意落在什么处？若是同死同生，药山直得目瞪口呿，一向似无孔锤，堪作何用？

评唱

三平③初参石巩④，巩才见来，便作弯弓势云：“看箭！”三平拨开胸云：“此是杀人箭、活人箭？”巩弹弓弦三下，三平便礼拜。巩云：“三十年一张弓、两只箭，今日只射得半个圣人。”便拗折弓箭。三平后举似大颠⑤，颠云：“既是活人箭，为什么向弓弦上辨？”三平无语。颠云：“三十年后，要人举此话也难得。”法灯有颂云：“古有石巩师，架弓矢而坐。如是三十年，知音无一个。三平中的来，父子相投和。子细返思量，元伊是射垛。”石巩作略，与药山一般。

注释

①**平田：**指平田寺，当时药山在此做住持。

②**麈：**鹿中之王。

③**三平：**唐时禅僧，福州人，生卒年不详。通内外之学，独好禅法，游行参谒，访求心要。初参石巩，问答契合，继参大颠，得悟奥旨，遂嗣其法，住漳州三平接引众生，化缘盛极，为一方表率。

④**石巩：**唐时禅僧，抚州人，又名慧藏。本为猎户，一次入山狩猎，过马祖庵前，祖接以禅机，当下顿悟，自截其发，依祖而住，获其心印，后入石巩山结茅庵，世称石巩和尚。凡有参学，即以弓矢作问，罕有应机者。

⑤**大颠：**唐时禅僧，又名宝通，生卒年不详。参石头得法。贞元间立精舍于潮州牛岩，名声大振，后又建

灵山禅院。长庆年间圆寂。

译文

有一位修行僧问药山和尚："平田浅草处，麈鹿成群结队，怎样才能射得住麈中之麈？"药山是平田寺住持，僧人如此问，显然问中有机锋，欲与药山比高低。药山也不点破他，而是厉声喝道："看箭！"僧人立即倒地，似乎是在向人们显示：我才是鹿中之王。药山和尚见状，也不慌忙，招唤众僧道："徒儿们，把这死家伙拖出山门外埋掉。"僧人见势不妙，自知不是药山的对手，转身便走。药山随后骂道："虎头蛇尾的家伙，有什么能量！"雪窦最后着语评论道："这僧也是雷声大、雨点小，终究也逃得了三步，活不过五步。"

评唱

三平和尚去参学石巩禅师，石巩一见他来，便弯弓搭箭，喝道："看箭！"三平也不惊慌，而是敞开胸，问道："这是支杀人箭还是活人箭？"石巩拨了三下弓弦，三平便连忙作揖。石巩说："三十年来，我持这一张弓、带两支箭，踏遍天下，只有今日才遇见半个对手。"说罢便把弓箭折断了。后来，三平把他在石巩处的这段因缘说给大颠和尚听。大颠问他："既然是活人箭，还向弓弦上辩个什么？”三平无言以对。大颠便又说：“即使三十年后，让人说出这话，也是难得。”法灯和尚曾对此有颂：“古有石巩师，架弓矢而坐。如是三十年，知音无一个。三平中的来，父子相投和。仔细返思量，元伊是射垛。”

八二

原典

举僧问大龙：“色身[①]败坏，如何是坚固法身？”话作两橛，分开也好。龙云：“山花开似锦，涧水湛如蓝。”无孔笛子撞着毡拍板，浑仑擘不破。人从陈州来，却往许州去。

评唱

此事若向言语上觅，一如掉棒打月，且得没交涉。古人分明道：“欲得亲切，莫将问来问。”何故？问在答处，答在问处。这僧担一檐莽卤，换一檐鹘突[②]。致个问端，败缺不少。若不是大龙，争得盖天盖地？他恁么问，大龙恁么答，一合相，更不移易一丝毫头。一似见兔放鹰，看孔着楔。

雪窦颂云：“问曾不知，东西不辨，弄物不知名，买帽相头。答还不会，南北不分，换却髑髅，江南江北。月冷风高，何似生？今日正当这时节，天下人有眼不曾见，有耳不曾闻。古岩寒桧[③]。不雨时更好，无孔笛子撞着毡拍板。堪笑路逢达道人，也须是亲到这里始得，还我拄杖子来，成群作队恁么来。不将语默对。向什么处见大龙？将个什么对他好？手把白玉鞭，一至七拗折了也。骊珠尽击碎。留与后人看，可惜许。不击碎，放过一着，又恁么去。增瑕类。弄泥团作什么，转见郎当，过犯弥天。国有宪章，识法者惧，朝打三千，暮打八百。三千条罪。只道得一半在，八万四千无量劫，来堕无间业，也未还得一半在。”

注释

①**色身**：指用肉眼看到的容貌、身姿，即人的肉躯。

②**鹘突**：唐突。

③**桧**：一种常绿乔木。

译文

一位修行僧人曾问大龙和尚：“佛法说肉身是四大五蕴和合而成，无常无住，终将破灭，只有法身永不会败坏。那么法身是什么呢？”大龙答道：“山花开似锦，涧水湛如蓝。”无常的色身与永恒的法身并非两种东西，山花、涧水，无不是真理的显现，禅的生命便在于万物不息的创造过程中。

评唱

这则公案，若只在言语上做文章，便如挥棒打月，终无踪影。古人曾说：“欲得亲切，莫将问来问。”为什么这样说？只因问中有答、答在问处。这僧肩挑着一担鲁莽，却换来一担唐突。他拿个话头问，自讨苦吃。若不是大龙，争能如此天衣无缝？僧人举问，大龙作答，一问一答，深相契合。真是见兔放鹰，看孔下楔。

雪窦颂道：“问曾不知，答还不会。月冷风高，古岩寒桧。堪笑路逢达道人，不将语默对。手把白玉鞭，骊珠尽击碎。不击碎，增瑕颣。国有宪章，三千条罪。”这僧问时即虎头蛇尾，漏洞不少。大龙禅师的答语，自有高妙处，僧人还是不明了。这真是月冷风自高、古岩生寒树。可笑那些路遇达道者的人们，不说一语又不沉默。手持那白玉鞭，将骊珠宝物尽击碎。不击碎，便会污点斑斑，歧义丛生。国有国法，佛有佛令，不以本分事接引后人，岂不是罪上加罪？

八三

原典

举云门示众云：“古佛[1]与露柱相交，是第几机？”三千里外没交涉，七花八裂。自代云东家人死，西家人助哀，一合相不可得。：“南山起云，乾坤莫睹，刀斫不入。北山下雨。点滴不施，半河南，半河北。”

评唱

云门大师，出八十余员善知识。迁化后七十余年，开塔观之，俨然如故。他见地明白，机境迅速，大凡垂语、别语、代语，直下孤峻。只这公案，如击石火，似闪电光，直是神出鬼没。

注释

①**古佛：**指释迦牟尼佛。

译文

云门和尚垂示众僧徒说：“佛与屋梁相结合，究竟有什么作用？”众僧无语。他自答道：“南山起云，北山下雨。”“古佛”与“露柱”、“南山”与“北山”皆是自他不二。既是平等如一，又具有差别，是既互相独立又互相依存的关系。

评唱

云门大师一生教徒示众，门下出八十余位高僧。他圆寂七十年后，后人启开塔门，见他依然如死时一样威严。云门见地深刻，机锋锐利，大凡他平日垂示言教，总是简洁、峻峭。这个公案中，云门的答语快如闪电，直让人捉摸不定。

八四

原典

举维摩诘①问文殊师利这汉太杀合闹一场，合取口。：“何等是菩萨入不二法门②？”知而故犯。文殊曰：“如我意者，道什么？直得分疏不下，担枷过状，把髻投衙。于一切法，唤什么作一切法？无言无说，道什么？无示无识，瞒别人即得。离诸问答，道什么？是为入不二法门。用入作什么？用许多葛藤作什么？”于是文殊师利问维摩诘：“我等各自说已，仁者当说，何等是菩萨入不二法门？”这一靠莫道金粟如来，设使三世诸佛也开口不得。倒转枪头来也，刺杀一人，中箭还似射人时。雪窦云：“维摩道什么？”咄！万箭攒心，替他说道理。复云：“勘破了也。”非但当时，即今也恁么，雪窦也是贼过后张弓，虽然为众竭力，争奈祸出私门。且道雪窦还见得落处么？梦也未梦见，说什么勘破！崄！金毛狮子也摸索不着。

评唱

僧问云居简和尚：“既是金粟如来，为什么却于释迦如来会中听法？”简云：“他不争人我③。”大解脱人不拘成佛不成佛，若道他修行务成佛道，转没交涉。

注释

①**维摩诘：**亦称“维摩”“无垢称”，传为毗耶离城之长者，以白衣奉敬沙门，常以佛法教化众人。为便于宣传，伪装患病，当人来问疾时，他就即席讲说佛法。

②**不二法门：**亦称“无二”“离两边”。指对一切现

象的是非善恶等差别境界，“无思无知，无见无问”“无言无说”，即超脱于矛盾之外的佛说之门。禅宗把“不二法门”作为一种处世态度。

③**人我：**指以个人生命为中心的我。与“法我”（以外界构成为中心的我）相对。佛教认为，正因为人有“人我执”，故会产生种种烦恼、过失。

译文

禅门中广为流传的“维摩一默如雷”，出于这样一段故事中：当年维摩居士患病时，释尊派文殊菩萨率众去探候。维摩居士见文殊率众来访，便在方丈内接待他们。宾主落座后，维摩向众菩萨问道：“所谓‘菩萨入不二法门’，究竟是什么意思？诸位不妨各抒己见。”与文殊同来的三十二位菩萨，便以真俗二谛合为一见，七嘴八舌地议论开。文殊最后说道：“依我之见，所谓‘入不二法门’，就是对于一切法，不言语，也不解说；不以之示人，也不自以为知，离却问答。”文殊讲罢，便问维摩：“我们都已说完了，你是不是也谈谈你的高见？”可维摩仿佛没听见似的，一言不发，默然不动。雪窦拈公案说：“维摩说什么？”稍后又说：“勘破了呀！”

评唱

一位修行僧曾问云居和尚："维摩居士既然被称为金粟如来，为什么他还要去释迦如来门下听法？"云居回答道："在他眼里，没有人我之分。"意即不把自己与天地万物对立起来，也没有成佛不成佛的疑惑。

八五

原典

举僧到桐峰庵主处便问："这里忽逢大虫时，又作么生？"作家弄影汉，草窠里一个半个。庵主便作虎声，将错就错，却有牙爪，同生同死，承言须会宗。僧便作怕势，两个弄泥团汉，见机而作，似则也似，是则未是。庵主呵呵大笑。犹较些子，笑中有刀，亦能放亦能收。僧云："这老贼！"也须识破，败也。两个都放行。庵主云："争奈老僧何？"劈耳便掌，可惜放过。雪上加霜又一重。僧休去。恁么休去，二俱不了，苍天！苍天！雪窦云："是则是，两个恶贼只解掩耳偷铃。"言犹在耳，遭他雪窦点检，且道当时合作么生免得点检？天下衲僧不到。

评唱

雪窦颂云："见之不取，蹉过了也，已是千里万里。思之千里。悔不慎当初，苍天！苍天！好个斑斑①，阇黎自领出去，争奈未解用在？爪牙未备。只恐用处不明，待爪牙备向尔道。君不见大雄山下忽相逢，有条攀条，无条攀例。落落声光皆振地。这大虫却恁么去，犹较些子，几个男儿是丈夫？大丈夫见也无？老婆心切，若解开眼，同生同死，雪窦打葛藤。收虎尾兮捋虎须。忽然突出如何收？收天下衲僧在这里。忽有个出来，便与一掺。若无收，放尔三十棒，教尔转身吐气，喝。打云：何不道这老贼。"

注释

①**斑斑：**指代老虎。

译文

桐峰和尚参学临济时，在深山里结草庵而居。一日，一位僧客来访。他开口便问桐峰："如果在这里忽然出现一只大老虎，你怎么办？"桐峰庵主随即状虎而吼，僧人见势也做出一副惊恐的样子，桐峰哈哈大笑。僧人大喝道："你这老贼！"桐峰说："你要把老僧怎么样？"僧人便作罢。雪窦对这则公案颇有微言，他评价说："这二人机锋虽说得过去，但故弄玄虚，不免有掩耳盗铃之嫌。"

评唱

雪窦颂道："见之不取，思之千里。好个斑斑，爪牙未备。君不见大雄山下忽相逢，落落声光皆振地。大丈夫见也无？收虎尾兮捋虎须。"

禅门机锋应当机立断，稍有疑惑便是差之千里。这两位僧人虽不妨为禅门行家，只是爪牙未全，火候欠到，机锋尚未到运用自如的境地。岂不见大雄山下，百丈、黄檗师徒二人机锋竞起，落言下语振地有声。身为男子大丈夫，有拨虎须的勇气，也应有收虎尾的功夫。

八六

原典

举云门垂语云："人人尽有光明在，黑漆桶。看时不见暗昏昏。看时瞎。作么生是诸人光明？山是山，水是水，漆桶里洗黑汁。"自代云："厨库[1]三门。"老婆心切，打葛藤作什么？又云："好事不如无。"自知较一半，犹较些子。

评唱

雪窦颂云："自照列孤明，森罗万象，宾主交参，列转鼻孔，瞎汉作什么？为君通一线，何止一线？十日并照，放一线道即得。花谢树无影，打葛藤有什么了期？向什么处摸索？黑漆桶里盛黑汁。看时谁不见？瞎！不可总扶篱摸壁，两瞎三瞎。见不见，两头俱坐断，瞎！倒骑牛兮入佛殿。中，三门合掌，还我话头来。打云：向什么处去也？雪窦也只向鬼窟里作活计，还会么？半夜日头出，日午打三更。"

注释

①**厨库：** 即厨房。

译文

云门和尚垂示众僧徒道："人人各有个大光明。如果你想找到它，不仅看不到光明，反而更加黑暗。你们说说，什么是自己的大光明？"众僧沉默不语，云门便又说：“这光明在厨房、在三门。”接着他又说了一句：“禅僧眼里无好事。”

评唱

雪窦颂道：“自照列孤明，为君通一线，花谢树无影，看时谁不见？见不见，倒骑牛兮入佛殿。”人人自家脚跟下，都有一段大光明，只是平常用得暗。云门垂示言语，这光明在“厨库三门”，已自是为你打通一线。但如果你从对象上去找时，朝花已谢，树亦无影，整个是一团漆黑，终究是找不见。见与不见暂且不说，禅僧眼中无好事，还是横身牛上入佛殿，洒扫应对、担水砍柴，这才是衲僧家的本分事。

八七

原典

举云门示众云：“药病相治，（一合相不可得。）尽大地是药。（苦瓠连根苦，摆向一边。）那个是自己？（甜瓜彻蒂甜，那里得这消息来？）”

评唱

文殊一日令善财去采药，云：“不是药者采将来。”善财遍采，无不是药，却来白云：“无不是药者。”文殊云：“是药者采将来。”善财乃拈一枝草，度与文殊。文殊提起示众云："此药亦能杀人，亦能活人。"

此"药病相治"话，最难看，云门室中寻常用接人。金鹅长老一日访雪窦，他是个作家，乃临济下尊宿，与雪窦论此"药病相治"话，一夜至天光，方能尽善。到这里，学解思量计较，总使不着。雪窦后有颂送他道："'药病相治'见最难，万重关锁太无端。金鹅道者来相访，学海波澜一夜干。"

译文

云门文偃禅师向徒众们开示说："药是用来治病的，有什么病就吃什么药，尽大地一切东西通通都是药。请问：哪个是适合你自己的药呢？"

当人生病时，要以药相治，但人要真正恢复健康，既需以药除病，更需要把药所具有的副作用排除。禅者称之为药病相治。就像僧人参禅，心迷时须开悟，但执着于悟境不再超脱，便仍同未悟一样。云门垂示僧众的语言，便意在告诫他们不要执迷于悟境，须百尺竿头，更进一步。

评唱

一天，文殊菩萨让善财童子去采药，嘱咐他道："你去采一些不可当作药的药草来。"善财四处采集，却发现什么草都有药性，他便回来禀报文殊：“没有不可当作药的药草。”文殊说：“那你就把是药草的草木采来吧！”善财便拿起一枝草递给文殊。文殊举起这枝草向众人开示道：“这药草既可夺人命，也可活人命。”

这则公案中，“药病相治”一句，实在不易领会。云门和尚平日教徒示众，常用此语。临济禅师门下的高僧金鹅长老一日去拜访雪窦，两人谈论起“药病相治”，谈了整整一夜，第二天天亮时，才觉有所领悟。雪窦后来作一颂，赠与金鹅长老，颂说：“药病相治见最难，万重关锁太无端。金鹅道者来相访，学海波澜一夜干。”

八八

原典

举玄沙[①]示众云：“诸方老宿，尽道接物利生，随分开个铺席，随家丰俭。忽遇三种病人来，作么生接？打草只要蛇惊，山僧直得目瞪口呿，管取倒退三千里。患盲者，拈锤竖拂，他又不见；端的瞎，是则接物利生，未必不见在。患聋者，语言三昧，他又不闻；端的聋，是则接物利生，未必聋在，是那个未闻在？患哑者，教伊说，又说不得。端的哑，是则接物利生，未必哑在，是那个未说在？且作么生接？若接此人不得，佛法无灵验。诚哉是言，山僧拱手归降，已接了也，便打。”僧请益云门，也要诸方共知，着。云门云：“汝礼拜着。”风行草偃，咄！僧礼拜起，这僧拗折拄杖子也。云门以拄杖挃[②]，僧退后。门云：

"汝不是患盲。"端的瞎，莫道这僧患盲好。复唤近前来，僧近前。第二杓恶水浇，观音来也。当时好与一喝。门云："汝不是患聋。"端的聋，莫道这僧患聋好。门乃云："还会么？"何不与本分草料？当时好莫作声。僧云："不会。"两重公案，苍天！苍天！门云："汝不是患哑。"端的哑，口吧吧地，莫道这僧哑好。僧于此有省。贼过后张弓，讨什么碗？

注释

①**玄沙：**公元八三三—九〇八年。福州人，又名师备。年三十始出家，在芙蓉山灵训禅师处落发。受具戒后，行头陀法，终日宴坐，人称备头陀。后与雪峰相偕入象骨山。几年后迁止玄沙普应院，天下僧徒奔赴如水归海。

②**挃：**撞击。

译文

玄沙和尚对众僧徒说："诸方大师总是都教导人要普度众生，但如果偶尔遇见下面三种病人，又怎么接济他们呢？在盲人面前，任你是举禅杖或竖拂子，他们都看不见；对于聋子，你再讲经说道，他们也听不见；而遇到哑巴，你要让他开口，又是万万不能的。碰到这种情景时该如何呢？如果不能普度身残之人，佛法便也就谈不上有神光灵验了。"一位僧人听完玄沙这番话后，便去向云门和尚请教。云门对他说：“你快施礼！”僧人作揖刚抬起头，云门便把禅杖伸过来，僧人急忙往后退。云门说：“你不是瞎子嘛！”又说：“你走过来些。”僧人移步近前。云门说：“你不是聋子嘛！”随后又问僧人：“你明白了吗？”僧人回答：“不明白！”云门便说：“你也不是哑巴啊！”僧人至此才有所省悟。

八九

原典

举云岩问道吾：“大悲菩萨用许多手眼作什么？”当时好与本分草料，尔寻常走上走下作什么？阇黎问作什么？吾云：“如人夜半背手摸枕子。”何不用本分草料？一盲引众盲。岩云：“我会也。”将错就错，赚杀一船人，同坑无异土，未免伤锋犯手。吾云：“汝作么生会？”何劳更问？也要问过，好与一捞。岩云：“遍身是手眼。”有什么交涉？鬼窟里作活计，泥里洗土块。吾云：“道即太杀道，只道得八成。”同坑无异土，奴见婢殷勤，癞儿牵伴。岩云：“师兄作么生？”取人处分争得，也好与一捞。吾云：“通身是手眼。”虾跳不出斗，换却尔眼睛，移却舌头，还得十成也未？唤爹作爷。

评唱

曹山问僧：“应物现形如水中月时如何？”僧云：“如驴觑井。”山云：“道即杀道，只道得八成。”僧云：“和尚又作么生？”山云：“如井觑驴。”

译文

云岩和尚问同门师兄道吾："大悲菩萨千手千眼，用这么多手眼干什么用？"道吾答道："如人在夜暗中，背着手就摸到枕头。"云岩听罢得意地说："我明白了！"道吾问："你明白什么啦？"云岩答："遍身是手眼。"道吾说："说出来也许有些过分，但你只说得八成。"云岩不解地问道："师兄怎么认为？""通身是手眼。"

评唱

曹山和尚问一位僧人道："万物现形如水中月时怎么样？"僧人答道："如驴窥井。"曹山说："道即太煞道，只道得八成。"僧人问："老师怎么说？"曹山便道："如井窥驴。"

九〇

原典

举僧问智门："如何是般若体？"通身无影象，坐断天下人舌头，用体作什么？门云："蚌含明月。"①光吞万象即且止，棒头正眼事如何？曲不藏直，雪上加霜又一重。僧云："如何是般若用？"倒退三千里，要用作什么？门云："兔子怀胎。"②崄，苦瓠连根苦，甜瓜彻蒂甜，向光影中作活计，不出智门窠窟。若有个出来，且道是般若体？是般若用？且要土上加泥。

评唱

雪窦正恁么颂出：“一片虚凝绝谓情，拟心即差，动念即隔，佛眼也觑不见。人天从此见空生。须菩提好与三十棒，用这老汉作什么？设使须菩提，也倒退三千里。蚌含玄兔深深意，也须是当人始得，有什么意？何须更用深深意？曾与禅家作战争。干戈已息，天下太平。还会么？打云：阇黎吃得多少？”

“人天从此见空生”，不见须菩提岩中宴坐，诸天雨花赞叹。尊者云：“空中雨花赞叹，复是何人？”天云：“我是梵天。”尊者云：“汝云何赞叹？”天云：“我重尊者善说般若波罗蜜多。”尊者云：“我于般若未尝说一字，汝云何赞叹？”天云：“尊者无说，我乃无闻。无说无闻，是真般若。”又复动地雨花。

注释

①**蚌含明月：**传说中秋月出时，蚌于水面浮，开口含月光，感而产珠。若中秋有月则珠多，无月则珠少。

②**兔子怀胎：**传说中秋月出时，兔子开口吞月光，乃怀胎产子。有月则多子，无月则少。

译文

一位修行僧问智门和尚：“什么是般若的本体？”智门回答：“蚌含明月产珍珠。”僧人又问：“什么是般若的功用？”智门回答：“兔受月精孕玉子。”

评唱

雪窦颂道：“一片虚凝绝谓情，人天从此见空生。蚌含玄兔深深意，曾与禅家作战争。”那片杜尘绝情的虚明凝寂，不必去天上寻，也不需向别人讨，自然而然地便会在你眼前显现。古人意虽不在言句上，争奈在答处有深深之旨。岂不见“蚌含明月”“兔子怀胎”二语，多少僧人曾不解其深意，而与之干戈不已？

颂中“人天从此见空生”一句，圆悟禅师又引如下一则公案，加以评唱、注解。故事是这样的：一日，须菩提尊者在山洞中闲适地坐着，天空中忽飘落雨花，似作赞歌。尊者问：“空中雨花赞唱的是什么人？”天神答道：“我是梵天。”尊者又问：“你赞叹个什么？”天神说：“我在盛赞尊者善说般若波罗蜜多。”尊者说：“我对般若未曾说过一个字，你唱赞个什么？”天神说：“你既无说，我也无闻。无说无闻，岂不是妙真般若？”说完又雨花落地。

卷十

九一

原典

举盐官[1]一日唤侍者："与我将犀牛扇子来。"打葛藤不少，何似这个好个消息。侍者云："扇子破也。"可惜许，好个消息，道什么？官云："扇子既破，还我犀牛儿来。"漏逗不少，幽州犹自可，最苦是新罗。和尚用犀牛儿作什么？侍者无对。果然是个无孔铁锤，可惜许。

投子云："不辞将出，恐头角不全。"似则似，争奈两头三面，也是说道理。雪窦拈云："我要不全底头角。"堪作何用？将错就错。石霜云："若还和尚即无也。"道什么？撞着鼻孔。雪窦拈云："犀牛儿犹在。"崄，洎乎错认，收头去。资福画一圆相，于中书一牛字。草蘽不劳拈出，弄影汉。雪窦拈云："适来为什么不将出？"金鍮不辨，也是草里汉。保福云："和尚年尊，别请人好。"僻地里骂官人，辞辛道苦作什么？雪窦拈云："可惜劳而无功。"兼身在内，也好与三十棒，灼然。

评唱

雪窦颂云："犀牛扇子用多时，遇夏则凉，遇冬则暖，人人具足，为甚不知？阿谁不曾用？问着元来总不知。知则知，会则不会。莫瞒人好，也怪别人不得。无限清风与头角，在什么处？不向自己上会，向什么处会？天上天下。头角重生，是什么？无风起浪。尽同云雨去难追。苍天！苍天！也是失钱遭罪。"雪窦复云："若要清风再复，头角重生，人人有个犀牛扇子，十二时中全得他力，因什么问着总不知，还道得么？请禅客各下一转语。盐官犹在，三转了也。"问云："扇子既破，还我犀牛儿来。"也有一个半个，咄！也好推倒禅床。时有僧出云："大众参堂去。"贼过后张弓，被夺却枪，前不构村，后不迭店。雪窦喝云："抛钩钓鲲鲸[2]，钓得个虾蟆[3]。"便下座。招得他恁么地，贼过后张弓，佛果自征此语云：又直问尔诸人，这僧道：大众参堂去，是会不会？若是不会，争解恁么道？若道会，时雪窦又道：抛钩钓鲲鲸，只钓得个虾蟆，便下座。且道，誵讹在什么处？试请参详看。

注释

①**盐官：**唐时禅僧，海门郡（今属浙江）人，又名齐安。生年不详，生时神光照室，出家后闻马祖在龚公山传法，便往拜师，得其真传。后住杭州盐官县镇国海昌院。会昌二年（公元八四二年）圆寂，卒谥悟空大师。

②**鲲鲸：**传说中的一种大鱼。

③**虾蟆：**蛙和蟾蜍的统称。

译文

一日，盐官和尚吩咐侍僧："去把我的犀牛扇子拿来！"侍僧回答："可扇子已经破了。"盐官随后说："既然扇子已经破了，那就把犀牛还给我吧！”侍僧无言以对。

如何应对盐官的机锋呢？投子、石霜、资福、保福四位禅师都曾着语下言。投子和尚的回答是：“还给你犀牛不成问题，只恐怕是头角也不全了。”雪窦评论道：“我就想要不全的头角。”石霜和尚说：“若还给老师，我的犀牛就没了。”雪窦评述时说：“犀牛人人本来具备，自己的犀牛不是还在吗？”资福与前两位的做法不同。他不言语，而是在地上画了一个圆圈，里面写了一个“牛”字。雪窦评道：“为什么没有早点牵出来呢？”最后下语的是保福和尚。他的答语是：“老师年事已高，还是请别人为你拿吧！”雪窦的评语为：“真可惜！劳而无功，白费力气。”

评唱

雪窦对这则公案评颂说：“犀牛扇子人人俱有，日日皆用。可惜盐官问起来，几位僧人个个不知。扇子有无限清风，犀牛亦头角峥嵘。只是这四位僧人如此作答，便如朝云暮雨一样，一去再难追。”又说：“若想要清风再起、头角重生，请禅客各下言语呈己见。”当时雪窦颂至此时，曾对众僧垂问道：“扇子既破，还我犀牛儿来。”有一位僧人出来说：“大家去僧堂吧！”雪窦厉声喝道：“抛钩入海，本想钓一条大鲸，没想到只钓了一只青蛙。”说完便走下讲座。

九二

原典

举世尊一日升座，宾主俱失，不是一回漏逗。文殊白槌云："谛观法王法，法王法如是。"一子亲得。世尊便下座。愁人莫向愁人说，说向愁人愁杀人。打鼓弄琵琶，相逢两会家。

评唱

后面看雪窦自然见得颂出："列圣丛中作者知，莫谤释迦老子好，还佗临济、德山，千个万个中，难得一个半个。法王法令不如斯。随他走底，如麻似粟，三头两面，灼然能有几人到这里？会中若有仙陀客，就中难得伶俐人，文殊不是作家，阇黎定不是。何必文殊下一槌。更下一槌，又何妨？第二、第三槌总不要，当机一句作么生道？"崄！

译文

一日，释迦牟尼登堂说法，还未等他说什么，文殊菩萨就拍响惊堂木，大声说道："请你们认真思考法王所说的法。法王的法就是这样的。"释迦牟尼平静地走下讲席。

评唱

雪窦颂道："列圣丛中作者知，法王法令不如斯。会中若有仙陀客，何必文殊下一槌。"释迦尊者意旨深深，灵山八万僧众中，只有行家才知晓，法王说的法不是这样。当时若有仙陀婆在场，又何必要文殊击木下言？

九三

原典

举僧问大光[1]："长庆道'因斋庆赞'，意旨如何？"重光这漆桶，不妨疑着，不问不知。大光作舞，莫嫌杀人，依旧从前恁么来。僧礼拜。又恁么去也，是则是，恐错会。光云："见个什么便礼拜？"也好一拶，须辨过始得。僧作舞。依样画猫儿，果然错会。弄光影汉。光云："这野狐精。"此恩难报，三十二祖只传这个。

评唱

雪窦颂云："前箭犹轻后箭深，百发百中，向什么处回避？谁云黄叶是黄金？且作止啼，瞒得小儿，也无用处。曹溪波浪如相似，弄泥团汉有什么限？依样画猫儿，放行一路。无限平人被陆沉。遇着活底人，带累天下衲僧，摸索不着，带累阇黎，出头不得。"

注释

①**大光：**公元八三六—九〇三年。京兆（河南洛阳）人，又名居诲。参学于石霜和尚处，得其秘印，参禅二十余年不出世。后住潭州大光山，学众亲依，为世所重。

译文

一位僧人问大光和尚：“僧人问长庆金牛和尚说的‘菩萨子，吃饭来’的意旨时，他回答说‘因斋庆赞’。长庆这么说的意图是什么呢？”大光和尚随即便手舞足蹈。僧人见状，躬身礼拜。大光问他：“你究竟看见了什么就作礼呢？”僧人不言语，却也狂舞起来。大光笑道：“你这个野狐精。”

评唱

雪窦颂道：“前箭犹轻后箭深，谁云黄叶是黄金？曹溪波浪如相似，无限平人被陆沉。”

在雪窦看来，大光和尚不愧为禅门高手，机锋甚是锐利。禅师示众，本是对症下药、应病与人。谁若把禅师权设的方便当作至宝，那便大错特错了。倘若禅门波波相似、浪浪同形，只以一种方法启示于人，众僧岂不是永无出头之日吗？

九四

原典

评唱

阿难意道："世界灯笼、露柱皆可有名，亦要世尊指出此妙精元明[①]唤作什么物，教我见佛意。"世尊云："我见香台。"阿难云："我亦见香台，即是佛见。"世尊云："我见香台则可知，我若不见香台时，尔作么生见？"阿难云："我不见香台时，即是见佛。"佛云："我云不见，自是我知；汝云不见，自是汝知。他人不见处，尔如何得知？"古人云："到这里，只可自知，与人说不得。"只如世尊道："吾不见时，何不见吾不见之处？若见不见，自然非彼不见之相。若不见吾不见之地，自然非物，云何非汝？若道认见为有物，未能拂迹，吾不见时，如羚羊挂角，声响、踪迹、气息都绝，尔向什么处摸索？"

僧问仰山："和尚见人问禅问道，便作一圆相，于中书牛字，意在于何？"仰山云："这个也是闲事。忽若会得，不从外来；忽若不会，决定不识。我且问尔，诸方老宿，于尔身上，指出那个是尔佛性？为复语底是，默底是？莫是不语不默底是？为复总是，为复总不是？尔若认语底是，如盲人摸着象尾；若认默底是，如盲人摸着象耳；若认不语不默底是，如盲人摸着象鼻；若道物物都是，如盲人摸着象四足；若道总不是，抛本象落在空见[②]。如是众盲所见，只于象上名邈差别。尔要好，切莫摸象，莫道见觉是，亦莫道不是。"

注释

①**妙精元明**：指人人具有之佛性。

②**空见**：无因果之理之邪见，佛教诸见中空见之过最重。《楞伽经》卷三曰："我说宁取人见如须弥山，不起无所有增上慢空见。"

译文

评唱

《楞严经》中记载了释迦牟尼佛与阿难尊者的一场对话。阿难尊者说："世界上的万物，如灯笼、露柱等，都有名可称。那么，请世尊告诉我见之本体应叫什么东西，以便让我知道佛意。"释迦牟尼说："我见香台。"阿难说："我也见香台，这即是佛见。"释迦牟尼又说："我见香台时，你也可见；我若不见香台时，你见什么呢？"阿难答道："我不见香台时，便是见佛。"佛陀又说："我说不见时，自是我知；你说不见时，你也自知。别人不见的地方，你怎么能知道？"古人说得好，"到这里时，只可自知，与人是说不得"。正如释迦牟尼随后对阿难开示道："当我不见时，你也就见不到我之见。如果见是物的话，那么不见也同样是物，你是应该见得到的。如果你见到了未见，见到的自然不是不见之相。这样一来，若你不见我之未见，结论必然是见即非物。那么，见何尝又不是你自身呢？”

阿难认为，见之本体在于客观对象，即所见到的物与自己无关。但在佛陀看来，见的本性不在乎对象，关键是主体自身。主体应该直接、主动地把握自己的见性。

一位修行僧问仰山和尚：“老师见有人来问禅问道，就在地上画一个圆圈，中间写一牛字，不知这是什么意思？”仰山和尚说：“这没什么用。若能开性，不借外物便能自明本性；若不能，见此圈中牛字也无大用。我且问你，诸方师家为你开示，谁能告诉你佛性是什么呢？是说话的对呢，还是沉默不语的对？或者是既不言语也不沉默的对？更或是全对也全不对？你若认为说话的对，就像盲人摸到了象尾巴；认为沉默的对，便如盲人摸到象耳朵上；若说不言语也不沉默的说的是，就似盲人摸着了象鼻子；若说什么都是佛性，便如盲人摸到象的四条腿；若说什么都不是，便是没摸到大象，落在空见。众盲人摸象，得到的只是大象局部的、表面差别的知识。你要小心，可别学着瞎子摸象。”

九五

原典

举长庆有时云："宁说阿罗汉有三毒①，焦谷不生芽。不说如来有二种语。已是谤释迦老子了。不道如来无语，犹自颟顸，早是七穿八穴。只是无二种语。周由者也，说什么第三第四种！"保福云："作么生是如来语？"好一拶，道什么？庆云："聋人争得闻？"望空启告，七花八裂。保福云："情知尔向第二头道。"争瞒得明眼人，裂转鼻孔，何止第二头？庆云："作么生是如来语？"错！却较些子。保福云："吃茶去。"领。复云：还会么？蹉过了也。

评唱

颂云："头兮第一第二，我王库中无如是事，古今榜样，随邪逐恶作什么？卧龙不鉴②止水。同道方知。无处有月波澄，四海孤舟独自行，徒劳卜度，讨什么档。有处无风浪起。吓杀人，还觉寒毛卓竖么？打云：来也。棱禅客③！棱禅客！勾贼破家，闹市里莫出头，失钱遭罪。三月禹门遭点额。退己让人，万中无一，只得饮气吞声。"

注释

①**三毒：**指贪、嗔、痴三种恶行。佛教认为，三毒为一切烦恼之根本。

②**鉴：**照影。

③**棱禅客：**指长庆和尚。

译文

长庆、保福师兄弟二人在雪峰和尚门下参学时，常常相互提问，商讨佛法大意。一次，长庆和尚说：“如来只有一乘法，我们平日总讲小乘阿罗汉有贪、嗔、痴三毒，但不能说如来有二乘法。这不是说如来传法无言教垂示，而是说如来中绝对没有两种声音。”保福对他说：“你再说说看，什么是如来语？”长庆也不回答，却反问道：“那双耳失聪的人怎么能听见如来的声音呢？”保福说：“你已是落在第二义了。”长庆便问：“那你说说看，什么是如来语？”保福随机应道：“吃茶去。”

评唱

雪窦颂道：“头兮第一第二，卧龙不鉴止水。无处有月波澄，有处无风浪起。棱禅客！棱禅客！三月禹门遭点额。”雪窦认为，对这个公案，如人们只注意第一义与第二义是什么，便是落在死水里，摸索不着佛法大意。岂不知死水里怎能藏龙？也须是在洪波浩渺、白浪滔天之地，才有龙藏。无龙处月色澄波、风恬浪静；有龙之地无风也自是浪起。纵然长庆是过得了龙门的龙，却也被保福当头一点。

九六

原典

举赵州示众三转语。道什么？三段不同。

评唱

赵州示此三转语了，末后却云："真佛屋里坐。"这一句忒杀郎当，他古人出一只眼，垂手接人，略借此语，通个消息要为人，尔若一向正令全提，法堂前草深一丈。雪窦嫌他末后一句漏逗，所以削去，只颂三句：泥佛若渡水，则烂却了也；金佛若渡炉中，则镕却了也；木佛若渡火，便烧却了也。

"泥佛不渡水，神光照天地。"这一句颂分明了，且道为什么却引"神光"？二祖初生时，神光烛室亘于霄汉[1]。又一夕，神人现，谓二祖曰："何久于此？汝当得道时至，宜即南之。"二祖以神遇，遂名神光。久居伊洛，博极群书，每叹曰："孔老之教祖述风规，近闻达磨大师住少林。"乃往彼，晨夕参扣。达磨端坐面壁，莫闻诲励。光自忖曰："昔人求道，敲骨出髓，刺血济饥，布发掩泥，投崖饲虎，古尚若此，我又何如？"其年十二月九日，夜大雪，二祖立于砌下[2]。迟明积雪过膝。达磨悯之曰："汝立雪于此，当求何事？"二祖悲泪曰："唯愿慈悲开甘露门[③]，广度群品。"达磨曰："诸佛妙道，旷劫精勤，难行能行，非忍而忍，岂以小德小智、轻心慢心？欲冀真乘，无有是处。"二祖闻诲励，向道益切，潜取利刀，自断左臂，致于达磨前。磨知是法器，遂问曰："汝立雪断臂，当为何事？"二祖曰："某甲心未安，乞师安心。"磨曰："将心来，与汝安。"祖曰："觅心了不可得。"达磨云："与汝安心竟。"后达磨为易其名曰"慧可"，后接得三祖璨大师，既传法隐于舒州皖公山。

"木佛不渡火，常思破灶堕。"此一句亦颂了，雪窦因此木佛不渡火，常思破灶堕。嵩山破灶堕和尚不称姓字，言行叵测，隐居嵩山。一日，领徒入山，坞间[④]有庙甚灵，殿中唯安一灶，远近祭祀不辍，烹杀物命甚多。师入庙中，以拄杖敲灶三下云："咄！汝本砖土合成，灵从何来？圣从何起？恁么烹杀物命！"又乃击三下，灶乃自倾破堕落。须臾，有一人青衣峨冠，忽然立师前设拜曰："我乃灶神，久受业报，今日蒙师说无生法，已脱此处，生在天中，特来致谢。"师曰："汝本有之性，非吾强言。"神再拜而没。侍者曰："某甲等久参侍和尚，未蒙指示。灶神得何径旨，便乃生天？"师曰："我只向伊道，汝本砖土合成，灵从何来？圣从何起？"侍僧俱无对，师云："会么？"僧云："不会。"师云："礼拜着！"僧礼拜。

师云：“破也，破也！堕也！堕也！”侍者忽然大悟。

注释

①**霄汉：** 天空、天宇。

②**砌下：** 台阶下。

③**甘露门：** 到甘露涅槃之门户也，即如来的教法。佛教故事中，认为甘露是从忉利天降下的甘味灵液，能医治烦恼，保人长寿，甚至起死回生。

④**坞间：** 四面高中间低的山地中。

译文

评唱

赵州和尚垂示众僧，有四句颇具禅意的话：“泥佛不渡水，金佛不渡炉，木佛不渡火，真佛内里坐。”泥土做成的佛像，过不了水关；金雕的佛像过不了熔炉；木雕的佛像过不了火关。一旦强过，便会溶、会化、会烧，只有真正的佛在人的心中。雪窦认为赵州的最后一句唠叨过分，故删去。

雪窦有颂：“泥佛不渡水，神光照天地。立雪如未休，何人不雕伪？”颂中“神光”“立雪”二语，意含如下一则故事：二祖慧可初生时，满屋奇光异彩，天空中也是紫气笼罩。有一天晚上，一位神人在二祖前显现，对他说：“为何久居此地？你得道的时候来了，速速往南去。”二祖便以此自名神光。久居伊洛，博览群书。后听说达磨大师在少林寺，便去那里早晚参拜。达磨面壁而坐，也不指教。神光便自思道：“古人求道，尚能敲骨出髓、刺血济饥、布发掩泥，甚至投崖饲虎，我又为何不能呢？”一个数九寒天、大雪纷飞的夜晚，二祖立在大雪中，一动不动地站着。到天明时，积雪过膝。达磨见此于心不忍，便问他：“你立于雪中一夜，究竟是有何请求呢？”二祖悲声说道：“只求大师慈悲，广度众生。”达磨对他说：“诸佛妙道不是以小德小智、轻心慢心而取，必是生死一番方可。你想得到佛法真乘，这里没有！”二祖闻言，求道心更迫切，便拿出一把利刃，自断左臂，呈于达磨。达磨知他是佛门中人，于是问他：“你立雪断臂，究竟是为什么？”二祖说：“我心里不安，想让大师为我安心。”达磨说：“把你的心拿来，我为你安。”二祖说：“可我找不着我的心。”达磨便答道：“我已为你安心了。”之后达磨为他改名慧可，承其衣钵为二祖。二祖后收僧璨为法嗣，传法后便在舒州皖公山隐居。

雪窦评“木佛不渡火”时颂道：“木佛不渡火，常思破灶堕。杖子忽击着，方知辜负我。”颂中所言有如下一段趣事：嵩山的破灶堕和尚，平日不称姓名，言行尤为叵测，常隐居于嵩山中。一日，他率徒进山。山中有间庙传闻甚是灵验，殿中只供奉着一只老灶，远近前来祭祀的人络绎不绝，而且屠宰大量活牲来烧香拜神。堕和尚到了庙中，用禅杖敲击灶身，说道："你不过是泥土和合而成之物，灵从何来？圣从何起？就这么自居让人烹杀活物来供奉！"说完又敲击了它几下，灶竟然自己从供台上掉下来摔破了。一会儿，忽然出现一位青衣高帽之人，站在堕和尚前作揖道："我便是灶神，久受业报，今日蒙大师讲说无生法，已离此地，升入天中，故特来致谢。"堕和尚说："这是你本有之性、应有之缘，不是我强言所为。"灶神再拜便隐去了。侍僧对堕和尚说："我等众徒这么久在老师左右参学，也未得你提示。这灶神从你那里得到了什么密旨，就升天了呢？"堕和尚说："我只向他说了那些话，你不是也听到了吗？"侍僧无言以对，堕和尚问："那些话你明白吗？"侍僧回答："不明白。"堕和尚便对他说："速速作揖！"侍僧躬身行礼。堕和尚大声说道："破也破了，堕也堕了，你还不明白吗？"侍僧言下大悟。

九七

原典

举《金刚经》云：“若为人轻贱，放一线道，又且何妨？是人先世罪业，驴驼马载。应堕恶道，陷堕了也。以今世人轻贱故，酬本及末，只得忍受。先世罪业，向什么处摸索？种谷不生豆苗。则为消灭。雪上加霜又一重，如汤消冰。”

评唱

庞居士听讲《金刚经》，问座主曰：“俗人敢有小问，不知如何？”主云：“有疑请问。”士云：“无我相、无人相，既无我人相，教阿谁讲？阿谁听？”座主无对，却云：“某甲依文解义，不知此意。”居士乃有颂云：“无我亦无人，作么有疏亲？劝君休历座，争似直求真？”

译文

《金刚经》中说：“当你现世被人轻视、看贱时，那你肯定在前世造下恶业，原本应堕入了三恶道之中，因为今世遭人轻贱而能忍辱，因此忍辱功德，先世的罪业便全部抵消了。”

评唱

一日，庞居士去听一位座主讲《金刚经》，他问道：

"我有一个小问题，不知当问不当问？"座主道："有疑问即提。"庞居士便说："无我相、无人相，没有你我之分时，是谁在讲？又是谁在听呢？"座主面带愧色地说道："我只是依文解义，不明白你说的意思。"庞居士便作颂道："无我亦无人，作么有疏亲？劝君休历座，争似直求真？"讲经说法又怎么能比得上直悟本性呢？

九八

原典

举天平[①]和尚行脚时参西院，常云："莫道会佛法，觅个举话人也无。"漏逗不少，这汉是则是，争奈灵龟曳尾。一日，西院遥见，召云："从漪！"铙钩搭索了也。平举头，着，两重公案。西院云："错！"也须是炉里煅过始得，劈腹剜心，三要印开朱点窄，未容拟议，主宾分。平行三两步，已是半前落后，这汉泥里洗土块。西院又云："错！"劈腹剜心，人皆唤作两重公案，殊不知似水入水，如金博金。平近前，依前不知落处，辗转摸索不着。西院云："适来这两错，是西院错，是上座错？"前箭犹轻后箭深。平云："从漪错。"错认马鞍桥，唤作爷下颔，以恁么衲僧，打杀千个万个有什么罪？西院云："错！"雪上加霜。平休去。错认定盘星，果然不知落处，轩知尔鼻孔在别人手里。西院云："且在这里过夏，待共上座商量这两错。"西院寻常脊梁硬似铁，当时何不赶将出去。平当时便行。也似衲僧，似则似，是则未是。后住院，谓众云贫儿思旧债，也须是点过。："我当初行脚时，被业风[②]吹到思明长老处，连下两错。更留我过夏，待共我商量。我不道恁么时错。我发足向南方去时，早知道错了也。”争奈这两错何？千错万错，争奈没交涉，转见郎当愁杀人。

评唱

雪窦如此颂出：“禅家流，漆桶，一状领过。爱轻薄，也有些子，呵佛骂祖，如麻似粟。满肚参来用不着。只宜有用处，方木不逗圆孔，阇黎与他同参。堪悲堪笑天平老，天下衲僧跳不出，不怕旁人攒眉，也得人钝闷。却谓当初悔行脚。未行脚已前错了也，踏破草鞋堪作何用？一笔勾下。错！错！是什么？雪窦已错下名言了也。西院清风顿销铄。西院在什么处？何似生，莫道西院，三世诸佛、天下老和尚，亦须倒退三千始得。于斯会得，许尔天下横行。”复云：“忽有个衲僧出云：‘错！’一状领过，犹较些子。雪窦错，何似天平错。西院又出世，据款结案，总没交涉。且道毕竟如何？打云：错。”

注释

①**天平：**五代、宋初时禅僧，又名从漪，生卒年不详。嗣清溪洪进禅师法绪，住相州（河南安阳）天平山。

②**业风：**善恶之业能使人转而轮回三界，故譬之曰风。《般若赞》曰：“业爱痴绳缚人送，随业风吹落苦中。”

译文

天平和尚行脚时，曾在西院和尚门下参学。天平非常自负，常对人说：“也没有一个会佛法的来与我同参。”一天，西院和尚远远地便看到了天平，就喊他：“从漪！”天平抬起头看，西院对他说：“错了！”天平装作没看见，走近了两三步，西院又说：“错了！”天平走到西院近前，西院问他：“刚才的错是我的错还是你的错？”天平答道：“是我从漪的错。”西院又说：“错了！”天平便不言语。西院对他说：“你就在此过夏安居吧！让我与你好好讨论一下这两个错错在哪里。”天平却当下离开了西院和尚的寺院。后来，天平做住持时，他对众僧说：“当年我行脚云游，到过西院长老的寺院，吃了两个错。西院还留我过夏，与我一起商量两错的究竟。我当时没有说我错了。其实，当初我往南方行脚的时候，便知道我错了。”

评唱

雪窦颂道：“禅家流，爱轻薄，满肚参来用不着。堪悲堪笑天平老，却谓当初悔行脚。错！错！西院清风顿销铄。”复云：“忽有个衲僧出云：‘错！’雪窦错，何似天平错。”

禅门中总有些轻薄之流，满肚子佛法禅道，却毫无用处。可悲可笑天平长老，却说当初悔不该行脚。若有人能明白这两错，西院的机锋便顿然销铄。如有衲僧出来再下一错，我雪窦的错，又怎么比得上天平的错！

九九

原典

举肃宗帝问忠国师："如何是十身调御①？"作家君王，大唐天子，也合知恁么？头上卷轮冠，脚下无忧履。国师云："檀越踏毗卢②顶上行。"须弥那畔，把手共行，犹有这个在。帝云："寡人不会。"何不领话？可惜许。好彩不分付。帝当时便喝，更用会作什么？国师云："莫认自己清净法身。"虽然葛藤，却有出身处，醉后郎当愁杀人。

评唱

洞山和尚接人有三路，所谓"玄路""鸟道""展手"。初机学道，且向此三路行履。僧问师："寻常教学人行鸟道，未审如何是鸟道？"洞山云："不逢一人。"僧云："如何行？"山云："直须足下无私去。"僧云："只如行鸟道，莫便是本来面目否？"山云："阇黎因什么颠倒？"僧云："什么处是学人颠倒处？"山云："若不颠倒，为什么认奴作郎？"僧云："如何是本来面目？"山云："不行鸟道。"

注释

①**十身调御：**佛德分为十种，所以有十佛身之说，调御身是十佛身之一。

②**毗卢：**毗卢舍那之略。法身佛之通称，即密教之

大日如来。

译文

肃宗皇帝是一位虔诚的佛教徒。有一次，他问慧忠国师："所谓十身调御佛究竟是什么？"国师回答："请在佛的头顶上行走。"肃宗说："我不明白你说的话。"忠国师于是又说："当认清自己的清净本性。"

评唱

洞山和尚在有人来问佛问禅时，通常有三种答语，即所谓的"玄路""鸟道""展手"。一次有僧问洞山："老师平日总是让我们行鸟道，却不知鸟道是什么？""不遇一人。""那怎么走呢？""只要无私心杂念便可。"僧人又问："只要行鸟道，难道便可见自己的本来面目？"洞山喝道："你为什么要颠倒自己？"僧人又问："我在什么处颠倒啦？"洞山答道："你若不颠倒，为什么要认奴作主？"僧人问："什么是人的本来面目？"洞山说："不行鸟道。"

一〇〇

原典

举僧问巴陵："如何是吹毛剑？"斩，崄！陵云："珊瑚枝枝撑着月。”光吞万象，四海九州。

评唱

“珊瑚枝枝撑着月”，可谓光前绝后，独据寰中，更无等匹，毕竟如何？诸人头落也。老僧更有一小偈：“万斛[1]盈舟信手拿，却因一粒瓮吞蛇。拈提百转旧公案，撒却时人几眼沙。”

注释

①**斛**：古量器名，也是容量单位，十斗为一斛，南宋末改五斗为一斛。

译文

一位僧人问巴陵和尚：“吹毛剑是什么东西？”巴陵回答：“它像珊瑚枝枝撑着月。”

评唱

圆悟禅师认为，“珊瑚枝枝撑着月”一语空前绝后、无与伦比。他最后作一颂，以结全书。他评唱道：“万斛盈舟信手拿，却因一粒瓮吞蛇。拈提百转旧公案，撒却时人几眼沙。”参禅悟道，须自悟本性，一味地寻文释义，执着于言句，是永远也开悟不了的！

源流

在佛教历史上，拈花微笑、折苇渡江、惠能题偈等故事，虽不免有史家夸张的成分，但禅宗与其他各佛教宗派的区别却是明显的。禅宗以其简洁明快、方便易行的特色，完成了中国佛教史上的一次革命。它在思想上倡导“直指人心，见性成佛”，在风格上追求“教外别传，不立文字”，以鲜明的个性在丛林中树立起一个新形象。

应该说，早期禅宗还是比较严格地恪守着祖师西传的佛法心印。他们既不崇尚喋喋不休的议论，更不费心于连篇累牍的著述，保持着“教外别传”的家风。六祖惠能传教近四十年，其身后只留下一部由别人记录的总共只有一万多字的《坛经》。但在入宋以后，在思想上承晚唐禅门五家余绪的宋代禅宗，在风格特点上有了显著的变化，这便是由“不立文字”的禅宗演变而为大立文字的“文字禅”，出现了大量的灯录和语录。这些名称虽异但内容极多雷同的作品，成了宋代禅宗的重要文献。为便了解，现将其主要书目开列于下：

《景德传灯录》，三十卷，宋·道原撰

《天圣广灯录》，三十卷，宋·李遵勖编

《建中靖国续灯录》，三十卷，宋·惟白集

《联灯会要》，三十卷，宋·悟明集

《嘉泰普灯录》，三十卷，宋·正受编

《五灯会元》，二十卷，宋·普济编

《五家正宗赞》，四卷，宋·绍昙记

《古尊宿语录》，四十八卷，宋·赜藏主集

《续古尊宿语要》，六卷，宋·师明集

诸多灯录、语录，除禅宗人物介绍外，主要记述了禅宗的“公案”“机锋”及禅门师资和弟子之间的问答。除上述综合性的著作与汇集，宋代还出现了一系列以某个禅师为主线的语录。大量灯录、语录的出现，表明禅宗确系一个教派，有了可供僧徒参究研习的经典。仅被称为禅宗“五灯”的五部灯录，共达一百五十余卷，真可谓卷帙浩繁，堪与其他各家宏论经典一比。

毫无疑问，宋代禅宗的发展，在思想上仍保持着“直指人心，见性成佛”的宗旨，但在风格上已有违于“不立文字”的祖训。尤其是“评唱”“击节”的出现，更开启了“绕路说禅”的风气。

所谓“评唱”（评而唱之）、“击节”（击而中节），实际上就是对禅宗公案的一种文字注释，它在禅师语录、问答的基础上进行着语评论，介绍公案的由来及意义。如果说灯录的出现，使“不立文字”的禅宗一变而为“不离文字”的禅宗；“评唱”“击节”的出现，又使“教外别传”的禅宗再变而为有了自己的注释之学的禅宗。由此可见，《碧岩录》在禅宗史上实为一部划时代的论著。

《碧岩录》虽是宋代禅宗注释之学的第一部有代表性的作品，但对古禅僧的言行进行评颂，在此之前就有。明清之际的檗谭，在其《茕绝老人颂古直注序》里，说了这样一段话：“禅宗颂古，有四家焉：天童、雪窦、投子、丹霞是已，而实嗣响于汾阳。……释颂者……不啻数十家……若佛果……诸尊宿，采经传之蕴，汇诸家之长，纂修成集。”可见，在圆悟克勤著《碧岩录》之前，禅宗已开始其注释之学，只是诸家颂古较为简略。

“文字禅”泛滥于北宋初期，最早是临济宗僧侣汾阳善昭收集祖师机缘语句一百条，用偈颂形式对每条分别加以阐述，称之为“颂古”。善昭禅师（公元九四七—一〇二四年）少曾习儒，博通能文，得法于首山念，住汾州太平寺太子禅院。据《五灯会元》载：“（善昭初到首山）问：‘百丈卷席，意旨如何？’山曰：‘龙袖拂开全体现。’曰：‘师意如何？’山曰：‘象王行处绝狐踪。’师于言下大悟，拜起曰：‘万古碧潭空界月，再三捞摝始应知。’”

善昭之后，云门宗的雪窦重显又以云门宗思想为基础，也作了“颂古”一百条，名“颂古百则”。之后，禅僧丹霞子淳、投子义青、天童正觉等皆有“颂古”传世，宋代“文字禅”因之大兴。

“颂古”实际上是以诗偈式的文字形式对禅宗公案的一种评注。但因文字简洁，含义晦涩，且颂中意含其他机缘、典故，许多公案的义理仍难以阐释清楚。加之作颂各家师承不同宗派，这为后人理解公案造成一定的难度。为便于参考，下面录两则“颂古”：

例一，雪窦颂“吞却乾坤”一则公案。原文为：“云门以拄杖示众云：‘拄杖子化为龙，吞却乾坤了也，山河大地甚处得来？’”雪窦对此颂道：“拄杖子吞乾坤，徒说桃花浪奔，烧尾者不在拿云攫雾，曝腮者何必丧胆亡魂？拈了也，闻不闻？直须洒洒落落，休更纷纷纭纭。七十二棒且轻恕，一百五十难放君。师蓦拈拄杖下座，大众一时走散。”①

例二，天童颂“世尊升座”一则公案。原文为：“世尊一日升座，文殊白槌云：‘谛观法王法，法王法如是。’世尊便下座。”天童对此颂道：“一段真风见也么？绵绵化母理机梭，织成古锦含春象，无奈东君漏泄何。”②

由此可见，诸家“颂古”虽有“提掇正令，不露风规”之妙用，但也让后人如“蚊咬铁牛，难为下口”(《碧岩录序》普照语)。也正因如此，“圆悟顾子念孙之心多，故重拈雪窦颂”(《碧岩录序》三教老人语)，成《碧岩录》，在雪窦“颂古”基础上，对公案与颂又作细致的“评唱”。

《碧岩录》在禅宗典籍中可说是一部承先启后的作品，它虽是在“颂古”的基础上而成，但又不同于“颂古”，在“评唱”中对公案的性质、公案及颂中出现的机缘、典故皆作了详尽的注释性评语，实开禅宗注释之学的先河。在此之后，禅宗典籍中陆续出现了几部有影响的“评唱”著作及拈古、颂古汇集。

圆悟克勤禅师除有《碧岩录》传世外，还有一部《击节录》(二卷)。《击节录》在内容上类似于《碧岩录》，都是百则公案，而且其中涉及的不少人物、机缘都是重复的。所不同的是,《碧岩录》是重显“颂古”，克勤“评唱”；《击节录》则是重显“拈古”，克勤“击节”。在文字结构上,《击节录》每则公案只有两段，前面一段克勤简叙公案的原委和重显的“拈古”，后面一段即克勤的“击节”，而且，每则公案的标题一律四字，比较统一、规整。现略举两例，以资参考：

例一，“第二则，雪峰普请”

举雪峰一日普请，自负一束藤，劳而无功。路逢一僧，峰便抛下，力尽神疲。僧方拟取，峰便踏倒。下坡不走快，便难逢。归举似长生，乃云："我今日踏这僧快。"少卖弄。生云："和尚替这僧入涅槃堂始得。"闹市里要一个半个。峰便休去。可惜放过。

雪窦拈云："长生大似东家死人，西家助哀，也好与一踏。"阇黎也须急着眼始得。

这则公案的大意是讲：一日，义存和尚同寺里僧人一起参加劳动，他背了一捆藤条，在路上碰见一个和尚，他故意把藤条抛在地上，那个和尚以为他背不动，便想替他去背，他却把那和尚踏倒在地，并向人夸耀，对自己此举深感痛快。重显拈此公案，对长生和尚大加讽刺。克勤的"击节"为：

"只这雪窦，合吃多少？……只如雪峰普请处，踏倒这僧，归举似长生。长生是个活泼泼地汉，便道和尚也须替这僧入涅槃堂始得。只这雪峰老汉，也好当时便休去。……雪窦拈掇他这因缘，人多邪解，别生知见义路，只管解将去，殊不知，雪窦意元不如此。"③

例二，"第五十六则，南泉出世"

举南泉山下有一庵主，行僧经过，谓庵主云："近日南泉和尚出世，何不去礼拜？"与别人说即得，与庵主说则祸生。主云："非但南泉，直饶千佛出世，亦不能去。"果然。泉闻，令赵州去看，也须是这老贼始得。州见便礼拜，直得风行草偃。主不管，没奈何。州从西过东，鸟飞毛落，鱼行水浊。

主亦不管，雪上加霜。州又从东过西，只得恁么。主亦不管。三重公案。州云：“草贼大败！”拽下帘子便行。只得恁么。归举似南泉，泉云：“我从来疑着这汉。”两个一状领过。雪窦拈云：“大小南泉、赵州，被个担板汉勘破了也。”扶强不扶弱。

这则公案的意思很明白，克勤的“击节”进一步释道：庵主虽然恁么，且只会打净洁球子，不如南泉、赵州有为人底钳锤。古人出一则语，须是头尾相覆，他一向不管，且道得个什么道理便恁么。也须是脚踏实地，到那无事处方始恁么。赵州见便礼拜，末后云：“草贼大败！”拽下帘子便行，且道勘得他么？若勘不得，南泉、赵州皆古佛间生，他眼在什么处？泉云：“从来疑着这汉。”恁么道是许他，是不许他？须是顶门具眼，肘后有符，方知落处。雪窦拈云：“大小南泉、赵州，被个担板汉勘破。”你且道他作么生是担板处？试着眼看！④

从上引两则公案，可见圆悟克勤的“击节”在用语与形式体例上大致与《碧岩录》相似，都是在“绕路说禅”。古代公案虽经“评唱”“击节”含义明显了，但此风的流行也给禅宗的发展带来弊病，这就是使禅的公案语句逐渐固定化，变得生硬、僵化，失去了往日的活泼性。

《碧岩录》问世后，虽被宗杲毫不留情地“火其书”，但这位深蒙克勤“印可”的佛门弟子，其所著《正法眼藏》六卷，亦深受《碧岩录》文风的影响。《正法眼藏》的结构相当杂乱，“不分门类，不问云门、临济、曹洞、沩仰、法眼，但有正知正见可以令人悟入者，皆收之”[⑤]。在内容上，除集语外，还有宗杲自己的“着语”，文风颇似克勤的《碧岩录》与《击节录》。现举两例，以资参考：

例一：“黄龙新和尚赞祖师云：‘六祖当年不丈夫，倩人书壁自涂糊，明明有偈言无物，却受他人一钵盂！’”

悟新的诗句意在讽刺惠能，因为惠能既在“得法偈”里明白地说了“本来无一物”，结果却又接受了弘忍传授给他的“衣钵”。宗杲的着语是：

“妙喜曰：‘且道钵盂是物不是物？若道是物，死心老亦非丈夫汉。若道非物，争奈钵盂何？’”[⑥]

例二：“盘山和尚云：‘譬如掷剑挥空，莫论及之不及，斯乃空轮无迹，剑刃无亏。若能如是，心心无知。’”

盘山和尚，系指唐代幽州盘山的宝积和尚。对宝积的这几句话，宗杲的“着语”如下：

“妙喜曰：‘咄！咄！咄！我王库内无如是刀！’”[⑦]

《正法眼藏》的文字结构和基本内容如上两例。从中可见，宗杲的“着语”与克勤的“评唱”并无本质上的区别。宗杲曾指责《碧岩录》有“专尚语言以图口捷”之弊，但自己的《正法眼藏》也同样被人指责为有背于禅宗“直接之旨”。宗杲在宗教实践上大力提倡的“看话禅”，实际上也是一种“文字禅”。所谓“看话禅”，就是拿一个问题来进行内省式的参究。“看话禅”的话头主要有两个：一个是“父母未生以前，如何是本来面目”；再一个是“念佛者是谁”。“看话禅”意在克服“文字禅”之弊，但它与“文字禅”性质上是一致的，同样使僧徒参禅局限于僵化的文字、语句的框子中。

圆悟克勤开禅宗“评唱”“击节”之风气，后继仿效者亦大有人在。元代是藏传佛教兴盛、传播时期，但汉地佛教典籍中，亦出现了几部有影响的评唱著作。

《从容录》，详称《万松老人评唱天童觉和尚颂古从容庵录》，宋天童正觉颂古，元万松行秀评唱，共六卷，收入《大正藏》卷四十八。

《请益录》，详称《万松老人评唱天童觉和尚拈古请益录》，宋天童拈古，元万松评唱，二卷，收入《续藏经》第二编二十二套。

《空谷集》，详称《林泉老人评唱投子青和尚颂古空谷集》，宋投子义青颂古，元林泉从伦评唱，六卷，收入《续藏经》第二编二十二套。

《虚堂集》，详称《林泉老人评唱丹霞淳禅师颂古虚堂集》，宋丹霞子淳颂古，元林泉从伦评唱，共六卷，收入《续藏经》第二编二十二套。

行秀（公元一一六六——二四六年），俗姓蔡，河内解（今河南洛阳附近）人，少年出家。受具戒后，到河北各地参禅、游学，后受元太祖成吉思汗的诏命，住持燕京万寿寺，晚年退居从容庵，自号“万松老人”。从伦，年寿不详，师从万松老人得法，至元年间曾应召至京师讲僧公案。行秀、从伦师徒两人所著四部评唱集中，《从容录》与《空谷集》影响较大，四书思想上完全因袭宋代禅宗，文字结构皆模仿克勤《碧岩录》。行秀在《评唱天童从容庵录寄湛然居士书》里，说到他撰写“评唱”的经过和意义时就有言：“天童老师颂古，片言只字，皆自佛祖渊源流出，学者罔测也。……万松昔尝评唱，兵革以来，废其祖藁，迩来退居燕京报恩，旋筑蜗舍，榜曰‘从容庵’，图成旧绪。适值湛然居士劝请成之，老眼昏华，多出口占，门人笔受。其间繁载机缘事迹，一则旌天童学海波澜，附会巧便；二则省学人检讨之功；三则露万松述而不作非臆断也。窃比佛果《碧岩集》，则篇篇皆有示众为备。”下面从《从容录》与《空谷集》中各节录一则“评唱”，以资参考：

例一，（《从容录》）“第四十二则，南阳净瓶”

示众云：“洗钵添瓶，尽是法门佛事，搬柴运水，无非妙用神通。为甚么不解放光动地？”

举僧问南阳忠国师：“如何是本身卢舍那？”汝岂是瞽名？国师

云：“与我过净瓶来。”莫忘了话头。僧将净瓶到，莫得错认。国师云：“却安旧处着。”重宣此义。僧复问：“如何是本身卢舍那？”甚处去来？国师云：“古佛过去久矣。”离此不远。

师举石霜问道吾：“如何是触目菩提？”吾唤沙弥，弥应喏，吾云：“添净瓶水着。”良久，却问石霜：“汝适来问甚么？”霜拟举，吾便归方丈，霜乃有省。道吾先用隔身句，后用抛身势，若不伤锋犯手，石霜有省，国师慈悲之故，有落草之谈，只是知恩者少，天童所以采汲华水也。颂云：

“鸟之行空，筑着磕着。鱼之在水，左使右使。江湖相忘，这边那边。云天得志。无可不可。拟心一丝，只在此山中。对面千里，云深不知处。知恩报恩，念兹在兹。人间几几。一子亲得。”

师云：“鸟之行空，鱼之在水，所托愈安，其生愈适。庄子泉涸，鱼相与处于陆，相呴以湿，相濡以沫，不如相忘于江湖。白兆通慧珪禅师道：‘譬如空中飞鸟不知空是家乡，水底游鱼忘却水为性命。’圭峰云：‘鱼不识水，人不识风，迷不识性，悟不识空。寻常本身卢舍那，满净觉者，现相人中，才起问时，忽然影现，忘恩失行，背亲向疏，果能除却灵床，始解子承父业。’且道如何是父业？拈来无不是，用处莫生疑。”⑧

例二，(《空谷集》)“第四十四则，板齿生毛”

示众云：“无意之意，其意远矣；无味之味，其味恒然。若知露柱怀胎，便信石龟解语，还真个么？”

举僧问赵州：“如何是祖师西来意？”日日日头东畔出。州云：“板齿生毛。”无中能唱出，未审几人知？

师云：“赵州古佛出现于世，虽无莲台光焰，却有妙用神通，具四辩才，得八解脱，端的海口鼓浪，航舌驾流，浩浩辞源，滚滚流出，优游平易，殊无艰难险阻之态，方信真文不措，真武不粗。一日，上堂云：‘正人说邪法，邪法悉皆正；邪人说正法，正法悉皆邪。诸方难见易识，我这里易见难识。’僧问：‘如何是毗卢师？’师便起立，云：‘如何是法身主？’师便坐。僧礼拜，师曰：‘且道坐者是？立者是？’林泉道：‘有劳神用。’”

投子颂云：“九年少室自虚淹，功成业就。争似当头一句传。水到渠成。板齿生毛犹可事，不为希差。石人踏破谢家舡。”焉知无漏？

师云：“九年面壁垂一则语，直至而今，诸方赚举，非是虚淹岁月，漫度春秋，意似责他不说而说，未若说而不说。其实当头一句，把定则唇寒齿冷，放行则喜气津津，若也脚跟线断，舌上关开，横说竖说无可不可。昔外道问佛：‘昨日说何法？’佛曰：‘定法。’云：‘今日说何法？’曰：‘不定法。’云：‘昨日说定法，今日何说不定法？’曰：‘昨日定，今日不定。’林泉道：大人得自在，世尊板齿虽不生毛，其奈舌端还能具眼，似许石人脚跟点地，鼻孔辽天。踏破澄潭月，穿开碧落天，何止谢家舡舷而已哉！还知么？若能截铁斩钉，必不拖泥带水。”⑨

行秀、从伦师徒二人的四部评唱集的体例基本如上例举，从中不难发现《碧岩录》的影子。元代禅宗在思想上无甚创举，但出现了《从容录》《空谷集》这样的作品，也从一个方面反映出当时的禅宗较之于佛教其他宗派，还是有些生气的。

起始于宋代的禅宗评唱著作，从《碧岩录》问世，便招致“拖泥带水”的责难。此类著述一般文字繁多，语句重复，后世仿效者亦难克服此弊，故在明清之际出现了“直注”。“直注”较“评唱”“击节”，释义更明白些，语句也较为简略。明清之际的檗谭在《茕绝老人颂古直注序》有言：“（明僧本瑞）……因取颂古，直揭大意，净划群疑，标题结案，不费辞饬，乃为斯注，较诸评唱，实谓过之。虽然，此犹以注称也。”本瑞和尚，生卒年不详，字天奇，号茕绝，年二十随父经商，忽厌俗情，遂遍谒并世诸老，叩求禅法，后得心印于宝峰明瑄，为南岳二十九世，有两本禅宗颂古直注传世。

《雪窦颂古直注》，详称《茕绝老人天奇直注雪窦显和尚颂古》，重显颂古，本瑞直注，道霖、性福编集，共一卷，对雪窦百则颂古诗分句加以注释、解说或评析，收入《续藏经》第二编第二十二套。

《天童颂古直注》，详称《茕绝老人天奇直注天童觉和尚颂古》，天童正觉颂古，本瑞直注，性福编集，对天童正觉百篇颂古诗分句加以注释、解说或评析，收入《续藏经》第二编二十二套。

“直注”虽较“评唱”简略，但实质上仍是一种注释，现分别从两书各举一例，以资参考：

例一：陈操尚书看资福，福见画一圆相。暗机为验。操云：“弟子恁么来，早是不着便，何更画一圆相？”退己点人。福便掩却门，因便一截。师云：“陈操只具一只眼。”点他见前失后。

主意探干，旨明大用。总结。权衡在手。

团团珠绕，福之圆相。玉珊珊，操之言锋。马载驴驮上铁船，分付海山无事客，船装马载，只当寻常。钓鳌时下一圈挛。不用多端，一机足矣。师复云：“天下衲僧跳不出。”须言无事，天下禅流几人能出有无之壳？[10]

例二：罗山问岩头：“起灭不停时如何？”呈妄求除。头咄大用全提云：“是谁起灭？”一点一提。

主意当央一指，旨明大用全提。总结。老婆心切。

斫断老葛藤，打破狐窠窟，一喝如刀如锤，僧疑如藤如窟。豹披雾而变文，龙乘雷而换骨。一喝如雾如雷，其僧如豹如龙，承此大机，变文换骨之比。咄！截前示后。起灭纷纷是何物？垂钓审奇。[11]

此外，宋、元、明、清四朝还出现了几部禅宗颂古、拈古汇集，从体例上讲，亦属于注释性典籍。

《拈八方珠玉集》，宋祖庆编，此集为佛鉴勤、佛果圆悟、正觉方庵显、佛海石溪四禅师拈提合集。圆悟序云："验宗眼正邪，破知见窠窟，离得失，截路布，于古今公案，俾出没卷舒，盘折玲珑，得大机，发大用，而无纤毫知解。到大休大歇安稳之地，洞明本分大钳锤，启迪作家真炉鞴，善搏搦贯穿千变万化作略者，无出乎拈古，为参玄径，正要关也，古来大宗师，靡不尚之。"共三卷，体例亦是先举公案，后汇集四家拈提语，收入《续藏经》第二编二十四套。

《禅宗颂古联珠通集》，宋法应集，元普会续集。法应《禅宗颂古联珠旧集本序》云："采摭机缘三百二十五则，颂二千一百首，宗师一百二十二人，编排成帙，命名《禅宗颂古联珠集》。"元普会在法应原集的基础上，对法应后二百余年间新写颂古诗加以增补，而成《禅宗颂古联珠续集》。普会序云："机缘先有者颂则续之，未有者增之，加机缘又四百九十三则，宗师四百二十六人，颂三千五十首。"据此可知，《通集》为元以前禅宗颂古诗的总集，共四十卷，其体例是先列机缘，后集各家颂古诗，收入《续藏经》第二编二十套。

《宗门拈古汇集》，清净符汇集，共四十六卷，其"凡例"云："是书之集，自有佛祖以来，千七百则机缘，经作家手拈掇一过，不啻黄金增色，真能使陈烂葛藤，顿生光怪，则拈掇语当尤重于机缘，其命名独曰宗门拈古者在是。”其编排顺序“仍以南岳、青原世代分列”，南岳到三十三世，青原到三十六世，每则先列机缘，后集各家拈语。所谓拈语，是各禅师对机缘亦即公案所作的解释或评语，也有对拈语的评语，收入《续藏经》第二编二十套。

《宗鉴法林》，清集云堂编，此书汇集公案二千七百二十则，并将历代各颂古诗及拈古语合会。此书是《禅宗颂古联珠通集》和《宗门拈古汇集》的合集，但所集颂古、拈古又有所拣择，与前二书并非雷同，一般均少于前二书。如《世尊机缘》释迦“一手指天，一手指地”公案，《禅宗颂古联珠通集》汇集颂古诗三十三首，《宗门拈古汇集》集拈古十八家，而此书只收颂古诗十九首，拈古十家。此书收入《续藏经》第二编第二十一套。

从《碧岩录》到《宗鉴法林》，禅宗注释之学自成体系，蔚为大观，它与宋以来诸多灯录、语录一起，造成宋以后“文字禅”泛滥的局面，在浩如烟海的佛教典籍中，确立了自己宗门的一席之地。

禅宗的公案、机锋本是禅师启示后学弟子的一种独特的教授法，“颂古”“拈古”把名禅师求学悟道的故事提出来做说明、讨论，在很大程度上对后学有启示性的作用。但无论机锋、棒喝，还是公案、机缘，只是因时、因地、因人而变的活用法门，并非究竟的道理，更不是禅的宗旨和目的。学禅、注禅的风行，不能不说是禅宗衰落的一个标志。宋代以后的禅宗确与六祖岭南初传、一花五叶时的盛况不可同日而语。

注释：

①《大正藏》第四十八册，第一九三页。

②《续藏经》第一辑第二编第二十二套第四册，第三二三页。

③《续藏经》第一辑第二编第二十套第三册，第二二六—二二七页。

④同上书，第二百四十三页。

⑤《续藏经》第一辑第二编第二十三套第一册，第一页。

⑥《正法眼藏》卷一，《续藏经》第一辑第二编第二十三套第一册，第十一页。

⑦同上书，第十五页。

⑧《续藏经》第一辑第二编第二十二套第四册，第三五一页。

⑨《续藏经》第一辑第二编第二十二套第三册，第二九〇—二九一页。

⑩同上书，第二五八页。

⑪同上书第四册，第三九七页。

解说

《碧岩录》一书基本上是以禅宗百则公案为骨架的一部注释性著作，书中南禅五家皆有收录，内容较为庞杂。下面从公案的运用、南禅五家宗风、禅宗的宗教向度、禅与现代生活四个角度，对所选经典内容的精义作一解说、评论，以企彰显禅的生命力与现代价值。

禅的意义与公案的运用

佛教各宗派均有所依据的经论，依经论而有教相，依教相而显示观点，判摄佛陀一生所说的经教。禅宗则不同，它没有所依的经论，完全是以自己的参究体验为其传道的依据，追求一种活的禅悟。但在六祖惠能之后两三百年的发展中，禅的原创性渐渐消失，一些禅师为使禅的生命力继续存在下去，提出了一种能够有力地激发禅意识的极端方法，这便是公案的运用。大量“话头”“机缘”“问答”材料的积累，既形成了整个禅的历史，也使我们从中窥视到禅的奥妙与禅的精义。从某种意义上说，不理解公案的结构及其运用，是难以把捉禅的精髓的。

“公案”原指官府的案牍，即判定是非曲直的法律命令。禅宗借用它专指前辈祖师的言行范例，从中领会禅的意义。广义上说，凡禅宗祖师的“上堂”“小参”所垂示的话头，都是公案；师资间、弟子间的“机锋”、现存的全部禅师“语录”或“偈颂”也都是公案。佛教“公案”一词早在唐末已出现，但公案被大量运用于禅僧参禅活动中，则当在五代宋初。《碧岩录·三教老人序》言：“尝谓祖教之书谓之公案者，倡于唐而盛于宋，其来尚矣。”宋代禅宗开始的研习公案之风，使公案具有了教下各宗经典的意义。禅僧是否对禅的宗旨予以领会，应取公案加以对照。因而，公案既是探讨祖师思想的资料，又是判断当前禅僧是非的标准。

当然，禅的公案又有不同于各宗经典之处。因为禅本身是一种活生生的现时的体验。公案中禅师们显现出的“棒喝”“擒拿”“推踏”“收放”“与夺”“杀活”等种种方便手段，皆出于各自当时的实际体验应机而作。因而，公案的主要功能在于启示、借镜。对于一个参禅的人，公案只是通往禅境的一块敲门砖，门敲开以后，砖就应被丢开，但只要人心里的大门还是关闭着，公案就有用途。禅宗公案之所以受世人喜爱，除了它幽默、生动的语言运用，更在于它具有的极大的暗示性中所显露的禅的世界，它可以把人引导到一个全新的境界。《碧岩录》问世后，即被世人称为探试禅旨深浅的一部奇书，千百年来传世不绝。

日本著名禅学大师铃木大拙认为："禅的目的就是突破迷妄，使我们隐藏的活力得以自由地展开，使我们内心一切创造动力得以自由的发挥。"[①]公案作为禅宗独特的教示方法，其重要性在于扫除参禅者的迷执，加速禅悟的完成。但由于禅师们开示僧众皆是随机而作、应病与人，禅宗公案的运用上也显示了极大的灵活性。下面依据所选《碧岩录》的公案内容，对禅宗公案的结构作一分析，并在结构分析的基础上，突显禅的一般意义与特色。

禅宗的公案大多以师资及弟子间的问答展开，禅僧提出的问题，大致有以下几种情况：

（一）关于宗教历史的问题，或是佛法禅理之问，或经中言句的问题，或上古禅师言教的置疑。如第二十则龙牙问翠微和尚："如何是祖师西来意？"第九十则僧问智门："般若的本体是什么？"

（二）参禅者描述自己的心理状况，请求禅师提携。如第二十七则僧问云门："叶落树枯之际如何修禅？"第十二则僧问南院："什么是啐啄同时的应用？"

（三）禅僧间互证互验而设的"机锋"，或师作难发问，提示后学；或弟子有意探试老师的成就。如第四十一则赵州问投子和尚："经历了禅的大死的人，在大活时又该怎样？"第七十则百丈问弟子沩山、五峰、云岩："抿住咽喉与嘴巴，如何说法？"

有时，禅的问题可不用言语表达，正如释迦牟尼佛在灵山拈花示众，行动之于禅，其价值有时超越于语言之上。

禅的答语是禅宗公案体系的命脉所在，最能显现禅的特征。禅师们说法开示、启发学人慧思的方法和语句，如珠之走盘不可方物，显示了语言极大的灵活性和不可思议性，有迥出意表、非义所思的作略。当参学僧人徘徊在禅悟之门，百思不解时，禅宗大师们是怎样运用他们独特的表达方式，将学人引入禅悟之境的呢？

1. 矛盾法

禅宗大师多喜欢用貌似矛盾的不合理言辞，将有限的语言引导入无限意义的世界，从而抑制参学僧对禅理智的求索。南北朝时的傅翕曾有一首脍炙人口的禅诗传世，“空手把锄头，步行骑水牛，人在桥上走，桥流水不流”。这四句话貌似不可思议，但细琢磨又让人回味无穷。事实上，禅宗的公案语录中充满了这种生动而不合理的话。矛盾法的运用便在于彰显语言与事实之间存在的间隔性，及宇宙万物自身所蕴含的矛盾，将人的思维由经验理智的层面引入活生生的事实中。

有一位僧人问智门和尚：“莲花还没出水时是什么样子？”智门答道：“莲花。”“那么出水之后又是什么？”智门的回答出人意料：“莲叶。”莲花未出水时，指的是造物主还没有说“应该有光”之前，也就是征兆未萌以前“绝对无”的空的平等的世界；出水之后即日常充满了差别的世界，即色与有的世界。禅者并不把空与色、差别与相对割裂为二，总是一直认为世界是如的世界。因此，禅者总是问此答彼，当问“未出水时”的平等，则答“莲花”；当问“出水之后”的差别，本来应答“莲根”，然而智门却说是“莲叶”。空即是色，空和色都源于相同的“空”与平等之所，是自他不二的。空与色相互构成了一个圆融无碍的华严事事无碍法界，智门的第二答精当地展示了这一禅理。

一次，云门和尚垂示众僧徒道：“佛与屋梁相结合有什么作用？”众人茫然，皆无语，云门和尚自答道：“南山起云，北山下雨。”从日常的经验看，“南山起云”与“北山下雨”并无必然的联系，而且是不合理的。但从禅的眼光看，南山云与北山雨是自他不二的，相对于人都是空，都是平等的。平等就是差别，然而差别仍然是差别。在这里，存在着一个个体与个体交错组成的统一体，一个互相独立又互相依存的世界。

禅宗貌似矛盾不合理的言辞，如果换一个角度看，也许根本不是矛盾，只是存留于我们经验理智中形成的一种对立观念。

2. 超越对立法

禅所追求的便是把生命中本自具有的一切使人类获得自由的活力，最大可能地挖掘出来。在禅宗大师们看来，禅里面有绝对的自由。禅在运用上有时否定，有时肯定，其意义皆在于摆脱生命现象中形形色色的困境。尤其是超越对立法的使用，更是禅对自由精神追求的一种显示。超越对立，意即在矛盾的双方之外寻求一种新的理解世界的方式。

一日，南泉禅院东西两堂的云水僧为一只猫引起了争执，南泉见状，便把猫提起来说：“如果你们能说出一句表明佛性的话，我就不杀这只猫。”众人无语，南泉手起刀落将猫斩为两段，这一刀同时斩断了众弟子的“分别之根”。禅所具有的这种否定差别相、超越对立的方法，实质上是一种达到真空无相、平等一如境界的方便法门。

一位僧人问赵州和尚：“赵州是什么？”赵州既指地名，又作为从谂和尚的代名词使用，所以僧人提出这一问题用意极深。如果从人的角度去回答，就不能照顾地名；把它当作地名，又难以照顾到人名，实在是进退维谷。赵州却既不说人名，又不言地名，爽落地答道：“东门西门南门北门。”四门大开，任尔出入，好一腔坦坦荡荡的胸怀！好一派得道者的睿智！

3. 否定法

禅是与我们日常用以观照世界的理智不同的一种全新的认识方式。它所追求的是直观地把握深藏于我们意识中的内在生命源泉，而这种内在于每个个体的生命之道是不能用理智来表达的，故禅师在启发参学僧人时，常明显地或暗示性地否定自己所说的或别人对他说的话，有时甚至对一些众所周知而完全确定的事实亦加以否定。

有位僧人问云门和尚：“佛是什么？”云门答道：“干屎橛！”一般看来，佛是至高无上的本来清净之物，而云门远离这一观念，却说佛是干粪一块，是污秽的、没有用处的东西。云门如此答，就是为了打破僧俗一贯持有的有关佛的观念、概念的执着。

唐朝著名文人李翱任鼎州知事时，有一次去拜见药山和尚，问道：“佛法的戒、定、慧是什么？”持戒、禅定、智慧本是佛教徒必学的三件大事，是修行的基本，成道的要诀，药山却回答说：“贫僧这里没有那种没用的闲家具。”李翱莫名其妙，药山则对他说：“如果你想侍奉佛法大事，须站到高高的峰顶，遨游深深的海底，如果连闺阁中的物什都舍不得，就别说什么消除烦恼、净心参佛了。”戒、定、慧只是走向禅的途径，而非禅本身。

还有一种禅师常喜欢用的特殊否定法，这便是以临济宗为代表的呼喝法。

一次，百丈怀海侍立在马祖身边，看到老师目不转睛地盯着禅床边的拂子，便想替老师去拿来。见此情形，马祖登先一步，自己把拂子先拿到手中，傲然兀立。百丈问马祖：“这是教化众生，还是不教化众生？”马祖于是把拂子放回原处。百丈又站了片刻，马祖问他：“你今后如何与人为善、方便众生？”百丈取来拂子举示，马祖又问：“这是教化众生，还是不教化众生？”百丈又把拂子放回原处，这时，马祖振威显势地大喝一声，百丈当场大悟。禅贵在自得，任何形式的模仿只能损害禅的生命力。

临济宗的呼喝似“金刚王宝剑”，又如“踞地金毛狮子”，让人震耳发聩，但只有真正的禅师应用起来才有妙用。有僧曾拜访黄泉和尚说：“久闻黄泉师父大名，请问我手中拿的是麦饼还是米粑？”和尚答道：“是麦是米，尝一下不就知道了吗？”这时一位和尚就来了一声大喝。黄泉戏言道：“怎么啦？噎住了吗？”如果禅只流于形式，禅也就不成为禅了。

4. 肯定法

禅宗公案的运用较为自由。禅师的语言有时如击石闪电，坐断千古言语；有时却如蒙蒙细雨，潺潺细流，引人进入禅悟的境界。山河大地、一草一木，无不是禅旨显露处。

有一僧问云门：“什么是尘尘三昧？”云门答道：“钵里饭，桶中水。”三昧指修行的境界，《华严经》中说：“一微尘中，三昧尽入。”悟到一切皆空的禅是死人禅，无任何功用，只有在此基础上“大死一番，绝后苏息”，在日常的一个个差别言行中，做到平等如一，达到平等三昧，这才是“尘尘三昧”，如钵里饭，粒粒皆圆；似桶中水，滴滴皆显，一切都体现出真境。

僧问大同禅师：“如何是佛？”“佛。”“如何是道？”“道。”“如何是法？”“法。”禅师们常用的这种鹦鹉学舌式的重复，其内含深意，如我们站在高山上大声呼喊，山谷中传回来的回音不绝于耳，令人回味无穷，自觉进入一个新的境界。

5. 反问法

有时候，禅师对参禅者的问题并不作肯定或否定，而是根据求道者的问题提出反问，从而给参禅者一个自觉的机会。因为禅本身并不是外在于个体的，就扎根于我们每个人的生命中。

有一位僧人问玄沙师备和尚：“什么是自我？”玄沙反问道：“你用自我做什么？”自我的确立是建立在自我与非我的二元对立基础上的，任何分别心的产生都有损于禅的圆满性。因为从禅的眼光看，自我与非我是自他不二的关系。

有位僧人对赵州和尚说：“我初入禅林，请老师指点我。”赵州便问他：“你吃粥了吗？”接着又让他洗碗去。“平常心即是道”，只是人们日用而不知。禅并不需要理智地对待，就在吃饭、洗碗这些平常的生活琐事中。

禅实质上不是一种哲学，更近于一种生活态度与方式。语言无论如何对于生命过程的描摹有一种间接性，因而，禅师对求道者的开示方法，除诉诸语言外，更有一种不用文字媒介的方式，即直接以行动将他们对禅的体验昭示于众。

唐代龙潭和尚年轻时，师从天皇道悟禅师。有一天他对老师说：“我跟随师父已有多时，还未曾听过师父您为我指示心要呢，请师父略加指点吧！”“我每时每刻都在向你指示心要啊！”“您指示了什么？我连一句话也没听说过。”天皇微微一笑说：“你递茶来，我礼貌地接了；你拿饭来，我感谢地吃了；你早晚请安，我回之以礼，你还要我指示什么？”禅就寓于我们日常生活中，洒扫应对，搬柴运水，无非法门佛事、般若妙用。没有必要在生活之外去求禅问道。

诉诸行动的开示方法也有极大的灵活性，有时是风和日丽、随波逐浪，有时却雷霆顿作、斩钉截铁。当黄檗与百丈师徒二人一个作虎叫、一个作手执斧头砍虎势时，当赵州听了老师南泉斩猫一事后头顶草鞋走出禅门时，禅是闲适无碍的大自在；而当俱胝和尚挥刀砍断小沙弥竖起的指头，定上座欲将那位想知道“禅河深处须穷底”之意的人抛入河中时，禅不是游戏，而是严肃的生命证悟。

拂子、手杖、禅板、蒲团本是出家人用以修行的佛具，但在禅宗大师手里，皆成为一种表示宗教体验的象征。当参学僧向他们发问时，禅师常以之作为开启僧徒的工具。

唐代龙牙和尚根性聪敏，担一肚皮禅去行脚。到长安翠微和尚处便问："如何是祖师西来意？"翠微未作答，而是叫他拿禅板来，接过禅板便打。龙牙又到河北临济义玄禅师处问这个问题，临济亦叫他拿蒲团来，接过来便打。翠微、临济的行为已是提示了超越否定与肯定的向上一着，可龙牙依然执着于"祖师西来意"，以致被雪窦在颂中讥为止于死水里的一条瞎龙。其实，在真正的禅者看来，所谓的"西来意"绝非固定概念，宇宙万有皆是"西来意"的显现。

禅是不同于传统二元思维的一种新的看待世界的方式。禅宗公案的运用是禅意识的自然发展，公案具有两个鲜明的特征。

（1）灵活性

禅的根本法是超越一切的无生法，是离却形式或概念的，所以无碍自在，绝不会为任何语言文字、形式手法等拘束。一位僧人问云门："什么是释迦牟尼一生中宣讲的五时八教之法？"云门回答道："对一说一。"意即释尊的教义是运用“对机说法”“应病与药”的灵活方法，根据对方的根机、素质、能力，适性地、有针对性地进行阐说的。禅的生命在于个人的现时体验，禅师开悟的因缘很多，教徒示众的方式亦显示了极大的灵活性，有时肯定，有时否定，有时超然于矛盾之外，更有时机锋棒喝，不可方物。即使对参学僧人所提的同一个问题，也有不同的印证。如关于“祖师西来意”的表述，九峰和尚说：“板齿生毛。”洛浦和尚颂出：“青岚覆处，出岫波峰，白日辉时，碧潭无影。”大梅和尚却言：“西来无意。”当僧问沩山和尚时，沩山竖起拂子。

从日常经验的观点看，禅宗的公案充满矛盾。但从禅的眼光看，却风平浪静，有无一如。参透公案的关键在于要参活句，莫参死句。圆悟克勤说：“古人一问一答，应时应节，无许多事，尔若寻言逐句，了无交涉；尔若能言中透得言，意中透得意，机中透得机，放令闲闲地，方见古人答话处。”②用理智的方法，执着于文字的表面，只能是死人禅，而永远体悟不到禅的真义。

（2）非理性

理智虽是人类生命极重要的一部分，但它是禅悟的大敌。理智强调主体和客体的分立，将人与人、人与外在的世界人为式的分裂，从禅的观点看，这使人的生命流程留下许多空白点，也造成人精神上的苦闷和焦虑。禅的存在，正好说明理智永远有其不圆满性，也永远有一个它自身无法进入的领域。禅宗道断语言、不立文字的宗旨，就是要否定人之所以称之为人所特有的一切理性，以越过逻辑思维程序，凭感性、本能冲击一切羁绊，寻求生命的真源。在诸多公案中，禅师们的言行是不合传统习惯的、非逻辑的，更不容有理智解释的余地。当僧问洞山："什么是佛？"洞山却答："麻三斤。""佛"与"麻三斤"，从常识的观点看，是无任何逻辑关系的，但禅公案中就充满了这种貌似荒谬而又生动的语言。要想打开公案看看里面有什么内容，理智是敲不开禅悟之门的，因为公案不是逻辑命题。赵州和尚说："至道无难，唯嫌拣择。"禅的真理不难究得，只是须人用心去体会，如以分别心理智地去观照，禅永远与你无缘！

禅门五家宗风

世尊拈花微笑，达磨折苇渡江，惠能曹溪弘法。禅宗在唐代宗教丛林中异军突起，横扫南北。经过一个世纪的分化对立、混合融汇，最终演化出南禅宗一花开五叶的独盛局面。

惠能死后，南禅宗改变了师徒单传的做法，往往一师传几个弟子，各为一家，愈衍愈繁，禅风于是遍于全国。惠能手下的“五大宗匠”中，神会首倡荷泽宗，派流中原。但真正称得上渊源流长、硕果累累的是怀让和行思两家。怀让——道一一系大行于江西，流出沩仰、临济两宗；行思——石头一系传播于湖南、江西，衍出曹洞、云门、法眼三宗。两系合流便成南禅的主流，史称“南禅五家”。五家南禅从不同的角度、不同的层面把曹溪禅法发挥得淋漓尽致，无以复加，以至有宋一代佛学竟以南禅为主。

南禅五家之分，不是宗旨或教义上有差异，唯以家风不同而有差别。在第一义谛上，南禅五家都自称是惠能的传人，皆牢牢把握了南禅“不立文字，教外别传”的宗旨。但在第二义谛上，南禅五家各有特色，他们从不同角度对般若直观作了不同侧重的把握和体验。《碧岩录》中对各家公案皆有收录，从诸禅宗大师接引僧众迥然有异的语言表达与行为方式中，我们可看出禅门五家各具特色的宗风。

沩仰宗是以惠能为代表的南禅中最先成立的一个宗派，由于此宗的开创者灵祐和他的弟子慧寂先后在潭州的沩山（今湖南宁乡县）、袁州的仰山（江西省宜春县）举扬一家宗风，后世称为沩仰宗。

《人天眼目》说：“沩仰宗者，父慈子孝，上令下从；你欲吃饭，我便捧羹；你欲渡江，我便撑船。隔山见烟，便知是火；隔墙见角，便知是牛。”《五家宗旨纂要》言：“沩仰宗风，父子一家，师资唱和；语默不露，明暗交驰，体用双彰。”沩仰宗的家风，用语审细密切，显意事理，体用并行。师资唱和，语似争而默契，同其他各家相比，手法较为平实、温和。

一日，沩山和尚问仰山：“如若有远方僧人来访，你用什么方法验证他呢？”仰山答道：“我若见有僧来，只举起拂子问他：‘其他地方还有这个吗？’待他刚有话要说，我又问：‘这个先不说，那个怎么样？’”“拂子”“这个”意代指佛性。真如佛性具足，是不能落入文字的，故仰山又发一问，截断语言。

临济门下尊宿三圣和尚一日来访仰山。仰山问：“你的名字叫什么？”三圣答道：“法名慧寂。”慧寂是仰山大师的法名，所以仰山自然中露出了禅锋：“慧寂是老衲的法名啊！”三圣闻之，漫不经心地说：“是啊，我的法名是慧然。”仰山听后，止不住呵呵大笑。慧寂与慧然是不同的，这里有个体间的差别，但从根本上说，慧寂又是慧然，它们处于平等的统一体中。仰山的禅法虽平实，但机用圆融，有与其他各家异曲同工的妙用。

沩仰宗还常用作圆相的手法来象征他们对禅的体验。一日，仰山随沩山行走在路上，忽见前面尘土飞扬，沩山问：“前面是什么？”仰山近前看了看，在地上画了一个圆相。圆相意味着真如佛性一切圆满，显示了尘尘三昧的禅意，还有强调不立文字的含义。但圆相并不是禅本身，正如以手指月，手指不是月亮本身一样。所以他们又屡屡提醒人们不要执着于圆相。

在禅宗五家中，沩仰宗最早兴起，但衰之也较早，其法脉流传约一百五十年。

临济宗是禅宗五家中继沩仰宗之后而成立的一个宗派，由于开创此宗的义玄禅师在河北镇州（河北省正定县）的临济院举扬一家宗风，后世就称为临济宗。此宗在南禅五家中流传最广最久。

临济宗的家风，机用峻烈，自古就有“临济将军，曹洞士民”之称。其接人的方法单刀直入，如以铁钟击石现火光闪闪，禅法之锐利，机锋之辛辣，五家之中临济为最。《五家宗旨纂要》言：“临济家风，全机大用，棒喝齐施，虎骤龙奔，星驰电掣。负冲天意气，用格外提持。卷舒纵擒，杀活自在，扫除情见，迥脱廉纤。以无位真人为宗，或棒或喝，或竖拂明之。”

黄檗希运是棒喝之风的先导，他性情激烈，对临济宗的形成有极大影响。临济初参学于黄檗时，三次提问，三度被打回去。而当临济受大愚和尚的启发，终于明白禅家三昧后，便马上棒喝交加，向黄檗汇报了自己的悟境。义玄真正使棒喝成风，成为禅门机用的典型代表。

临济棒喝表面上看张牙舞爪，穷凶极恶，而骨子里却是一派禅心，水波不兴。当临济宗人在相互拳打脚踢、大声吆喝时，他们是在用南禅特有的方式自观自心。棒喝的本质精神在于超越语言文字，切实地把握真如，体验自我与般若的完全合一，它犹如长鸣的警钟，在刹那间提醒参禅者痛感那最高存在与自我的统一。临济宗的棒喝虽有时令人难解其深奥，但如果以“不立文字”“平常心是道”等禅门宗旨反观，其一棒一喝又深契“身心不起”的南禅禅法。

“无位真人”一则公案，深刻反映了临济棒喝的精髓。当一位僧人问“无位真人是什么东西”时，临济和尚当下走下禅床，抓住他的胸口大声喝道：“你说！你说！”僧人稍有疑义想说什么时，临济却一把把他推开说：“无位真人是甚么干屎橛！”禅体验是不需要任何过程的，在时间上没有间隔，在空间上没有距离，只要稍一犹豫，理智就马上干扰了般若，“无位真人”，那长存于我们“赤肉团中的真如佛性，马上就变成了没用的干屎橛”！

临济宗在力倡棒喝之风的同时，在接引参学弟子的方法上，提出了一套以“三玄三要”“四料简”“四宾主”为主旨的门庭手段。帮助学人了解禅的真义，以避免以指为月，使棒喝流于形式主义。《人天眼目·临济门庭》言：

“临济宗者，大机大用，脱罗笼，出窠臼。虎骤龙奔，星驰电激，转天关，斡地轴。负冲天意气，用格外提持，卷舒擒纵，杀活自在。是故示三玄三要、四宾主、四料简、金刚王宝剑、踞地狮子、探竿影草，一喝不作一喝用。一喝分宾主，照用一时行。四料简者，中下根人来，夺境不夺法；中上根人来，夺境夺法不夺人；上上根人来，人境两俱夺；出格人来，人境俱不夺。四宾主者，师家有鼻孔，名主中主；学人有鼻孔，名宾中主；师家无鼻孔，名主中宾；学人无鼻孔，名宾中宾。与曹洞宾主不同。三玄者，玄中玄、体中玄、句中玄。三要者，一玄中具三要，自是一喝中体摄三玄三要也。金刚王宝剑者，一刀挥尽一切情解。踞地狮子者，发言吐气，威势振立，百兽恐悚，众魔脑裂。探竿者，探尔有师承无师承，有鼻孔无鼻孔。影草者，欺瞒做贼，看尔见也不见。一喝分宾主者，一喝中自有宾有主也。照用一时行者，一喝中自有照有用。一喝不作一喝用者，一喝中具如是三玄三要、四宾主、四料简之类。大约临济宗风不过如此。”

临济宗的门庭施设，最能体现出随机说法、应病与人的祖师精神。“四宾主”主要是指师徒在学问水平方面可能存在的四种情况。所谓“主”，指了解自己，把握自己，自己能为自己做主者；所谓“宾”，则是指披枷带锁的有所执着者。临济宗提倡宾主互换，禅门师徒间可不拘学历、地位资格相互启发，同修共证。“屈棒屈棒”一则公案中乌臼和尚与参学僧人之间宾主互换，棒棍互施，便道出了禅宗活泼自由的平等精神。“四料简”是临济运用棒喝的“白拈手段”，“夺人”意在否定参禅者对自我的执着，“夺境”“夺法”意在摈弃一切事物和现象。无论行棒行喝，其本质精神在于启示参学者自觉体认人境合一，照用不用。至于“三玄”“三要”，更体现了南禅宗旨，直揭临济棒喝的深义。“三玄”重在强调从立的角度引导参学僧人进入绝对自由的精神境界，“三要”则从破的角度强调绝相离言，破除参学者内外、法我的执着。破与立皆意在引导学僧走上“得意忘言”“得鱼忘筌”的禅悟途径。由此可见，临济宗的棒喝机锋，虽如青天轰霹雳，陆地起波涛，但其机用最终落实到“平常心是道”的南禅宗旨上。

云门宗的创始人文偃是惠能的第七代传人，师承睦州、雪峰两位禅师。因文偃在韶州云门山（今广东乳源县）的光泰禅院举扬一家宗风，后世就称它为云门宗。

云门宗的家风，孤危险峻，简洁明快，不用多语饶舌，于片言只语之间超脱意言。《五家参详要路门》评云门为“择言句”，法演禅师评云门门下之事为“红旗闪烁”，都是说他言简顿机的作用、宗旨。最能反映云门宗特色的便是其三句、一字关及顾、鉴、咦三字旨。

圆悟克勤禅师在《碧岩录》中曾言：“云门寻常一句中须具三句，谓之涵盖乾坤句、随波逐浪句、截断众流句，放去收来，自然奇特。”实质上，“云门三句”是南禅“不立文字，教外别传”宗风的一种独特的表达方式，它从总体的角度显示了云门宗的思想特色和风格。“涵盖乾坤句”提纲挈领，可以说是云门宗的思想纲领。在云门宗人看来，佛无所不在，它并不超然于宇宙之外，而是与山河大地、天地万物合一的最高存在。不但“一切有情皆有佛性”，“我”即“佛”，而且“一切无情也都有佛性”，“世界”即“佛”。“世界”即“我”即“佛”，万物无不是佛性显现，一粒沙中可见世界，一朵花中便显般若。在《碧岩录》所录云门宗的公案中，这种思想倾向是很明显的。如对“如何是佛法大意”这一问题，云门的回答是“面南看北斗”，文偃的学生洞山守初说“麻三斤”，另一学生师宽则言“向南有竹，向北有木”，皆是关于佛性无所不在、“涵盖乾坤”的体验的表述。“截断众流”“随波逐浪”二句，是云门宗接引学人的基本教学方法。“随波逐浪”基本上承习了南禅“因语识人”“应病与药”的思想风格。“截断众流”则是云门宗对南禅“不立文字”的一种新的注释。文偃的时代，虽是南禅大兴之时，但执着于参禅、执着于问答、执着于公案、执着于机锋的形式主义已初露头角，云门提倡“截断众流”，就是要破除诸多执着，使学僧回归到“涵盖乾坤”的真如佛性的体悟。如有僧问：“如何是佛？”云门答：“干屎橛。”又有僧问：“不起一念，还有过也无？”云门答：“须弥山。”两则公案中，云门的答语颇有斩钉截铁的气势，蓦地将葛藤截断，使奔流突止。

云门宗颇为自豪地把他们的“涵盖截流”三句比作“云门剑”“吹毛剑”，意思是说它锋利无比，能斩尽一切情识妄见。受此作风影响，云门宗在接引僧徒时用语非常简练，从不多语饶舌，体现了禅“不立文字”的精神。如云门的“一字关”：“如何是云门剑？”“祖。”“如何是正法眼藏？”“普。”“杀父杀母向佛前忏悔，杀佛杀祖向甚处忏悔？”“露。”无论话头怎样波浪滔天，峰回路转，在云门面前一下子截断！

云门宗在语言文字运用上，除恪守“涵盖截流”的宗旨外，还颇为注重“红旗闪烁”般高雅的宗风，讲究言句的妙秘。如僧问巴陵和尚：“什么是提婆宗？”巴陵答道：“银碗里盛雪。”“如何是吹毛剑？”巴陵回答：“珊瑚枝枝撑着月。”提婆宗是印度大乘佛教的大祖师龙树尊者的弟子迦那提婆尊者倡明的宗旨，巴陵称它为就像在光亮洁白的银碗里盛着晶莹清冽的雪一样，境涯高雅纯净至极；吹毛剑，本是临济喝、德山棒中闪烁出来的禅，巴陵却以高洁的珊瑚枝象征性地表达了每个人本来具备的般若的智慧与卓见。

曹洞宗创始人为洞山良价和曹山本寂。洞山是惠能的五代传人，其辈分比云门文偃高两代，但年龄却比文偃小，故曹洞宗稍晚于云门宗。

曹洞宗的家风，《五家参详要路门》说为“究心地”，即叮咛细密，《十规论》说“敲唱为用”，即师徒常相交接，以回互不回互之妙用，使弟子悟本性真面目。丛林中“曹洞士民”之说，意谓曹洞接化学人似精耕细作的农夫，绵密回互，妙用亲切。

从形式上讲，曹洞宗在南禅五家中最为模式化，其细密的作风，远非其他四家能比，洞山、曹山师徒两人发明的用以判断学人悟境深浅，旨在阐明体用不分、事理圆融的“五位君臣法”（正中偏、偏中正、正中来、偏中至、兼中到）异常的复杂、神秘，比临济宗的“四料简”“四宾主”走得更远。从思想特色看，“五位君臣法”虽意在引导学人消除一切对立，获得绝对肯定的般若直观，但内容上吸收了儒家易学卦爻之理，表现了儒、道、佛三者融合的思想倾向。对于曹洞宗的“五位君臣”“三种渗漏”等细密稳顺的禅风，禅史家颇多介绍，在此不作重复，仅根据《碧岩录》所载的几则公案，以见曹洞细密、亲切的家风。

“寒时寒杀阇黎，热时热杀阇黎”一则公案，可谓洞山对学僧循循善诱的代表作。当有僧问如何回避寒暑的到来，洞山良价说：“到不冷不热的地方！”学僧不明真义，又追问：“不冷不热之所在是什么样的地方？”洞山并未像临济、云门那样顿下棒喝，截断言语，而是诱导道：“寒冷时，你彻底地化为寒冷；酷热时，你彻底地化为酷热。”黄龙悟新和尚在颂此则公案的歌偈中有这样两句：“安禅未必须山水，灭却心头火自凉。”自然有寒暑变异，不可回避，但只要进入无心的境地，在热火中也会自然凉快，在寒风中也胸涌暖意。洞山的答语确如潺潺细流，直入心田。

曹洞宗细密的家风，从“道即太煞道，只道得八成”一则公案中一字的改变可见一斑。云岩为洞山良价之师，一次他与师兄道吾议论大悲菩萨为何要千手千眼时，以“遍身是眼”来表达千手千眼观音所达到的境界，道吾却认为他只说得八成，并将“遍身是眼”改为“通身是眼”。这种一字的改变，后来成为曹洞宗宗风。曹山在同僧人讨论“万物现形如水中月”时，也曾将僧人“如驴窥井”一语改为“如井窥人”，曹洞宗一字改变的深义虽不可妄测，但其细密作用，跃然纸上。

法眼宗在南禅五家中立宗最晚，系惠能第九代以下传人。由于此宗的开创者文益禅师圆寂后，南唐中主李璟赐以大法眼禅师的称号，遂以“法眼”命名。法眼宗与云门宗同出一源，雪峰义存门下玄沙师备与云门文偃同学，师备下传地藏桂琛，再传清凉文益创宗。

法眼宗的宗风，简明处似云门，稳密处类曹洞，其接化之言句似颇平凡，而句下自藏机锋。《人天眼目》卷四曰：“法眼宗者，箭锋相柱，句意合机；始则行行如也，终则激发。渐服人心，削除情解，调机顺物，斥滞磨昏。”《五家宗旨纂要》说：“法眼宗家风，则闻声悟道，见色明心，句里藏锋，言中有响，三界唯心为宗，拂子明之。”总诸家所论，法眼宗最大的特色便是禅史家所谓的“法眼巧便”。

从思想上说，法眼宗仍固守南禅“世界”即“佛”的宗旨，而非禅史家所谓的“三界唯心为宗”，学风上沿袭了“直下承当，顿豁本心”的南禅三昧，只是在启示学僧、述明禅义时显出自家“顺物应病”“随根悟入”的巧便处。

法眼禅师初参长庆，不得解悟。于是开始云游四方。一日遇雨，寄宿在地藏院。地藏和尚见法眼欲行，便问道：“上座要到哪里去？”“行脚去！”“行脚去做什么？”“不知道。”“不知道于至道最为亲切。”法眼当下即有所悟。法眼又要上路了，地藏和尚于是目送他出门，并说：“上座曾经说过‘三界唯心，万法唯识’的妙理，请问你脚下踩的那块石头是在你心内还是心外？”法眼答道：“心外无法，自然是在心内了。”地藏和尚微微一笑，说：“你去行脚，怎么还把一块大石头放在心中呢？”法眼于是留在院内，向了不起的桂琛讨教疑难，可桂琛每次都把他引以自得的华严宗旨和唯心学说否定掉了，当法眼感到理屈词穷之际，桂琛禅师才告诉他，“要说佛法么，一切都是现成的”。听了这话，法眼才“打破桶底”，恍然大悟。这则公案中，地藏和尚巧妙的反问，应病设机的作风，确实给人留下深刻的印象。

可以说，法眼宗巧便的家风，从地藏桂琛时已开始形成，至清凉文益，此风被运用得更加成熟，更加自然。圆悟克勤禅师评法眼禅师“有啐啄同时的机，具啐啄同时的用”，“纵夺临时，杀活在我，不妨奇特”。③如僧问：“指即不问，如何是月？”法眼反问道：“哪个是你不问的指？”又有僧问：“如何是古佛家风？”法眼反问道：“什么处看不是？”法眼的反问显尽其巧便的作风，比之于正面回答，更能启发人。

法眼宗兴盛时，正当晚唐五代至宋初，这一时期既是南禅的顶峰之际，同时又是以参禅为时髦之风兴起之时，执着于棒喝、执着于问答、执着于参禅的僧人大有人在。面对这股对禅的生命危害至深的浊流，法眼宗依南禅“不立文字”“不说破”的原则，取云门宗“截断众流”

之风，于温和巧便中显露出简洁、明快的特色。如僧问：“如何是曹源一滴水？”法眼答道：“是曹源一滴水。”僧慧超问：“如何是佛？”法眼回答：“汝是慧超！”两则公案中，法眼的机锋真可谓“一句下便见，当阳便透”。简明利落地将参学者的执着一下截断，既不将不可言说的禅说破，又巧便地开出一条路径，让学人自己去思考，去体会。

法眼宗在宋初极其隆盛，后即逐渐衰败，流传时间不过一百年。

总之，禅门五家的兴起，既是南禅兴盛的标志，也成为它开始走下坡路的预兆。南禅教旨经五家从不同角度、不同层面的探索和发挥而充分展开，真可谓“万古长空，一朝风月”，声情并茂，气象万千。但也应看到，在禅宗发展的历史过程中，其固有的内在矛盾也逐步地由潜在而显露出来，特别是文字禅的抬头，讲究随机应变、生龙活虎的南禅慢慢地失去了往日的风采。至宋代，参话头之风盛行，更使其弊病显而无遮。《碧岩录》尽管被誉为探试禅旨深浅的一部奇书，但公案毕竟不是禅，无论克勤将公案阐释得如何入理致契，也只是一种“迹”的描述。公案中的禅宗大师或棒喝凌厉，呵佛骂祖；或言辞绵密，山云海月；或圆相示众，体露金风，显尽了南禅的勃勃生机，但对于后学者来说，永远只能是“指”

而非“月”！

人间佛教的宗教向度

传说释迦牟尼佛在鹿野苑第一次向他的追随者们讲述佛法时曾指出：沿着盘旋而上的八级阶梯，就可以登上美妙的涅槃之境。这八级阶梯就是佛教的“八正道”，它旨在引导人们正确地生活，成就自身圆满的人格。应该说，在佛陀时代，佛教的解脱重在于强调无上智慧的获得，追求一种大彻大悟的理想境界。因而，出世的思想在那时虽已有苗头，但佛教的此岸与彼岸的界限还是不很清楚的。随着时代的变迁，学派的演化，特别是释迦牟尼佛被神化以后，一些佛教徒把涅槃境界具体化、形象化、通俗化，凭着丰富的想象力，描绘出一个佛教理想王国——净土世界，为佛教超脱世俗、消极厌世的思想寻找到一个理想的归宿。据佛经介绍，这个西方极乐世界，周围是永不凋谢的莲花宝树，处处鸟语花香，丰衣足食，没有世间的种种烦恼，却享尽人间得不到的种种乐趣。

从此，相对于充满罪恶苦难的现实世界，佛教确立了一个无限光明的彼岸世界，尘世的一切污秽不堪，卑下庸俗，只有来世的彼岸纯洁无瑕，人人快乐高尚。但它又如陶渊明的“桃花源”一样，不是在现世的人间，而在遥远的彼方。凡夫俗子要成佛，须得经过几世几劫的修行，逐级跳跃，最后才能超脱轮回，证得悟果。

禅宗的兴起，可以说是佛教历史上的一次革命，它将被历史积累起来的一切繁文缛节、浩如烟海的经书典章统统抛在一边，大胆地宣称：“我”即是“佛”！“我”与“佛”之间并不需要横插一个虚幻的“无明结集”的世界，“我”与“佛”在时间、空界、道德智慧上全无差距，只要把握了自我，就是把握了世界，就是把握了佛。“郁郁黄花，无非般若，担水砍柴，皆是妙道。”原来，遥远的极乐世界并非不可企及，它就在现世间，只要自明本心，当世即可成佛。

当禅宗把“彼岸世界”从遥远的天竺拉回尘世，安放在每一个人的内心中，这并不仅仅意味着向传统的累世修行、西天成佛的思想提出了挑战，更重在于佛教由出世而入世的宗教转向。佛教净土不再是消极遁世的避难所，也不再是海市蜃楼般的乌托邦，而是深深扎根于现实此岸的世间。

佛教的入世倾向，早在大乘经籍中即有端倪，禅宗创立后，更以其随缘任运、灵活自由的修持方式与即心是佛、自度其性的自主精神，消除了今世与来世、红尘与净土的对立和差别。如果说大乘佛性论只是为众生成佛提供了一种可能性的依据，“自我”与“佛”尚有某种间隔，禅宗则将“自我”与“佛”统一在心性论的基础上，直接提出了“我”即是“佛”的主张。从此，佛与众生的区别不再是两个世界的对立，而在于是否悟得真谛，获得最高的自由。

与传统的来世成佛、西天成佛的思想相对立，南禅顿悟的首要意义就是当世成佛、此岸成佛，马祖道一所谓的“行住坐卧皆道场”便是南禅当世成佛的具体表述。既然“我”即是“佛”，哪里还有什么西天的佛、来世的祖？更不用说寺院里的泥塑木雕、金镶铁铸的佛像。于是，呵佛骂祖，向佛而唾亦无不可；既然“行住坐卧皆道场”，那么不持戒念经、不礼佛坐禅亦可成佛。教中诸家的解脱在来世、在彼岸、在西天，他们要远离红尘、远离名利、远离生死，禅宗却不逃避人生，更不逃避世界，他们在红尘中看穿红尘，在名利中不追逐名利，在生死中勘破生死。他们的解脱在当世、在此岸、在眼下。禅宗“我”即是“佛”的思想虽有以后的狂禅之弊，但其在本质精神上完成了一次宗教改革，即否定了外在的权威，将外在的、彼岸的权威移向内在自我，从而也肯定了佛教发展的人间性。从此，对生命的证悟、超脱不再有彼岸的依托。

马祖在南岳般若寺时，他整天盘腿静坐冥思，他的老师南岳怀让看见他便问："你这样盘腿而坐是为了什么？"马祖回答说："我想成佛。"于是怀让便拿了一块砖在马祖附近用力地磨，马祖好奇地问："老师，你磨砖做什么？""我想把砖磨成镜呀！"马祖又问："砖怎能磨成镜呢？"怀让反驳说："砖既不能磨成镜，那么你盘腿静坐又岂能成佛？"马祖便问："要怎样才能成佛呢？"怀让回答说："就如使牛拉车子，如果车子不动，你是打车还是打牛呢？"马祖被问得哑口无言，于是怀让继续说："你这样盘腿而坐究竟是为了学坐禅，还是成佛呢？如果学坐禅，但禅并不在于坐卧；如果想成佛，但佛没有一定的形相，佛不住于任何地方，所以没有人能抓住他。如果你想用这种盘腿而坐的方式去成佛，就扼杀了佛。"马祖听了南岳一番指点，如饮醍醐。求道当不拘于形式，心悟即可成佛。

石头希迁遵惠能遗命，投奔青原行思门下。青原有意试探他，便问："你从什么地方来？"石头回答说："曹溪。"青原举起拂子又问："曹溪还有这个吗？""这个"即指佛性，石头深知问话来意，便答："不但曹溪没有，即使在西天也没有。"石头的回答，在求法只需向内自求的前提下，否定了西天佛国的存在。行思继续考验他："你去过西天吗？"石头的回答干脆利落，"我若到了西天，西天就有佛法了"。我在哪里，哪里就是"西天"。

上述两则公案虽不能将南禅的入世精神全部反映出来，但否定西天佛国的存在，肯定此岸成佛的思想是很明显的。当然，我们说禅宗的发展具有人间佛教的倾向，并不仅因为他们将虚幻的彼岸拉回到尘世中，也不在于他们即“我”即“佛”的自主精神，而是他们立足世间、普度众生的慈悲胸怀。

佛教道德是以利他为归趣的利他主义道德观，在佛教里称为慈悲心、慈悲行。慈是给人以快乐，悲是解除人的痛苦，把“慈”与“悲”合起来就是“拔苦与乐”。据说当年释迦牟尼佛在尼连禅河边获得生命的证悟后，并未沉迷于个人的解脱，而是想到了世界所有的生灵还沉沦在黑暗和苦难中，于是他立下普度众生的宏愿，决心向世界宣示自己证悟的真理。佛陀的伟大人格之所以有永恒的魅力，就在于他慈悲救世的胸怀。佛祖的这种慈悲精神渗透在以后整个佛教教义中。按佛教大乘的理论，成佛是人们在造福社会、利益人群中取得的成就。成佛后，就应当永远活在人间，利乐一切众生，救济一切众生，为普度众生而自我牺牲，奋斗不已。倘若只求自利，只求一己的解脱，那是远远不够的。普度众生拯救全人类脱离生死苦海，这就是佛教慈悲善行的极致。

透过禅宗呵佛骂祖的表面，我们便会发现，禅宗破斥的只是本不存在的假佛假祖，而对真佛真祖则予以了虔诚的理解和肯定。因为他们不仅立足世间，更有强烈的普度众生的宏愿。

一位僧人问赵州："久闻赵州石桥的大名，可到这里一看，只见到一座小木桥。"赵州说："你只见木桥，没看到石桥。"僧人又问："那么，赵州石桥是什么呢？"赵州回答道："这座桥既过驴也过马。"从石桥中，赵州看到了菩萨出于慈悲之心，自己不厌离轮回于六道之中，勤勉救拔一切众生的精神。石桥自身遭驴踏马践，不正默默地显示着大悲之心吗？赵州和尚的言行所体现的"大悲阐提"的思想正是大乘佛教的精髓。

莲花峰庵主手持禅杖垂示众僧道："古代高人到了这里，为何不肯住在这里呢？"众人哑口无言，庵主于是自答："因为他们在途中没有得这个的力，蒙这个的福荫。"又问："结果他们怎样呢？"又自答道："横担禅杖不顾人，直入千峰万峰去。""这里"指平等如一的悟境，不敢住在这里，是因为他们在差别之路中，得到了大力量、大智慧，而不愿仅凭借开悟的帮助自善其身。所以他们就横着担起纵向伸长的禅杖，直入千峰万峰，直入人世间的十字街头，把这种智慧用来普济众生。这种大人大己，就是真正的禅。

看了这两则公案，我们便会发现，如果我们把禅师看成只是一味地呵佛骂祖、放荡不羁的狂妄之徒，那便大错特错了。禅不仅严肃地对待生命，更有一种牺牲自己、利他度众的慈悲精神。他们不把自己的希望寄托于来世，而是以把这个污染了的世界变成人间乐园为己任，甚至为了拯救一切众生，不惜自己投身于异类中做牛做马，这是何等的情操，又是何等的胸怀！

宋以后，作为一种历史文化现象的禅宗虽渐趋败落，但禅的精髓、禅之为禅的生命力仍余响未绝。到近代，一批有着爱国热情、救世宏愿的佛教徒受禅宗肯定现世成佛、普度众生思想的影响，兴起了一场宗教革新运动，提出了“人间佛教”的口号。他们认为，释迦牟尼佛降迹人间，生活、修道、成佛均在人间，说法度生都以人类为主要对象，所说教理也都以人生现实为依据，因此，自从人间有了佛陀的教法，佛教就是属于人间的。佛教的思想必须扎根于现实人生，离开人生的现实，佛教便失去了赖以存在的土壤和基础。他们批评有些所谓的佛教徒，漠视了佛陀伟大崇高的人格，不在自己的人格修养上下功夫，也不愿意以纯洁无瑕的慈善心利益他人，而是专事超度亡灵，躲在家里、庙里、山里打坐念经、磕头拜佛，这些人的行为是与佛陀的言教相违背的，是对佛教的玷污。近代著名高僧太虚和尚对人间佛教作了理论上的概括，他把全部佛教的目的与效果分为四个层次，即人间改善、后世胜进、生死解脱、法界圆明。指出人间佛教的目的要“凭各人一片清净之心，去修集许多净善的因缘，逐步进行，久而久之，此恶浊之人间，便可一变而为庄严之净土，不必于人间之外另求净土”[④]。从太虚和尚这种净化人心、改善国民道德、净土不假外求的思想中，我们不难看到禅宗“明心见性”“现世成佛”的思想痕迹。

人间佛教实质上是一种强调宗教道德的人道主义佛教，它以人类的生活和谐、精神净化为宗旨，把宗教道德放到了中心地位，使佛教在现代社会找到了生存和发展的立足点。在现代社会，人的问题是一个突出的问题，经济、科技越发达，人受金钱、财富的支配也越来越严重。道德意识的失落成为现代社会的一大遗憾。对这类现实的问题，宗教道德有其自身的价值。现代物理学的奠基人爱因斯坦对神学宗教采取了否定态度，但他认为宗教道德是个好东西，它“能够在人类自己的身上培养善、真和美的力量”。他还认为，科学和宗教都是人类认识世界和改造世界所必不可少的工具，科学提供认识的证明，宗教提供道德的力量。从这个意义上说，人间佛教的提出是契合现代人类需要的。

如果说禅宗的兴起在佛教历史上掀起了一场宗教世俗化运动，那么，人间佛教的提出便是这场运动在中国近现代社会的延续和伸展，让我们对那些有伟大人格的禅者肃然起敬吧！

禅与现代生活

有一位修行僧问云门和尚：“叶落树枯之际，如何修禅？”云门的回答高雅简洁、不凡不俗，“那就让枝残叶落的树木本体在秋风中显露出来吧！”用这则公案来说明禅与现代生活的关系，也许不无恰当之处。宋代以后，禅宗作为一种历史文化现象，已结束其辉煌、兴盛的时代，逐渐积淀于历史的长河中。到今天，禅宗的某些方面确实已经同现代社会、现代人的生活产生了一定的距离，但这并不意味着禅与现代人毫无关系。我们甚至可以说，禅的生命就在我们的日常生活中，因为禅本质上就是一种自由的生活态度和生活方式。

1．寻回失去的悟性

在我们的生命中，有两种对事物获得认识的能力。一种是我们所熟知的理智；另一种则不易为人把捉的悟性。理智是一种逻辑的思维方式，它提供给我们关于事物的具体知识；悟性则是对事物本性的一种直觉的察照，与分析或逻辑的了解完全相反。我们熟知理智，是因为它有合逻辑的严格要求与可诉诸语言的清晰途径。而悟性对我们来说是陌生的，因为它置根于生命的根源处，是理智也不可把握的领域。生活中，我们常常感觉到它的存在，可又稍纵即逝，它只存在于我们每个人的体验中，甚至难以形之于语言。

据说当年释迦牟尼佛为求得人生解脱之道，在尼连禅河边的毕钵罗树下整整坐了七天七夜，冥思苦索宇宙和人生的种种现象。在最后一天的黎明到来之前，奇迹突然在悉达多身上出现了，他的意识穿过人类理解的边缘，扩展到了无限之境中，看到的不再是世界的假象，而是其本来面目。他似乎看到了自己和其他人的前世以及他们在前世的功过得失，似乎看到了所有生命的东西以及整个人类的生死轮回，看到了这种轮回是建立在虚无梦幻之上的，没有一点完物，全是须臾即逝的无常。他认定久莫能解的生死之谜已经昭然若揭，老与死的根源就在于生，就像大树置根于土地上一样，人世间没有永恒和永生，只有超出轮回，才能彻底摆脱生死的苦恼。这样，悉达多凭着人类伟大的悟性的力量，终于攀上了真理的巅峰，成为觉悟者——佛陀。

公元六世纪初，达磨将佛祖这种单传心印的大智慧传到东土，在禅师大德的手中更加发扬光大。禅宗认为，人类都具有了解宇宙、人生的完整的和正确的能力，这就是人人皆有的悟性、佛性。只要将这原真的能力发挥出来，他就能解脱各种人生的苦难。这种悟性，人们平时不能发挥出来，只是像平静的湖面上起了波涛，失去了明镜似的水面一样。人类恋着外境和现象以及假定的诸般设想，一向被妄念的浮云所覆盖，不能自我证悟；为所谓的生存、名利、情爱、权力疲于奔命，一直到老，还不觉悟，因此埋没了本具的悟性，使其本具的至高的理智、至富的情感以及无限的能力不能达到最圆满的境地。如果得到明师的开导和指引，生起佛的智慧，去掉妄念，内外明彻，就会寻回丢失的悟性。悟了以后，我们是用一种意料不到的感觉角度去看整个世界。

然而，悟性的隐而显理又是何等的艰难，尽管我们每个人心中几乎都有一种超越有限的自我、超越自己周围的世界的永恒的渴求，但我们沉迷于、习惯于理智的运作，几乎没有给悟性留下多大的空间。尤其是在现代社会中，人类愈来愈被物质所羁，自己迷失于忙碌之中，生命成了物的附属品。财富、名誉、地位、权力等一切外在的诱惑将人的自我挤在一个窄小的空间中，人渐渐变得支离破碎。我们丢掉了什么？禅又能告诉我们什么？

从某种意义上说，人类的一切非外来的痛苦、烦恼皆是由自己造成的，因为我们丢失了生命超越的根本依据——悟性。生起佛的大智慧，寻回丢失了的悟性，这就是禅昭示于我们的真理。

一次，镜清和尚对他门下的僧徒说了这样一句话："出身犹可易，脱体道应难。"出身——从这个迷乱的世间拨出身来，获得解脱还算比较容易的，而通过语言把这一出世解脱的心境照实地、形象地表达出来就很困难了。用理智的方法来观察悟性往往什么也得不到。宋代高僧雪窦重显也曾有一首颂偈，讲述了自己参禅究道的感受。偈语是："二十年来曾辛苦，为君几下苍龙窟。"二十年来，我含辛茹苦地参明究道，下过多少次苍龙窟啊！中国古代的神话中说，龙嘴里有一颗明珠，是无上的至宝，所以禅师把参禅求悟比喻成了为取宝珠，奋不顾身地闯入苍龙卧居之地的行为。禅僧们有时也把这种体验称作大死一回而后活。由此可见，禅悟并不是生活中轻松的幽默，而是一种激烈的心灵的洗礼，它对一个人精神生命的影响是革命性的。觉悟了以后，我们是用一种意料不到的眼光去看整个世界的。不论这世界是一个什么样的世界，但对于那些达到悟境的人们来说，这世界便不再是往常的那个世界，尽管它还是一个有流水热火的世界，但决不再是同一个世界。青原行思和尚对这个现象曾有绝妙的表述："老僧三十年前参禅时，见山是山，见水是水，及至后来亲见知识，有个入处，见山不是山，见水不是水。而今得个休歇处，依然是见山只是山，见水只是水。”[5]第一次的“见山是山，见水是水”只是把世界与自我分开的“小我”，而达到“依然见山只是山，见水只是水”的境界时，“我”已是与世界混为一体的“大我”。禅悟的精髓便在于对生活和一般事物获得一种新的观点，它能拓宽我们生命的视野，重新确立一种生命的根基。

与理智相比较，悟性更接近我们生命的根源，也更能把握生命的自由本质。禅告诉我们，当一个人还没有见到自己的本性时，就无法摆脱尘世的一切烦恼、束缚，而当他凭借悟性力量顿见自己的清净本性时，就可成佛，成为一个自由自在的人。确实，自从南禅在中国广为传播后，僧人的形象在人们的眼中也因之而大为改变。昔日古寺青灯、灰身灭智的凄凉被寄情山水、生命常绿的活泼所代替；昔日坐禅持戒、形影相吊的寂寞为师友互证、神交天地的自由所取代。他们不回避生死，不超脱于尘世，而致力于在现世的人间开拓一片自由的空间。

长沙和尚一日在山中小径上欣然漫步，回到寺院门前时，首座问：“师父到哪里去了？”长沙答道：“到山里散步去了。”首座又问：“去到何处？”长沙随吟一偈：“始随芳草去，又逐落花回。”何等悠然自得的无心化境！禅不要我们超脱于世外去寻找自由，而是提示我们通过悟的途径，将过去紧缩在一起的我与其他个体存在间的隔阂松开，从而使我们获得更为广阔的生存空间，使我们内心固有的一切创造性的善良本能自然地展开。正如铃木大拙先生说："从本质上看，禅是见性的方法，并指出我们挣脱桎梏走向自由的道路。"⑥

现代社会中，理智主义的盛行、科学技术的发达，带来了高度的物质文明，这是有目共睹的事实。但同样一个事实也强烈地撼动了现代人的心灵，这便是物质大厦的堆砌，是以人性的异化为代价的。人类愈来愈迷己逐物，不惜牺牲自己自由活泼的天性去追逐不能永远成为自己的东西。人类依靠聪明才智创造了物质，而在创造中自己又沦为外物的奴隶。这一残酷的事实粉碎了人类一贯拥有的只有理智才是认识真理的唯一途径的信念。寻找精神家园，寻回人类自由活泼的天性，成为现代人颇为迫切的呼唤。也许当我们意识到自己的无知，希望将人类从紧张状态中解脱出来的时候，禅所提示给我们的"第三只眼睛"——悟性，会把我们带入一个全新的境界。

2. 走出生死的困境

对生命的思虑是一切宗教存在的基石。佛陀释迦牟尼正是有感于生命的无常与人生的种种烦恼，毅然舍弃了富贵、权力，去探索人生的真理，创立了佛教。在对待生命的问题上，佛教的大小乘虽在人生目标上有很大的分歧，但其否定生命意义的基调是一致的，皆认为涅槃境界是人生的理想归宿，人类只有摆脱生死的轮回，才能进入自由的天地。在佛教体系中，也许只有禅宗以其自然主义态度提出一种独特的生死观。禅宗认为，人类之所以有生死的苦恼，就在于将生与死二极对立起来，只要从生命的根源处把握住人生的真谛，真正确立起生命的根基，就会彻底摆脱这种由无知带来的困境。从禅的角度去看生命现象，既不是一切皆空，彻底否定生命的意义，也不需自我牺牲，去追求死的解脱，一切皆是自然而然。既不必回避生，更不需回避死，只要立足于现世人生，求得生命的大自由，在与自然、世界的融合中便获得永恒的人生。禅宗对生命的洒脱态度使我们想起孔子的一句话，这便是“朝闻道，夕可死”。

人是有限的存在物，有生必有死，这是人人易懂、浅而易见的道理。但人类对于无限、永恒的渴望，使对生与死的思索成为一个亘古未绝的主题。尽管没有人能超脱出这两极界限，但生死的苦恼一直困扰着人类的心灵。在现代社会，随着医疗保健水平的提高、营养物质的增加，人类的平均寿命虽比以前有明显的提高，但人类却又承受着比以前更为可怕的死亡威胁，如高科技带来的核战争阴影，日渐蔓延而又令人束手无策的艾滋病、癌症的猖獗，紧张的生活节奏与环境污染对人生命的慢性侵蚀等，使人类比以前更关注生死问题。如何看待生命现象，如何坦然地面对生与死所带来的苦恼？禅也许会给我们一些启示。

有僧曾问大隋和尚："世界末日之时，毁灭的大火熊熊燃烧，大千世界都难免劫运，不知道那时'这个'会不会毁灭？"大隋和尚说："会灭的。"僧又问："那就是说同世界一起毁灭啰？""是的，是同世界一起毁灭。""这个"在禅门指的是自己的本性，亦即佛性。假如大千世界都毁了，"皮之不存，毛将焉附"，佛性的存在也是没有意义的。禅不回避灭亡的命运，临死之际，一个真正的禅者是坦然地迎接死亡，任何杂念都不存。面临着大千世界，面临着无垠的时空，每一个人只要在有生命时活出了生命的价值，便可如真正的禅师一样，坚信灵魂的高贵价值并坦然地面对死亡。

道吾和尚带弟子渐源往某丧家吊唁，渐源敲敲棺材，问道吾：“师父，里面的人是生还是死？”道吾回答说：“不能说是生，也不能说是死。”“为什么不能说？”“不能说就是不能说。”后来道吾仙化，渐源去找师兄石霜庆诸和尚，也问他同样的问题，石霜的回答竟与道吾一模一样：“不能说是生，也不能说是死。”这则公案貌似难懂，实则意含无穷。因为在禅者看来，生的时候，没有死，生就是一切；死的时候，没有生，死的现状就是死者的一切。言生又言死，执着于二端，绝非禅家所为，故“不道！不道！”生时忠于生，努力寻找灵性、感悟至性，就会生死各得其所。

马祖大师一次身患重病，卧床不起。院主前去探望，问候道：“老师，最近身心如何？”马祖回答道：“日面佛，月面佛。”日面佛、月面佛是《三千佛名经》中出现的佛名，经中说日面佛的寿命为一千八百岁，月面佛则只能活一昼夜。佛有长寿佛，也有短寿佛，长寿也好，命短也好，只要懂得生死之道，生安然，死也安然。好好地活过，生命就有无穷的价值。禅要求修行的人不惧生，不畏死，唯求禅心永明，惠泽八方，像祖佛一样光芒万丈。

禅对于生死的看法，让我们想起西方大哲学家斯宾诺莎冷隽而又充满睿智的一句话：“自由的人绝少思想到死，他的智慧不是死的默念，而是生的沉思。”⑦也让我们想起道家随遇而安的自然主义态度。只不过，在禅的生命中，更有一种对生命意义的执着追求。他们不畏惧生死的轮回，不躲避红尘的烦恼，而是力求在平凡的人生过程中找到生命的依托与价值。对禅者来说，生与死是次要的，重要的是能否懂得生死之道，能否让自己的一生充满佛的智慧。一代代禅师带着他们的大彻大悟安详地去了，但留给我们的启示是什么呢？朋友们！不必为生死而苦恼，正如禅师们以他们大悲的菩萨心昭示于我们的那样，努力乐观地生活，努力寻求生命的意义，发掘生命的源泉，当有一天你要告别这人世时，你会无憾地说一声："再见！"

生之永恒，为智慧所肯定，为自由人所把握。

禅与个人修养

对真、善、美的追求是人类生命现象永恒不朽的主旋律。在我们每个人的生命中，都有一种使自己臻于理智、情感和能力都达到最圆满的渴望和冲动。人格的完善，不仅与自我价值的实现程度有关，更是我们走完漫长而充满曲折的人生旅途的内在保证。在个人修养方面，禅的睿智同样能给我们现代人许多启示。

也许有人会说，禅的修持与我们今天讲的个人修养有着内容上的不同，确实，禅与我们现代生活已有了一定的距离。但从本质上看，禅所追求的对生命的开拓与超越，又是与我们说的个人修养的目标是一致的，皆在于发掘生命的价值和底蕴，使我们的人生充满意义。因此，从某种意义上说，禅就在我们的日常生活中，时时刻刻提示着我们，使我们避免走入人性的误区。

自我完善与自我超越应建立在个体对自我自信的基础上，这是禅昭示于我们的第一个真理。禅者的“见性”功夫本质上属于人性修养的范围，但禅有不同于佛家诸宗之处，这便是禅从不把自我超脱的希望寄托于虚无缥缈的来世，更不求助于任何外在的权威，而是立足于自我的生命事实。禅宗立宗的纲领“直指人心，见性成佛”，用更浅显的话来表达就是强调“我”与“佛”的不二原则，我即佛，我即世界，成就佛业，获得生命自由的根基是了解自我，确立自我的权威意识。宋代赵州和尚有一句颇为精彩的语言，“金佛不渡炉，木佛不渡火，泥佛不渡水，真佛内里坐”。所谓的佛性，所谓的大智慧，就在人类自身生命的根源处，不必在晨钟暮鼓中身似槁木地苦修，也不必在烟雾缭绕的佛像前默默地祈祷，只要将封闭着的心灵的窗户打开，便可顿见本性，成就圆融无碍之人格。由此我们可以得到启发：自信是每个人在生活中必须具备的基本素质。人的一生中常常遇到困难与挫折，这时，自信便如茫茫大海中的灯塔，支撑着我们越过重重艰难险阻，使我们能在与命运奋斗的人生旅途中不断完善自我。现代人提出“超越自我”，其实，我们首先应该着手的是确立自己生命的根基。

既要有远大的理想，又要脚踏实地地在每一天去发掘生命的意蕴，这是禅对我们的第二点启示。成佛见性是每个禅者所追求的目标，但他们从不好高骛远，也不谈玄论虚，只在生命赋予的每一天、每一境去领略生命的奥妙和意义。在禅者看来，平常心即是道，不必去刻意追求生死轮回的超脱，更不必为超升西天净土而穷首皓经，只要能直下承当生命的事实，“担水劈柴，无非妙道，举手投足，皆是道场”。生命经验中的一言一行、一景一色皆有发人深省之处，都向人们展开进入禅悟境界的大门。禅师们常说的“注意自家脚跟下一段大事”，意即在提示僧徒要从平凡的生活中寻求生命的意义与价值。

一次，沩山和尚问弟子香严：“父母未生之前的自己的面目是什么？”香严无从作答。最后他无奈地乞师赐教，沩山没有回答他，只是告诫他说：“我所说的一切都是由我悟得的，都不是你的东西。”香严苦恼之极，对在现世明心悟道感到很沮丧，于是便去南阳守慧忠国师之墓，以求积德养性，再出生之时悟道。有一天，在山中割草时，他捡起一颗小石子，无意中向外扔去，正巧碰在修竹上，“泠泠”的回响不绝，他闻之豁然大悟。

芸芸众生中，徒有远大的理想，而又整日怨天尤人的不乏其人。他们一味地去羡慕别人的成功，不断地为自己描绘出一幅幅宏伟蓝图，而从未想到自己的立身之处只是空中楼阁，无根无底。其实，生命对我们每个人来说，只是一段过程。正是在平凡中的泪与笑、苦与乐、追求与苦闷、奋斗与彷徨的交织中，我们才能找到人生的真谛、生命的意义。生活中的每一道坎坷、每一次挫折，无不是对生命的考验；平凡中的每一件事、每一种情境，无不能唤起我们美好善良的天性。抓住生活中的每一天吧！正如云门大师说的那样，“日日是好日”，每时每刻都不可虚度，任何境遇中都应保持乐观的身心，只有这样，理想才有可能变为现实。

生命的意义在于永不停断地提升才得以彰显，只有将自我的生命落入他人的生命中，将个己的“小我”扩充为利己利他的“大我”，才是真正实现了人生的价值。这也许是禅向我们启示的另一个永恒的真理。从禅的角度看，达到了开悟的境界是可喜的，但如果仅仅停留于此，受悟境的束缚，便是伤了禅、毁了悟，只算到达禅界的半路。禅界好比百尺竿头，须更进一步。带着了悟的心到广大的世间去，到烦恼的凡尘去济度众生，成为世人的帮手、力量，这种禅才是活人禅。

一日，保福和尚与师兄长庆一起在深山散步。保福用手指着远方说：“这里正是妙峰顶。”长庆和尚听后，却意味深长地说了一句，“妙峰顶好是好，只是还不完美”。妙峰顶是善财童子初访德云比丘时，德云比丘隐居的山，代指平等如一、真空无相的悟境。到了妙峰顶，好是好，可是如果仅仅到此为止，便是死人禅。真空无相即真空妙用，得道之人必须去济度众生，才能显示出大乘的慈悲胸怀、佛的真谛！

人类是群体性的存在物，个人价值的实现必须以他人价值的实现为基础。人性的完善需要突破“小我”的局限，将自我溶汇入人类的“大我”中，利己利他，个人的生命才会有意义。人并非只靠自己的力量便能生存，这就像一颗种子，假如缺乏土壤和水分就不能萌芽。每个人必须借着各种人的因缘，才能展开多姿多彩的人生。有人类的彼此合作，才能形成这个世界。我们立身在这个社会上，就应多一份责任心，对自己负责，对社会负责。只要每个人都能为这个世界担负起应有的责任和义务，佛国的极乐世界并不在遥远的彼岸！

现代社会是个人主义彰显的时代。个人主义固然有肯定个人自我价值的因素，但人毕竟是社会性的存在物，个己“小我”价值的实现，只有在利乐众生、造福人类的前提下才算有意义。也许，人性的致极在于跳出以自我为中心的个人主义的樊笼，走向与社会、自然相和谐的“大我”中！

禅能否为未来人类提供一个精神家园

无论古今东西，人类都面临着一个共同的永恒问题，即生命的“存在”问题。尽管人们可以有种种不同的理解，但对生命的思考是一首亘古未绝的主旋律。

随着科学技术，特别是在交通和通讯领域里的异乎寻常的发展，我们生存的这个世界正在缩小，没有一个国家能脱离世界的其他部分而孤立存在。正是在这种氛围中，禅，人类一份古老而又常青的精神遗产，在沉寂了多年以后，又步入现代人的生活中，在东西方文化的交流、碰撞中，绽放出令人惊奇的生命火花。

二十世纪初，日本冈仓天心、释宗演和铃木大拙等人相继把禅宗传到欧美等地。经过诸禅师大德不遗余力地努力，在今日的西方，禅已蔚为显学，渗透到西方的哲学、宗教、艺术、医学、心理学领域，大批禅学著作出版，禅学机构和禅定中心如雨后春笋般地兴起，禅以其坚韧的生命力在深层的心智领域得以使东西方思想交融、汇通，敲开了西方思想界的大门。

禅是在西方理智主义迷梦破灭的时代走入西方世界

的。西方传统的两大支柱希伯来和希腊，在精神本质上皆突出强烈的理智主义色彩。几个世纪以来，西方人过分沉醉于理智主义创造的现代文明。但随着一系列社会问题，诸如核战争的危险、自然资源的匮乏、人口爆炸等日渐突出，西方人才幡然悔悟到，理智主义不仅没有把他们引导到一个安逸而理想的家园，反而使他们失去了最后的安身立命之处，尤其是割断了他们与精神家园的古老联系。人与人的疏离、人与社会的疏离、人与自然的疏离成为当代西方社会一个引人注目的问题。在此文化困境中，禅犹如一股纯净的清泉，沁入西方人困渴已久的心田。禅的睿智使他们不得不重新用新的眼光去审视古老东方这片神奇的世界。

毫无疑问，现代社会是科学主义、理智主义盛行的时代。但现代文明的发达也付出了昂贵的代价。尤其是机械主义对人性的异化，已到了令人注目的地步。人类愈来愈感觉到漂萍无根，“无家可归”已成我们这一时代的象征。面对人类所处的困境，无论在东方还是在西方，人们对人类的存亡问题都显得比以往更为关注，也比以往更为迫切地注重重新调整自己的人性和个性。在寻找人类“精神家园”这一共同的主旋律中，禅能否为我们提供一个理想的答案呢?

如果说禅宗的兴起在佛教历史上掀起了一场革命的

话，在今天东西方文化相互交流、相互借鉴共同寻找人类家园这一主题中，禅如何回应这一要求？如何以自己的特色融入世界文化的变革中，适应现时代人类的迫切呼唤，从而为人类提供一个理想的“精神家园”，恐怕这也是对禅的生命力的一次严峻考验。现代西方心理分析学派、存在主义思潮等，对人的“存在”、人的深层意识等领域的思考，所显示出的与禅的相似性、同源性，已透露出禅的现代价值。但禅要想成为一种汇合东西方文化为一体的世界性文化，除应不断自我深化，拓展自己的生命根基之外，也应适应西方人重逻辑分析的特性，充分认识到人类思想中的肯定性和创造性方面；也应对自身进行一次深刻的变革。历史上中国禅宗对印度禅的变革使佛教在中国深深扎根，相信在东西方文化的交融汇合中，禅会以更强的生命力扎根于现代社会中。

注释：

①⑥《禅与生活》，铃木大拙著，第一页。

②《碧岩录》卷三，《大正藏》四十八册，第一六二页。

③《碧岩录》卷一，《大正藏》四十八册，第一四八页。

④《太虚大师全书·支论》。

⑤《五灯会元》卷十七“青原惟信禅师”。

⑦《伦理学》，斯宾诺莎。

参考书目

1.《佛学大辞典》 丁福保编
2.《佛教文化辞典》 任道斌主编
3.《禅宗著作词语汇释》 袁宾编著
4.《五灯会元》 宋·释普济撰
5.《禅宗思想的形成与发展》 洪修平著
6.《佛教禅宗百问》 潘桂明著
7.《宋元佛教》 郭朋著
8.《明清佛教》 郭朋著
9.《中国佛性论》 赖永海著
10.《禅宗与道家》 南怀瑾著
11.《禅宗文化交融与历史选择》 顾伟康著
12.《禅与生活》 日·铃木大拙著
13.《禅海珍言》 日·秋月龙珉著

14.《中国佛学人名辞典》 比丘明复编
15.《禅与西方思想》 日·阿部正雄著

出版后记

星云大师说:“我童年出家的栖霞寺里面,有一座庄严的藏经楼,楼上收藏佛经,楼下是法堂,平常如同圣地一般,戒备森严,不准亲近一步。后来好不容易有机缘进到藏经楼,见到那些经书,大都是木刻本,既没有分段也没有标点,有如天书,当然我是看不懂的。”大师忧心《大藏经》卷帙浩繁,又藏于深山宝刹,平常百姓只能望藏兴叹;藏海无边,文辞古朴,亦让人望文却步。在大师倡导主持下,集合两岸近百位学者,经五年之努力,终于编修了这部多层次、多角度、全面反映佛教文化的白话精华大藏经——《中国佛教经典宝藏》,将佛教深睿的奥义妙法通俗地再现今世,为现代人提供学佛求法的方便途径。

完整地引进《中国佛教经典宝藏》是我们的夙愿,

三年来，我们组织了简体字版的编审委员会，编订了详细精当的《编辑手册》，吸收了近二十年来佛学研究的新成果，对整套丛书重新编审编校。需要说明的是此次出版将丛书名更改为《中国佛学经典宝藏》。

佛曰：一旦起心动念，也就有了因果。三年的不懈努力，终于功德圆满。一百三十二册，精校精勘，美轮美奂。翰墨书香，融入经藏智慧；典雅庄严，裹沁着玄妙法门。我们相信，大师与经藏的智慧一定能普应于世，济助众生。

东方出版社

图书在版编目（CIP）数据

碧岩录 / 任泽锋　释译. —北京：东方出版社，2018.8
（中国佛学经典宝藏）
ISBN 978 - 7 - 5060 - 8615 - 8

Ⅰ. ①碧…　Ⅱ. ①任…　Ⅲ. ①禅宗②《碧岩录》—注释③《碧岩录》—译文
Ⅳ. ① B946.5

中国版本图书馆 CIP 数据核字（2015）第 289525 号

碧岩录
（BIYANLU）

释 译 者：任泽锋
责任编辑：王梦楠　杨　灿
出　　版：东方出版社
发　　行：人民东方出版传媒有限公司
地　　址：北京市东城区朝阳门内大街 166 号
邮　　编：100010
印　　刷：北京明恒达印务有限公司
版　　次：2018 年 8 月第 1 版
印　　次：2023 年 7 月第 4 次印刷
开　　本：880 毫米 ×1230 毫米　1/32
印　　张：12
字　　数：300 千字
书　　号：ISBN 978 - 7 - 5060 - 8615 - 8
定　　价：52.00 元
发行电话：（010）85924663　85924644　85924641